Wunder sind Wirklichkeit · Alfred Läpple

Alfred Läpple

WUNDER

sind Wirklichkeit

Tatsachenberichte
aus den Archiven der Kirche

Pattloch Verlag 1989

Satz: Fotosatz Völkl, Germering
Abbildungen: Archiv des Pattloch Verlages,
Archiv des Autors, Archiv Schindler/Schauber
Umschlaggestaltung: Peter Engel, München
Gesamtherstellung: Wiener Verlag, Himberg bei Wien
ISBN 3 629 00532 2

Inhalt

Wunder in der Diskussion der Gegenwart

„Nicht müde werden
sondern dem Wunder
leise
wie einem Vogel
die Hand hinhalten."

Hilde Domin[1)]

Heute über Wunder zu reden und zu schreiben, ist ebenso riskant wie faszinierend. Riskant, weil es angesichts der europäischen Gottesverdunstung eine breite Skepsis und Frontstellung gegen Wunder, gegen das Eingreifen eines deus ex machina in den Ablauf der Natur und ihrer Gesetzlichkeit gibt. Faszinierend, weil es eine erstaunlich große, heimlich-unheimliche Wundersehnsucht, da und dort eine geradezu magisch anmutende und bisweilen sogar terminsichere Wundererwartung und Wundersüchtigkeit gibt. Philippinische Geisterheiler lösen eine seltsame Faszination aus und bewegen Ströme von Heilungssuchenden aus Europa wie aus Amerika nach dem Fernen Osten.

ENTZAUBERUNG DER WUNDER

Es gibt eine sich verstärkende Denktendenz, das Voranschreiten der naturwissenschaftlichen und medizinischen Forschung bewirke eine große und endgültige Entzauberung der Wunder. So manches, was man im vorwissenschaftlichen Stadium noch Wunder oder Wunderbares ge-

nannt hat, würde (wie man meint) sich als ganz natürliche Phänomene entlarven. So wird etwa „die außergewöhnliche Erscheinung" des brennenden Dornbusches (Ex 3,2–3) als Lichtzauber der Glühwürmchen[2] oder das Mannawunder (Ex 16,4–5.13–16) als Erzeugnis der Zikaden[3] „erklärt". Mit solchem Denken bewegt man sich in jene Richtung, wonach das Wirken Jesu fast ausschließlich im psychologischen Bereich gesehen wird; während „die Verwandlung von Wasser in Wein eher in den Bereich der Zauberei und der Magie zu rücken ist, kann die Heilung eines Aussätzigen aufgrund psychologischer Einflüsse möglich sein".[4]
Die Devise solcher „Erklärungen" will, wie manche Autoren es auch aussprechen, das menschliche Denken und die religiöse Ansprechbarkeit aus der Epoche der Unmündigkeit endgültig befreien und die wundersam erscheinende Welt biblischer Erzählungen zu Berichten aus Tausendundeiner Nacht herabstufen, „die zwar an Wunder glauben lassen und doch keine sind".[5]

GEISTHEILUNGEN IN FERNOST

Während es weithin zu einer Entmythologisierung der biblischen Wunder kommt, wird die gegenwärtige Menschheit in Erregung gehalten durch „Wunder", die durch fernöstlich-philippinische Geistheiler heute und zwar in erstaunlicher Vielzahl gewirkt werden. Daß dabei beim europäischen wie beim nordamerikanischen Menschen (und auch Christen) erhebliche Bedenken aufsteigen, ist durchaus verständlich. Handelt es sich dabei um alternative Heilmethoden, um eine „Psychische Chirurgie"[6], die im Unterschied zur „klassischen" Chirurgie Operationen ohne Skalpell durchführt? Ist das alles, was in Wort und auch Bild über philippinische Geistheiler verbreitet wird, raffinierter Schwindel geschäftstüchtiger Scharlatane, Wirkung geheimnisvoll telepathischer Kräfte oder Ergebnis autosuggestiver Effekte?
Auffallend und vor allem Christen beunruhigend ist die Tatsache, daß sehr häufig bei philippinischen Geistheilern eine starke, christliche Glaubensbindung vorhanden ist. In ihren Behandlungszimmern findet sich neben dem Kreuz meist eine Vielzahl von Statuen, Herz-Jesu-Statuen wie Gipsfiguren des Prager Jesuskindes, Marias in allen Variationen, des heiligen Antonius von Padua, der heiligen Theresia von Lisieux. An den Wänden ist häufig die Inschrift zu lesen: God does the work and

I am only His instrument. Please pray! (Gott ist es, der das Werk vollbringt, ich bin nur sein Werkzeug. Bete!)
Jun Labo, ein wegen seiner „blutigen Operationen“ äußerst umstrittener, philippinischer Geistheiler, sagte in einem Interview: „Die Arbeit eines Heilers hängt von seinem geistigen Führer ab. Mein geistiger Führer ist Jesus Christus. Unter seiner Führung ist nichts für mich unmöglich, ich kann während der Operation Wunder wirken.“[7] Im Zusammenhang mit solchen Geistheilern, die immer wieder auf den eigentlichen und letzten Heiler Jesus Christus verweisen und sich selbst nur als dessen Werkzeuge bezeichnen, ist seit 1974 der „Heiler-Bischof“, Erzbischof Emmanuel Milino (seit 1983 von der Leitung seines Erzbistums Lusaka in Sambia zurückgetreten, jetzt in Rom), bekannt geworden. Von ihm werden Eucharistiefeiern als Heilungsgottesdienste berichtet.[8] Er hat in kirchenamtlichen Kreisen dadurch Unruhe und Befremden ausgelöst, weil er der Eucharistiefeier als Feier der Heilung neue Akzente gegeben hat.

DER VERGESSENE HEILUNGSAUFTRAG JESU

Ist aber Heilung aus dem Glauben charismatisches Heilen, Heilen durch Gebet so ungewöhnlich oder gar bibelfremd? Eine auch nur flüchtige Durchsicht der Evangelien macht deutlich, daß wir viele Texte und Auftragsworte Jesu wohl kennen, aber daß doch manche Details als Gabe und als Sendungsauftrag Jesu in Vergessenheit gerieten. Gehört nicht auch der körperliche Heilungsdienst zum Auftrag Jesu, wenn er sagte: „Geht hinaus in die ganze Welt und verkündet das Evangelium allen Geschöpfen ... die Kranken, denen sie die Hände auflegen, werden gesund werden ... Sie aber zogen aus und predigten überall. Der Herr stand ihnen bei und bekräftigte die Verkündigung durch die Zeichen, die er geschehen ließ“ (Mk 16,15.18.20). Im Matthäus-Evangelium ist der Heilungsauftrag noch deutlicher und staunenerregender: „Geht und verkündet: Das Himmelreich ist nahe. Heilt Kranke, weckt Tote auf, macht Aussätzige rein, treibt Dämonen aus! Umsonst habt ihr empfangen, umsonst sollt ihr geben“ (Mt 10,7–8).
Im Johannes-Evangelium findet man eine kühne, kaum bekannte und kaum ernstgenommene Überbietung dieses Jesusauftrags: „Amen, amen, ich sage euch: Wer an mich glaubt, wird die Werke, die ich voll-

bringe, auch vollbringen, und er wird noch größere vollbringen, denn ich gehe zum Vater. Alles, um was ihr in meinem Namen bittet, werde ich tun, damit der Vater im Sohn verherrlicht wird. Wenn ihr mich um etwas in meinem Namen bittet, werde ich es tun" (Joh 14,12–14).
Wer vom Wunderwirken Jesu Christi spricht, darf eine Aussage Jesu, die im Neuen Testament festgehalten ist, nicht unterschlagen: sein Wort über das Wunderwirken der Dämonen und der falschen Propheten. Jesus Christus, der sich den Vorwurf gefallen lassen mußte, er treibe mit Hilfe des Anführers der Dämonen (Beelzebub) den Satan aus (Mt 9,34; 12,24–28), weist auf diese verwirrende Tatsache mit den Worten hin: „Viele werden an jenem Tag zu mir sagen: Herr, Herr, sind wir nicht in deinem Namen als Propheten aufgetreten, und haben wir nicht mit deinem Namen Dämonen ausgetrieben und mit deinem Namen viele Wunder vollbracht? Dann werde ich ihnen antworten: Ich kenne euch nicht" (Mt 7,22–23). In einer ähnlichen Situation stellt der Apostel Johannes an Jesus die Frage: „Meister, wir haben gesehen, wie jemand in deinem Namen Dämonen austrieb; und wir versuchten, ihn daran zu hindern, weil er uns nicht nachfolgt. Jesus erwiderte: Hindert ihn nicht!" (Mk 9,38–39). In der Botschaft von der großen Drangsal in der Endzeit sagt Jesus: „... es wird mancher falsche Messias und mancher falsche Prophet auftreten, und sie werden große Zeichen und Wunder tun, um, wenn möglich, auch die Auserwählten irrezuführen. Denkt daran: Ich habe es euch vorausgesagt" (Mt 24,24–25). Auch die Geheime Offenbarung spricht vom Wunder als mysterium iniquitatis, als Zeichen der antigöttlichen Bosheit. Vom „Tier aus der Erde" steht darin geschrieben: „Es wirkt große Wunderzeichen ... Durch die Zeichen, die es vor dem Tier wirken durfte, verführt es die Bewohner der Erde" (Offb 13,13–14).
Jesus von Nazareth, der menschgewordene Sohn Gottes, war gleichzeitig Seelsorger und Leibsorger. Er schenkte das Heil der Seele und die Heilung des Leibes. Er hat seinen Aposteln und der Kirche diesen ganzheitlichen, leibliches Heil und religiöses Heil, Natur und Übernatur umspannenden Auftrag gegeben und sogar verheißen, daß in seinem Namen „noch größere" (Joh 14,12) Heilstaten vollbracht werden, als er selbst sie getan hat. Die ganzheitliche Heilung des Menschen ist im Laufe der abendländischen Geschichte und auch der christlichen Glaubensgeschichte aus unterschiedlichen Ursachen auseinandergebrochen. Die Resorts wurden klar abgesteckt: Hier das Heil der Seele als Aufgabenfeld der Theologie unter dem bekannten Motto: „Rette deine

Seele!" (gewiß auch als Aufgabenfeld der Psychologie, der Parapsychologie, der Psychotherapie und Psychiatrie), dort die Heilung des Leibes durch die Medizin. Besorgte Skepsis wie leidenschaftliche Ablehnung wird von Vertretern der „klassischen" Medizin wie auch von nicht wenigen Vertretern der christlichen Theologie den philippinischen Geistheilern entgegengebracht. Tritt die Geistheilung als Konkurrenz gegen die Medizin auf? Wäre aber auch eine ganzheitliche und fruchtbare Zusammenarbeit von Geist- und Gebetsheilung und Medizin möglich?

Die Krankenheilung ist eine „vergessene Gabe",[10] die zwar im christlichen Anfang noch als Auftrag Jesu erfahren und weitergegeben, aber im Laufe vieler Jahrhunderte nicht mehr praktiziert wurde. Es ist sicherlich für viele eine ganz ungewohnte Vorstellung, sich den Träger des schwarzen Talars auch mit dem weißen Kittel des Heilers vorzustellen und in Krankenhäusern eingesetzt zu sehen. Es ist nicht zu verkennen, daß weithin auch unter Theologen und Seelsorgern die Angst vorhanden ist, bei Heilungsversuchen sich und auch Gott zu blamieren. Und doch ist die Welt voller Wunder!

Dabei ist nicht nur an die Wunder der Schöpfung zu denken. Eine Unzahl von Wundern der christlichen Glaubensgeschichte ist – im Vorfeld von Selig- und Heiligsprechungsprozessen – schriftlich dokumentiert und auf römisch-kurialen Regalen sorgfältigst archiviert. Hinzu kommen nicht wenige Heilungswunder, die an modernen Wallfahrtsorten wie Lourdes oder Fatima sich ereigneten und durch internationale Ärztekomitees geprüft und als „medizinisch nicht erklärbar" bezeichnet worden sind. Viele Fragen der Bilokation und der Präkognition bedürfen sicherlich noch einer gründlichen Durchleuchtung und Abklärung.

Die Kanonisationsakten in kirchlichen Archiven belegen, daß die Kirche „gar nicht so wundergläubig und wundersüchtig (ist), wie man es oft annimmt. Sie ist vielmehr kritischer, als es manchen erscheint (und manchen lieb ist)".[11] Kardinal Lorenz Jäger, Erzbischof von Paderborn, kann daher nicht anders, als eine „nicht überbietbare Sorgfalt bei den Selig- und Heiligsprechungsakten zu konstatieren".[12]

DER SCHWIERIGE ZUGANG ZU DEN BIBLISCHEN WUNDERN

Seit langem schwelt unter Exegeten, vor allem unter Religionslehrern der verschiedenen Schulstufen und Schularten die Debatte über die biblischen Wunder. Man hat Schwierigkeiten mit den Wundergeschichten und ihrer Vermittlung an die heutige junge wie ältere Generation.[13)] Einerseits werden sie im altorientalischen Weltverständnis und Menschenbild gesehen, andererseits wird das literargeschichtliche Gesamtkonzept beachtet und dabei die erstaunlich gesprächige, inhaltlich enorm wachsende und ausdeutende Weitergabe gerade der Wundergeschichten herausgestellt. Erinnert sei an den Durchzug durch das Rote Meer (Ex 13,20–14,31) und an die unterschiedliche Ausformung der in diesem Text verschmolzenen Quellenschriften des Jahwisten und der Priesterschrift!

Die historisch-kritische Methode setzt Stoppzeichen für eine allzu naive, historische Wundererzählung. Sie versucht die Fragen zu beantworten: Was ist der historische Kern der alttestamentlichen und neutestamentlichen Wundergeschichten, was ist geschichtlich eigentlich und faktisch passiert? Was ist aus dem historischen Kern in den biblischen Wundererzählungen „gemacht" worden und wo sind in ihnen katechetisch illustrierende Interpretamente zu sehen um die Größe und Allmacht des Schöpfergottes oder um die Göttlichkeit Jesu Christi zu veranschaulichen?

Auch die Heranziehung außerbiblischer Wundererzählungen – etwa der Vergleich der Erweckung eines Mädchens vom Tode durch Apollonius von Tyana mit der Erweckung des Jünglings von Nain durch Jesus (Lk 7,11–17) – führt meist nicht weiter. Er leitet meist auf den Nebenschauplatz literarischer Dubletten und Wanderlegenden ab. Ebenfalls sind Fragen der Bilokation und der Präkognition heute noch nicht so abgeklärt, daß sie für die biblischen Wundergeschichten herangezogen werden können.

Es ist also keineswegs so, daß alle gegenwärtigen Anfragen und Infragestellungen durch die biblische Exegese wie durch die Fundamentaltheologie mit klaren und überzeugenden Aussagen und Orientierungshilfen beantwortet werden. So einsichtig es sein mag, die didaktische Hilfe zu geben: Die biblischen Wundererzählungen sind keine historischen Berichte, sondern Glaubenserzählungen. Unbeantwortet bleibt bei dieser Anweisung die Frage nach dem historischen Kern, nach dem geschichtlichen Auslösemoment.

Ein gewaltiger Rundhorizont tut sich daher auf, wenn man versucht, das vielschichtige Thema Wunder anzupacken. Unverkennbar ist heute eine Unruhe und ein Ausschauen nach neuen Ufern. Die Bandbreite der

Schriftauslegung, speziell die Frage nach den biblischen und außerbiblischen Wundern wie nach den Geist- und Gebetsheilungen ist größer als weithin angenommen. Es wird heute von einem „hermeneutischen Loch" gesprochen, das die historisch-kritische Methode aufgerissen habe. Die breite Faszination für Meditation und Mystik muß aufhorchen lassen. Hinter ihr wird ein Unbehagen an manchen Methoden der Schriftauslegung deutlich. Es artikuliert sich aber auch eine spürbare Sehnsucht nach einer existentiell-meditativen Begegnung mit den Geheimnissen und Wundern Gottes.

PSYCHOANALYSE – EIN NEUER ZAUBERSCHLÜSSEL?

Ist vielleicht die Psychoanalyse[14)] der neue Zauberschlüssel, der wenigstens einen kleinen Türschlitz zu öffnen vermag und ein staunendes Ahnen und Stottern über die pluriforme Offenbarung Gottes, gerade auch über die Wunderfrage und über Geistheilungen ermöglicht? In gedruckten Medien ist wiederholt die Schlagzeile „Durch Gebete schneller gesund"[15)] zu lesen. Belegt werden solche Aussagen mit medizinischen Erfahrungen, wonach schwerkranke Patienten, die beten, weniger Medikamente brauchen und schneller wieder gesund werden. Es wird berichtet, daß in kardiologischen Intensivstationen der Krankheitsverlauf bei Patienten, die an Bittgottesdiensten teilnehmen, günstiger verlaufe als bei Patientengruppen ohne religiöse Aktivitäten. Sind schnelle Heilungen nur psychogen zu begründen, im Vertrauensglauben eines Patienten, oder steckt dahinter doch das Wirken jenes Gottes, dem man vertraut und der allein, als Schöpfer des Himmels und der Erde, helfen und heilen kann?
Es muß wohl zum Verstand immer auch das Herz mit seinen eigenen Gründen und Erfahrungsmöglichkeiten hinzukommen, um der Tiefe und Mitte der großen und letzten Wirklichkeit Gottes zu begegnen. Man sollte daher nicht nur lesen und zitieren, sondern bescheiden und mutig verwirklichen, was Antoine de Saint-Exupéry in seinem Werk „Der Kleine Prinz" als Vermächtnis für die Überlebenschance des Menschseins, erst recht des Christseins hinterlassen hat:

„Hier ist mein Geheimnis.
Es ist ganz einfach:
man sieht nur mit dem Herzen gut.
Das Wesentliche
ist für die Augen unsichtbar.“[16)]

Menschsein heißt, körperliche und geistige Verwundungen zu erhalten. Jeder verwundete Mensch lebt von der Hoffnung, Heilung und Heil zu erhalten um leben, weiterleben zu können. Dieses Weiterleben steht in einer Perspektive, die über das Irdisch-Geschichtliche weit hinausreicht, wo „kein Tod, keine Trauer, keine Klage und kein Schmerz mehr sein werden“ (Offb 21,4).

DIE PNEUMATISCHE NEUBESINNUNG

Eine neue Sensibilität wird in fast allen Schichten der Völker immer stärker: Der Mensch ist als ganzheitliches Wesen zu sehen, zu bilden und auch in Krankheiten zu umsorgen. Zur ganzheitlichen Sicht des Menschen gehört, daß der Mensch durch eine gewaltige Kommunion mit dem Kosmos verbunden ist und daß in die umfassende Begriffsbestimmung des Menschen mit dem Universum Gott gehört. Sich als Mitarbeiter Gottes zu sehen, dürfte wahrlich nicht als verstiegene Bigotterie eines Arztes belächelt werden. Es wächst die Einsicht, daß es zwischen Himmel und Erde Heilkräfte gibt, die die „klassische“ Medizin weit übersteigen.
Der französische Kardinal Renard hat in Lyon (1981) die Diagnose einer Geisteshaltung schonungslos vorgelegt, die weithin auch in den Bereich des christlichen Glaubens eingedrungen ist:

> „Es ist für uns schwer, das geheimnisvolle Wirken des Heiligen Geistes anzuerkennen, da wir Rationalisten sind, alle mehr oder weniger Söhne von Descartes und sogar, ein bißchen, von Voltaire. Deshalb fällt es uns schwer, den Heiligen Geist in uns wirken zu lassen; weht er doch, wo er will, ohne sich der logischen Preßform unserer Ratio anzupassen und ohne sich auf diese Weise einzuengen. Wir bauen ihm Geleise, denen er folgen soll; er aber fliegt außerhalb von ihnen. Wir bieten ihm einen Kanal, wo er wehen soll;

er aber weht seitlich daneben. Der Heilige Geist folgt eben nicht unserem pastoralen Programm. Sicherlich brauchen wir eine pastorale Methode. Aber die Grundlage jeder Glaubenspädagogik besteht gerade in der Annahme der Tatsache, daß es nicht wir sind, die das Wirken des Heiligen Geistes dirigieren, sondern daß ER es ist, der uns leitet. Jede Methodik muß hinreichend durchlässig sein, damit sie der Heilige Geist benutzen und darüber hinaus sogar ändern kann.
Die Gaben des Heiligen Geistes sind verschiedenartig und real. Vielleicht aufgrund unseres Rationalismus oder unseres Mangels an Glauben sind wir der Meinung, daß diese Gaben Märchen aus der Vergangenheit seien. Die gegenwärtige Welt ist aber auf der Suche nach Menschen, die Träger des GEISTES sind, d. h. christliche, vom Heiligen Geist inspirierte Propheten. Wenn sie aber diese nicht findet, wird sie den ‚Illuminierten' folgen, was außerordentlich gefährlich wäre. Die Kirche ist ein fortdauerndes Pfingsten und nicht ein permanenter, fortwährender Rationalisierungsprozeß."[17]

Diese Standortbestimmung ist ebenso Bekenntnis wie Aufruf zur Neubesinnung.

Wunder in der Bibel

Wunder und Weltbild

Ein Schlager-Refrain lautet:

„Wunder gibt es immer wieder."

Gemeint ist meist das Wunder der Liebe, das Wunder des immerwährenden Frühlings der Menschheit. Haben aber Wunder im Weltbild der modernen Naturwissenschaft und Technik noch Platz? Der moderne Mensch scheint eher von Skepsis als von Wundergläubigkeit beseelt zu sein. Er ist der vielfach unreflektierten und selbstverständlichen Meinung: mit dem Fortschritt der Naturwissenschaft werde das Wunder der Vergangenheit mehr und mehr entblättert und das „Wunder" auf das Wunderbare, weil Nicht-Erklärbare und schließlich auf früher unbekannte, heute aber entdeckte Naturgesetzlichkeiten zurückgestuft. Dort, wo man früher von Wunder gesprochen hat und ein Eingreifen Gottes durch Bittgänge, Gebete und brennende Kerzen zu erreichen suchte, redet man heute von den harten Fakten der Naturgesetze.
Die „gläserne", d. h. in allen ihren Gesetzen und Entwicklungsmöglichkeiten durchsichtige Welt hat für „Wunder" als Durchbrechung bzw. Außerkraftsetzung der Naturgesetze keinen legitimen Platz. Wunder werden in den Bereich der Mythen, der Legenden und Märchen abgeschoben. Dort ist alles, auch das Wunder möglich. Es hat aber immer wieder die Sehnsucht nach jener Epochenmentalität gegeben, in der Mensch und Kosmos sich in einer gewaltigen Symbiose vereint fühlten – umfangen und geführt von göttlichen Mächten und Gewalten. Was bei Friedrich Schiller (1759–1805), bei Friedrich Hölderlin (1770–1843) und gewiß auch bei Rainer Maria Rilke (1875–1926) wie mythisch-panthei-

stische Sehnsucht aufscheint, ist für nicht wenige Menschen des technisch-industriellen Zeitalters eine dichterisch-romantische Rückkehr in das Reich der Mythen, der Märchen und Legenden, eine Flucht vor den harten Fakten des Heute in das Reich des Vor-Rationalen und Emotionalen.

DIE SEHNSUCHT NACH MYTHISCHER WELTSICHT

Es mutet wie ein sehnsüchtiger Schrei nach der mythischen Vergangenheit an, wenn Friedrich Schiller in seinem Gedicht „Die Götter Griechenlands" (März 1788) ein Loblied auf die von Göttern belebte und beglückte Welt anstimmt:

> „Wie ganz anders, anders war es da!
> ...
> Wo jetzt nur, wie unsre Weisen sagen,
> Seelenlos ein Feuerball sich dreht,
> Lenkte damals seinen goldnen Wagen
> Helios in stiller Majestät.
> ...
> Schöne Welt, wo bist du hin? Kehre wieder,
> Holdes Blütenalter der Natur!"

Friedrich Schiller ist verzückt von einer Welt-Anschauung und Welt-Deutung, in der alles von Göttern belebt und bewirkt wird – das Rauschen des Meeres ebenso wie das Aufleuchten der Blitze, die Fruchtbarkeit des Landes und der Weinberge ebenso wie die Siege oder Niederlagen eines Krieges. Das kosmische wie das menschliche Leben des Einzelnen wie der Völker lag in den Händen der Götter. Alles ist von den Schickungen und Fügungen der Götter abhängig. Die Götter verstand man als personifizierte Naturelemente. Oder richtiger gesagt: Die Naturelemente wie Wasser und Blitz, aber auch Fruchtbarkeit oder Sieg hat man als Götter erlebt, aber auch erlitten.

Das mythische Weltbild ist das vorwissenschaftliche Weltbild. Es kennt und spricht nicht von „Naturgesetzen". Der Kontakt zwischen Gott und Kosmos, zwischen Gott und Mensch ist direkt, unmittelbar. Die Welt wird nicht gesehen in ihrer Eigenständigkeit und Eigengesetzlichkeit.

Die Welt ist (um im Bild zu bleiben) noch ganz in der gütigen Hand Gottes bzw. der Götter, noch ganz umschlossen und durchwohnt von Gott, denn „in ihm leben wir, bewegen wir uns und sind wir“ (Apg 17,28).
Die Götter einer mythischen Welt-Anschauung können ebenso Wunderbares wie Furchtbares, ebenso Heil wie Unheil über Menschen, Völker und das Universum kommen lassen. Mensch und Kosmos sind daher der gnädigen Führung und Sympathie, aber auch dem Neid und der Antipathie der Götter ausgeliefert. Über den Göttern waltet ein letztes Schicksal, eine unerbittliche Heimarméne, der auch sie selbst ausgeliefert sind und nicht entrinnen können.
Hinter der einzigartigen griechischen Formulierung „Kósmos“ lebt die selbstverständliche Erfahrung: Das ganze Universum ist ein „Schmuckstück“. Alle Stürme, die durch Menschen entfacht werden, können daraus kein Chaos, kein wüstes Durcheinander machen. Ein geradezu spürbares Fluidum der Geborgenheit, der Heimat, der Heiterkeit des Lebens wie des Sterbens schwingt in diesem geglückten und beglückenden Wort „Kosmos“ mit. Das Zeitalter des Mythos ist jene Epoche, da die Götter Griechenlands, wie es Friedrich Schiller erträumte, die Menschen noch am heitern Gängelbande führten! Vom göttlichen Kosmos wußten sich die Menschen getragen und gehalten, wie es der römische Epikureer Lucretius Carus in seinem Lehrgedicht „De rerum natura“ mit bubenhaft-naiver Fröhlichkeit ausgesprochen hat.
Karl Jaspers (1883–1969) hat dieses Kosmos- und Lebensgefühl auch dort noch gesehen, wo Kritik und Skepsis sich breitzumachen suchten. „Wohl gab es die glaubenslosen Skeptiker des alten Indien und der Antike, denen nichts als nur das sinnlich Gegenwärtige galt, nach dem sie, es selbst für nichtig haltend, skrupellos griffen. Aber sie taten es noch in einer Welt, die faktisch auch ihnen als Ganzes beseelt blieb.“[18] In einem mythisch-magischen Weltverständnis wird nicht vom außerordentlichen und seltenen Ereignis eines „Wunders“ gesprochen. Der Gesamtablauf des Kosmos wie der Völker und des Einzelmenschen wurde erfahren als immerwährende und selbstverständliche Handlung der Götter. Erst dann begann man aufzuhorchen, wenn die Götter gleichsam den Atem anhielten und Kosmos wie Menschheit vor dem Mysterium tremendum der Zurückhaltung des Götterwirkens erschauderten. Mit Hekatomben von Menschen- und Tieropfern versuchte man die Götter zu versöhnen und sich ihrer Gunst zu vergewissern.

Viel zu wenig ist bekannt, daß die massive Kritik an der mythischen Welt- und Menschendeutung bereits in der frühen, abendländischen Geistesgeschichte einsetzt und sich schließlich zu einer gewaltigen Schneise der Säkularisierung zunächst in Europa und dann weit über Europa hinaus ausgeweitet hat. Sehr früh setzte in der griechischen Antike eine heftige Kritik an der überlieferten und im Volksglauben festgehaltenen Weltdeutung ein und zwar beginnend mit den jonisch-kleinasiatischen Naturphilosophen.[19)] Sie waren von der Frage nach dem Unteilbar-Letzten beunruhigt, die aus einem Unbehagen an der bisherigen Weltdeutung kam. Je nach philosophischer Schule glaubten diese Naturphilosophen in Feuer, Wasser, Luft oder Erde die letzten Ur-Bausteine des Universums zu sehen – wobei darunter nicht chemisch-physikalische, sondern eher symbolische Ursprungs- und Entwicklungssubstanzen verstanden wurden.
Der griechische Philosoph Protagoras (um 480–410 v. Chr.) hat damals ein Orientierungssignal gesetzt, das in seiner revolutionären, bis zum heutigen Tag unvermindert an Dynamik wachsenden Wirkung wahrhaftig Geschichte gemacht hat sowohl hinsichtlich des menschlichen Selbstverständnisses wie auch hinsichtlich der Entzauberung und Säkularisierung der Natur: „Der Mensch ist das Maß aller Dinge." Durch dieses Wort öffnet sich eine Perspektive, in der schließlich das Wort des deutschen Philosophen Ludwig Feuerbach (1804–1872) steht: „Nicht Gott schuf den Menschen, sondern der Mensch schuf Gott."
Die griechische Weltgläubigkeit befand sich seither in einer großen, fast unerträglichen Spannung, in einer Art geistiger Schizophrenie. Einerseits lebte, dachte und glaubte das einfache Volk im mythischen Weltbild und opferte den Göttern. Großen Zulauf hatte die „Heilung durch Harmonie" nach Pythagoras (580–500), durch das Wort nach Empedokles (490–430), durch die Musik der Orpheus-Tradition, durch den Traum in der Praxis von Epidauros.[20)] Anderseits wurde in den Kreisen der griechischen Intelligenz die antimythische Kritik immer zynischer und lauter, angefangen von den Sophisten bis hin zu Sokrates, der wegen „Gottlosigkeit", wegen Ablehnung der mythischen Götterwelt zum Tod durch den Schierlingsbecher verurteilt wurde. Mit den Göttern des mythischen Weltbildes war auch das Wunder, der Glanz des Wunderbar-Göttlichen abgeschafft.

Der Mensch hat jetzt nicht mehr seinen Platz in einer ihn umgreifenden, göttlichen Welt. Er sieht sich nicht mehr „im" Kosmos. Er tritt als Maß aller Dinge der Welt „gegenüber". Das Subjekt Mensch wertet die Welt als beherrschbares Objekt, als Entdeckungs- und Experimentierfeld der technischen Vernunft. Der indische Philosoph Rabindranath Tagore (1861–1941) hat scharfsinnig und treffsicher diese geistige, kosmische wie anthropologische Situation mit den Worten umschrieben: „Das Abendland scheint stolz darauf zu sein, daß es sich die Natur unterwirft; als ob wir in einer feindlichen Welt lebten, wo wir alles, was wir brauchen, einer fremden und widerwilligen Ordnung der Dinge gewaltsam entreißen müßten."[21)]

DAS „BIBLISCHE" WELTBILD

Das Wort vom biblischen Weltbild wird häufig verwendet. Ist aber diese Rede wirklich richtig, als würde das biblische „Weltbild" sich scharf konturiert vom Weltbild des altorientalischen Umfeldes abheben und sich davon deutlich unterscheiden?

Mit aller Deutlichkeit sollte man festhalten: Die Bibel hat kein eigenes

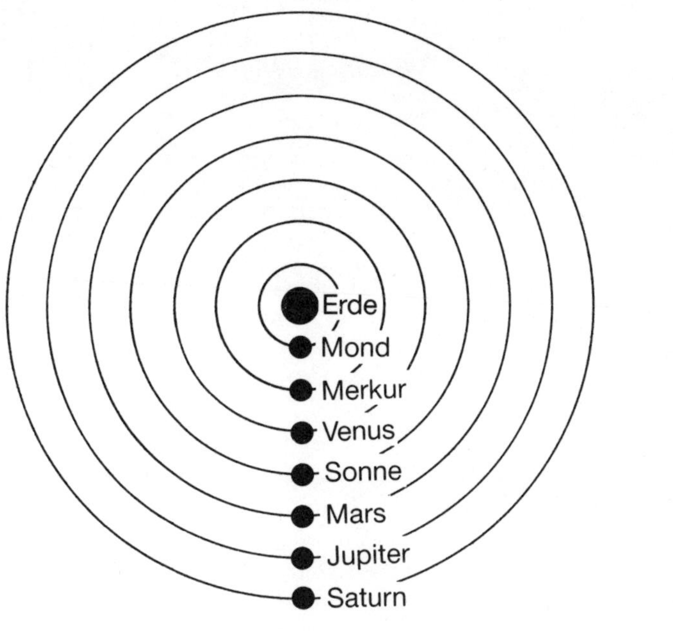

Weltbild geschaffen und entwickelt. Sie hat vielmehr das kosmische Denk- und Deutemodell ihrer Umgebung, des Alten Orient, übernommen: Die Erde als eine Scheibe, die an ihren Rändern vom Meer umspült ist und mit ihren Grundfesten im unterirdischen Ozean fest gegründet ist. Darüber spannt sich das feste Himmelsgewölbe, das Firmament. Es ist ein Verständnis des Universums, in dem die Erde im Mittelpunkt steht (geozentrisches Weltbild) und die Sonne auf- und untergeht.

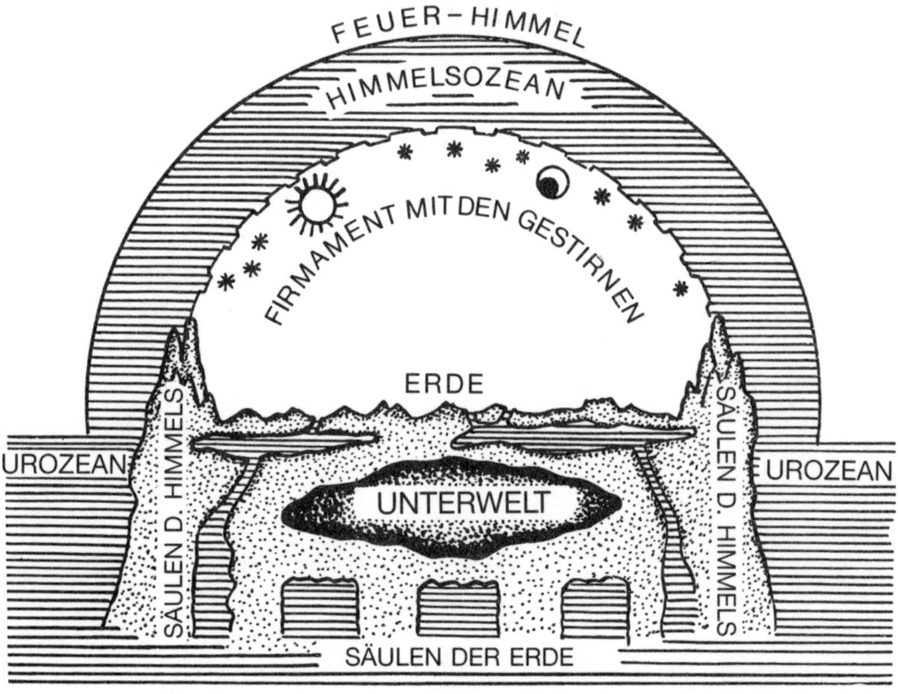

Die Erde dachte man sich als runde, flache Scheibe (Jes 40,22; Spr 8,27; Ijob 26,10). Sie nimmt den Mittelpunkt der Schöpfung ein und wird von den „unteren Wassern" umflossen (Gen 1,7), der Urflut oder dem Urozean (1 Sam 2,8; Ps 24,2; Ijob 38,4). Nach altorientalischer Auffassung ruht die Erde auf festen Säulen (1 Sam 2,8; Jes 24,18; Ps 18,16).
Über die Erdscheibe spannt sich als Überdachung das Firmament, an dem Sonne, Mond und Sterne gleich Lampen angebracht sind. Über dem Firmament befinden sich die „oberen Wasser" (Gen 1,7), die durch Fenster oder Schleusen als Regen auf die Erde strömen können (Gen 7,11; Jes 24,18).
Unter der Erde stellte man sich das Totenreich, die Unterwelt, vor, wo sich die Verstorbenen versammeln (Ex 20,4; Ijob 38,18–17).

Dieses altorientalische Weltbild bildet ohne jede kritische Reflexionen die Hintergrundfolie für Psalm 104,2–5.19–20:

> „Du bist es, der den Himmel ausspannt wie ein Zeltdach,
> der das Grundgebälk für seine Kammern in den Wassern festigt,
> der sich als Wagen Wolken ausersieht,
> einherfährt auf des Windes Flügeln,
> der sich die Winde macht zu seinen Boten,
> zu seinen Dienern Feuerflammen,
> der auch die Erde fest auf ihre Pfeiler stellte,
> so daß sie nie und nimmer wankt.
> …
> Du bist es, der den Mond erschuf zum Zeitenmaß;
> die Sonne kennt die Stunde ihres Untergangs.
> Schickst du Finsternis, so wird es Nacht.“

Geozentrisches Weltssystem nach Ptolemäus:

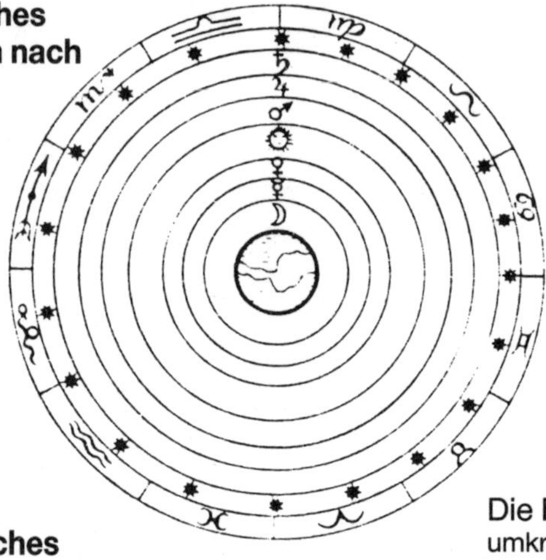

♄ = *Saturn*
♃ = *Jupiter*
♂ = *Mars*
♀ = *Venus*
☿ = *Merkur*

Die Erde im Zentrum, umkreist von Mond, Merkur, Venus, Sonne, Mars, Jupiter, Saturn und Fixsternspähre

Heliozentrisches Weltsystem nach Kopernikus:

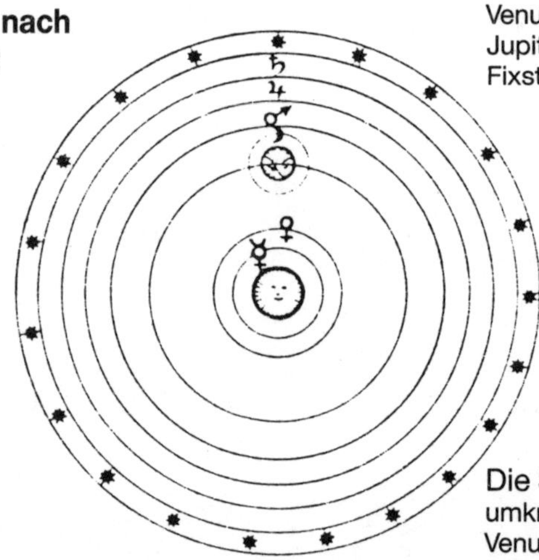

Die Sonne im Zentrum, umkreist von Merkur, Venus, Erde (mit dem sie umkreisenden Mond), Mars, Jupiter und Saturn

Das geozentrische Weltbild: Um die Kugelgestalt der ruhenden Erde im Mittelpunkt (ein Denkfortschritt gegenüber der Erde als Scheibe) bewegen sich die fünf, sterngleichen Planeten Merkur, Venus, Mars, Jupiter und Saturn, die Götternamen tragen; dazu kommen Mond und Sonne. Dieses Weltbild hat seit der Veröffentlichung des klassischen Lehrbuchs der griechischen Astronomie durch Ptolemäus von Alexandrien (um 150 n. Chr.) die Bezeichnung geozentrisch-ptolemäisches Weltbild erhalten. Es ist erstaunlich für den heutigen Leser jener biblischen, vornehmlich alttestamentlichen Texte, in denen vom Universum gesprochen wird, daß in den Raster der altorientalisch-mythischen Kosmologie ein Gottes-, Welt- und Menschenverständnis eingefügt ist, in dem „ein gewaltiges, antimythisches Pathos"[22] lebt. Dies war nur möglich, weil die Umrisse des Welt-Bildes radikal befreit wurden von jedem Hauch einer früheren, religiös-mythischen Welt-Anschauung.

> „Töricht waren von Natur alle Menschen, denen die Gotteserkenntnis fehlte. Sie hatten die Welt in ihrer Vollkommenheit vor Augen, ohne den wahrhaft Seienden erkennen zu können. Beim Anblick der Werke erkannten sie den Meister nicht, sondern hielten das Feuer, den Wind, die flüchtige Luft, den Kreis der Gestirne, die gewaltige Flut oder die Himmelsleuchten für weltbeherrschende Götter ... Dennoch verdienen jene nur geringen Tadel. Vielleicht suchen sie Gott und wollen ihn finden, gehen dabei aber in die Irre" (Weish 13,1–9; vgl. Röm 1,21–23).

Der Schöpfungs-„Bericht" (man müßte vom literarischen Aspekt her richtiger vom Schöpfungs-„Hymnus" sprechen!) der Genesis in seinem priesterschriftlichen (Gen 1,1–2,4a) und seinem jahwistischen (Gen 2,4b–2,25) Quellenstrang ist eine gewaltige und totale Entzauberung der Götterwelt und Kosmologie der Sumerer, Babylonier und Ägypter, eine radikale Entmythologisierung und Entthronung aller damals bekannten und verehrten Sonnengötter, Flußgöttinnen und Astralgottheiten. Der Hebräer sollte im Glauben lernen, „daß die magische Schau, für die die Natur eine halbgöttliche Kraft besitzt, in Wirklichkeit keine Basis hat".[23]

Auf die ungeheuerliche Konsequenz dieser Entgötterung der Welt hat Karl Jaspers für die säkulare Entwicklung des europäischen Denkens und für die Heraufkunft der säkularen, a-theistischen Technopolis in knappen Strichen aufmerksam gemacht: „Die Konzeption des überweltlichen Schöpfergottes verwandelt die gesamte Welt als Schöpfung zur Kreatur. Das Geschaffene wurde Gegenstand menschlicher Erkenntnis, welche zuerst noch gleichsam Gottes Gedanken nachdachte ... Wenn dann aber am Ende der Zweifel den Schöpfergott strich, so blieb als Sein die in den Naturwissenschaften erkennbare Weltmaschinerie ... Eine nie gewesene Öde des Daseins wird fühlbar, gegen die der schärfste antike Unglaube geborgen war in der Gestaltenfülle einer nicht verlassenen mythischen Wirklichkeit, wie sie noch das Lehrgedicht des Epikureers Lukrez durchstrahlt."[24)]

GOTTES ALLGEGENWART UND ALLMACHT IM KOSMOS

Das biblische Verständnis der Welt als Schöpfung Gottes aus dem Nichts ließ die Welt als „Gegenüber", als Kreatur Gottes sehen. Besteht die Beziehung Gottes zu seiner Schöpfung nur im Anfangsereignis der Schöpfung? Hat sich der Schöpfergott nach der Anstrengung des Erschaffens in das himmlische Austragsstübchen zurückgezogen, um von nun an gleichsam nur noch von oben und von außen auf die Welt zu schauen? Ist der siebte Tag, der Ruhetag Gottes (Gen 2,2–3), zu verstehen als totaler Rückzug Gottes von seiner Schöpfung?
Im vorwissenschaftlichen Raum der altorientalischen Epoche war die Eigengesetzlichkeit der Welt noch nicht abgeklärt. Der unmittelbare Kontakt Gottes zu seiner Schöpfung war (im Denken und Glauben der damaligen Menschen) nicht durch „Naturgesetze" ausgegrenzt und abgeschaltet, so daß Gottes Wirken aus der souveränen Unmittelbarkeit in die Mittelbarkeit „seiner" Naturgesetze zurückgestuft wurde. Gewiß waren in der biblischen Weltsicht die mannigfachen, kosmischen Götter entmythologisiert. Ihre vermeintliche personale Existenz war ins antlitzlose Nichts abgesunken. Ihre Stelle nahm jetzt exklusiv der eine und einzige Schöpfer-Gott des Himmels und der Erde ein. Von der Welt konnte daher nicht mehr gesprochen werden, ohne gleichzeitig von der Allgegenwart Gottes und von der Allmacht Gottes zu sprechen. In die biblische Begriffsbestimmung der Welt gehört Gott, seine schöpferische Allmacht ebenso wie seine bleibende Allgegenwart und Allwirksamkeit. Gottes liebende und sorgende Allmacht halten und erhalten gewiß die Schöpfung am Leben. Das All-Stündliche und All-Tägliche dieses Wir-

kens Gottes, der (wie die christliche Kunst es veranschaulicht) seine Schöpfung in Gestalt einer Weltkugel in der Hand trägt, wird zu einer Selbstverständlichkeit. Es muß schon ein außerordentliches Eingreifen Gottes vorliegen, um die Menschen aufhorchen und von einem „Wunder" sprechen zu lassen. Das immerwährende Wirken des allmächtigen Gottes in der Natur gehört zum selbstverständlichen Alltag. Es schokkiert nicht mehr. Es ist kein Grund zur Aufregung, geschweige zum Staunen. Es muß schon etwas ganz Außergewöhnliches und Spektakuläres passieren, um selbst gläubige Christen zu aufregendem Staunen zu bewegen und von einem „Wunder" sprechen zu lassen.
Das geozentrische Weltbild wurde vom heliozentrischen und dieses wiederum vom planetarischen Weltbild abgelöst. Der Glaube an die Allgegenwart und an das allmächtige Wirken des Schöpfer- und Erhalter-Gottes in seiner Schöpfung ist ein Stück kaum reflektierten Mit-Glaubens im Gesamt des Glaubens an Gott, den allmächtigen Schöpfer des Himmels und der Erde. Trotzdem (oder vielleicht gerade deshalb) haben nicht wenige Christen sichtliche Mühe, an „Wunder" zu glauben. Es sprengt den Rahmen und Ablauf des „Natürlichen". Es erweist sich als eine Durchbrechung der Gültigkeit und Vernetzung der „Naturgesetze". Oft und oft begegnet man daher der Frage, ob auch Gott sich an die von ihm geschaffenen Naturgesetze zu halten habe.
Der schwierige Zugang der heutigen Christen zum „Wunder" muß daher ansetzen bei der Glaubenswahrheit von der Allgegenwart und Allmacht Gottes. Hans Urs von Balthasar hat auf einen besonderen Akzent der Verödung der neuzeitlichen Gottesfrage aufmerksam gemacht, der auch die Gottesfrage der Christen und ihren erschwerten Zugang zum Wunder erheblich belastet. „Dem modernen Menschen ist das Schreckliche zugestoßen, daß ihm Gott in der Natur gestorben ist. Wo einst Religion wie ein blühendes Feld stand, ist ihm ein vertrockneter Lehmboden übriggeblieben. ... Der Christ darf sich dieser Erfahrung nicht entziehen; er macht sie menschlich mit, ja sie dürfte übergreifen auf jene Darlegungen seiner Religion, die gleichfalls eine kosmologische Schrumpfgestalt der Wahrheit Jesu Christi waren."[25)]

Eine letzte Frage soll noch aufgegriffen werden: Gott im Märchen[26] – Wunder im Märchen. Das Thema „Märchen" ist in unserer Gegenwart aus dem Dornröschenschlaf erwacht. Weit über die Kinderpädagogik[27] hinaus hat es ein unerwartetes und außergewöhnlich breites Interesse gefunden, das weit mehr ist als träumerisch zurückblickende Nostalgie. Man beginnt nachdenklich zu werden, wenn z. B. Novalis über die umfassende Bedeutung der Märchen geschrieben hat: „Mit der Zeit uß Geschichte Märchen werden – sie wird wieder, wie sie anfing."[28] Berühmt sind seine Verse, mit denen er seinen Roman „Heinrich von Ofterdingen" abschließen wollte. Nur dann, so glaubte Novalis, werde die Welt wieder ins Lot kommen, wenn

„... man in Märchen und Gedichten
Erkennt die wahren Weltgeschichten."

Wunder und Wunderbares kommen in allen Märchen vor. Kommt aber die Vielfalt des Seltsamen und Wunderbaren wirklich von Gott und um welchen Gott handelt es sich dabei? Sind es geheime, anonyme Mächte, die alles in Ordnung bringen, die dem Rotkäppchen zu einem happy end verhelfen und dem Geschwisterpaar Hänsel und Gretel einen rettenden Weg eröffnen? Beten die Gestalten der Märchen? An welchen Gott wenden sie sich in ihrer Not? Gibt es Erlösung?

Die Welt der Mythen wie die Welt der Märchen kennzeichnet eine wichtige Gemeinsamkeit. Diesseits und Jenseits sind nicht durch einen „Eisernen Vorhang" voneinander abgeschottet. Die sichtbare Welt steht mit der unsichtbaren Welt nicht nur in ständiger Beziehung. Sie sind gegenseitig geöffnet. Ihre Bereiche verfließen und können daher ineinander wirken. In vielen Märchen ist so etwas wie eine „vor-christliche" Welt anzutreffen. In ihren Szenen tummeln sich Riesen und Zwerge, Hexen und Zauberer, gütige Feen und furchterregende Unholde. Im Milieuhintergrund ist lebendig das erinnernde Gedächtnis an Dunkelheiten und Lebensängste der Frühzeit: an die Bedrohung in der Dunkelheit und Weglosigkeit der Wälder, an die Gefährlichkeit der Tiere, an das mysterium tremendum, dem die Menschen ausgesetzt und ausgeliefert waren.

In der Märchenwelt gibt es immer auch Tröstung, Hilfe und Rettung durch unbekannte Mächte, die urplötzlich auftreten als „Fürst des Waldes“, als der „Herr der Tiere“, als „Erdmutter“ als „Königin der Nacht“ (im Kunstmärchen „Zauberflöte“) oder als „schöner Prinz“, bisweilen auch in Gestalt von Tieren.[29)] Im Märchen ist alles möglich. Zu jeder Zeit kann das Wunder, das Wunderbare sich ereignen. Warum üben Märchen immer wieder auf Jung und Alt einen so seltsamen Zauber aus? Weil sie Erfahrungen und Archetypen, Träume, Ängste und auch Hoffnungsbilder der Rettung ansprechen und aufwecken, die in jeder Biographie mitgegeben und in die bereits reichlich beschriebene Gen-Matritze eingetragen sind.

Im Märchen werden unersetzliche existentielle und ethische Orientierungshilfen angeboten. Es wird nicht von einer heilen Welt gesprochen. Vielmehr wird realistisch und ungeschminkt von der Welt und Herrschaft des Bösen gesprochen. Märchen leben aber zutiefst von dem bergeversetzenden Glauben, daß es auch in größter und aussichtsloser Not Hilfe und Rettung gibt. Am Horizont der Märchen leuchtet eine Welt auf, die Vertrauen weckt und zu einem neugeschenkten Leben der Freude, des Friedens, der Gesundheit und einer geradezu unendlichen Zukunft mit Ewigkeitsperspektive befähigt. Nicht selten heißt es daher zum Abschluß der Märchen: „... und wenn sie nicht gestorben sind, so leben sie noch heute.“

Der Christ könnte hier sagen: Es schimmert so etwas auf, was man adventliche Verheißung eines kommenden, vielleicht schon angebrochenen Reiches des Friedens, der Gerechtigkeit, der Liebe nennen könnte. Märchen wollen nicht entmutigen, nicht den angeborenen Glauben an den Sieg des Guten zerstören. Im Gegenteil: Sie wollen Treue, Geduld und Ausdauer der Guten stärken, auch und gerade dann, wenn sie unter die Übermacht des Bösen geraten sind und Rettung aussichtslos erscheint. Es gibt Rettung. Es gibt einen Weg zum Glück und zum Frieden. Ob man aber dabei schon von Gott, vom personalen Gott reden kann? Die Ergebnisse der heutigen Märchenforschung sind nicht einheitlich. Sie sind gekennzeichnet durch äußerste Vorsicht und Verhaltenheit in der Deutung und Auslegung. Ihr hat Novalis eine beachtenswerte und durchaus beachtete Weisung mitgegeben: „Märchen sind Träume von einer heimatlichen Welt, nach der wir uns sehnen, in die wir mit unserem eigentlichsten, innersten Wesen hingehören.“[30)] Während man hier lesen kann: „Gott und Engel, also die uns namentlich geläufigen transzendenten Mächte, spielen im Märchen keine oder so gut wie keine Rolle. Die Mächte des Guten werden nicht beim Namen genannt“,[31)], ist

dort zu hören: „Das Märchen berichtet nicht von Gott. Aber es geht von einem Verständnis der Welt aus, das von Vertrauen getragen ist.“[32]
Märchen führen hin zum Glauben an das Rettende. Sie bestärken die Zuversicht, daß nicht das Böse, sondern daß am Ende das Gute siegt. Märchen könnte man der Gattung der Adventsliteratur zurechnen. Hinter der Hoffnung auf das Rettende werden die Umrisse eines Retters sichtbar, der endgültige Heilung und immerwährendes Heil den Menschen und dem gesamten Kosmos schenkt. Konturen jenes Retters könnten darin durchaus vermutet werden, „durch den und auf den hin alles geschaffen ist ... um durch ihn alles zu versöhnen“ (Kol 1,17.20).
Das Thema „Märchen“ hat auch bei der Bibelauslegung eine besondere Brisanz, weil nach der Auskunft sachkundiger Exegeten unter den verschiedenen Literaturgattungen der Heiligen Schrift auch das Märchen vertreten ist. Nicht wenige werden sich daher wundern, wenn etwa von dem theologischen Märchen „Jona“[33] gesprochen wird. An dieser Stelle kann nicht auf die Entstehungsgeschichte dieses alttestamentlichen Buches wie auch auf die darin vollzogene Einspielung historischer und geographischer Daten eingegangen werden (dies geschieht in dem folgenden Kapitel „Wunder im Alten Testament“). Es soll lediglich das Grundsätzliche zum Thema „Märchen“ in der Heiligen Schrift angesprochen werden.
Neben geschichtlichen Darstellungen (im Alten Testament) gibt es auch Lieder, Novellen (wie Judit, Tobit und Ester), Gesetzes- und Aphorismensammlungen, aber auch die Literaturgattung des Märchens im Buch Jona. Auch sonst finden sich im Alten Testament märchenhaft anmutende Elemente und Berichte: die redende Schlange im Paradies (Gen 3,1–6), der redende Esel Bileam (Num 22,20–35; 2 Petr 2,16), die schauerliche Szene: Saul bei der Totenbeschwörerin von En-Dor (1 Sam 28,3–25) oder die Raben, die den Propheten Elija mit Nahrung versorgen (1 Kön 17,2–6). Gott hat seine Offenbarung nicht an eine einzige Literaturgattung gebunden. Auf dem vielstimmigen Orchester unterschiedlichster Literaturgattungen hat er seine Botschaft mitgeteilt und Schrift werden lassen. Gott hat auch die Form des Märchens für seine Offenbarung gebraucht. Sie muß von ihm als durchaus praktikable Übermittlungs- und Darstellungsform seiner Offenbarung angesehen und gewürdigt worden sein.[34]
„Auf vielerlei Weise (auch in der Literaturgattung des Märchens) hat Gott einst zu den Vätern gesprochen“ (Hebr 1,1). Aufgabe der Bibelausle-

gung ist es, die Besonderheit dieser Literaturgattung und ihrer Sprachgestalt zu berücksichtigen und daraus den Inhalt der Gottesbotschaft zu heben. Der Weg zur Botschaft Gottes würde hoffnungslos verstellt, würde man die Kulissen und Darstellungsweisen der Literaturgattung Märchen realhistorisch interpretieren. Aus dem von Jesus Christus angesprochenen „Zeichen des Jona" (Mt 12,39; 16,4; Mk 8,12; Lk 11,29–30), dem Verheißungszeichen seiner Auferstehung am dritten Tage[35)], kann allzu schnell eine deplazierte und ergebnislose, zoologische Diskussion werden, die blind ist für das Symbol und daher das Eigentliche nicht in den Blick bekommt.

Wunder im Alten Testament

Das Alte Testament ist für viele – wenigstens in den Erinnerungsresten ihrer Schulzeit – ein Buch des Alten Orient, das von den Ängsten und Nöten der Menschen ebenso berichtet wie von den Beglückungen und wunderbaren Fügungen und Führungen Gottes, die sie erfahren haben. Welt und Menschen waren noch nicht aus der Hand Gottes gefallen. Sie wußten sich getragen, gehalten und erhalten von jenem Gott, der Ursprung, Sinn und Ziel des ganzen Universums ist.

DAS SCHÖPFUNGSWUNDER – FUNDAMENT ALLER WUNDER

Nicht erst die Neuzeit hat durch Martin Heidegger (1889–1976) die staunenerregende und alles entscheidende Frage gestellt:

> „Warum ist überhaupt Seiendes
> und nicht vielmehr Nichts?"[36)]

Das Staunen ist nicht nur der Anfang der Philosophie. Das Staunen steht am Ursprung jeder Religion. Das Staunen, daß überhaupt Welt ist, ist die große Frage der Menschen, die allein Gott, der Schöpfer des Himmels und der Erde, beantworten kann. Mit einer kühnen Götterzertrümmerung setzt zu Beginn des Alten Testaments der Schöpfungsbericht ein:

„Im Anfang schuf Gott Himmel und Erde" (Gen 1,1).

In diesem gewaltigen, ein- für allemal klärenden Bekenntnis sind die Denk- und Überlieferungsstränge der älteren, um 950 v. Chr. bereits aufgezeichneten jahwistischen Tradition (Gen 2,4b–3,24) und die jüngere, aus dem 6. vorchristlichen Jahrhundert stammende, priesterschriftliche Tradition (Gen 1,1–2,4a) verarbeitet.[37)]

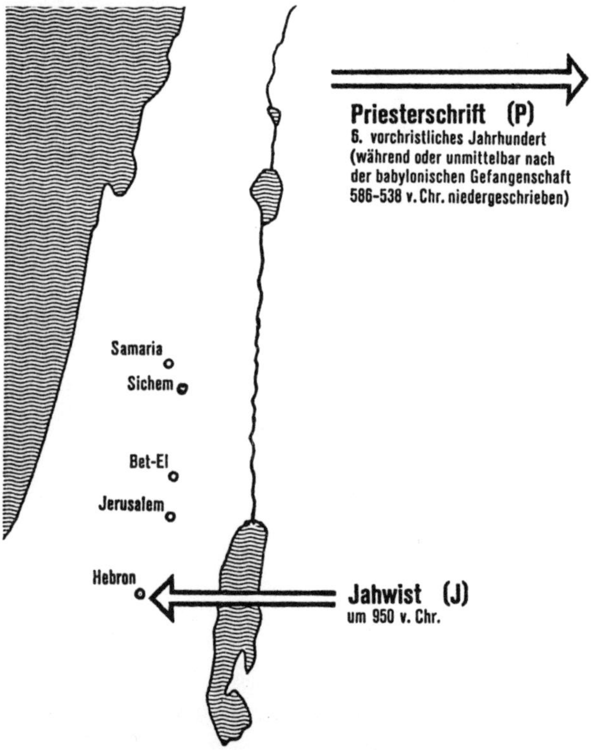

Ort (Gegend) und Entstehungszeit der jahwistischen Überlieferung bzw. der Priesterschrift

Der erste Satz der Bibel (Gen 1,1) ist der alles bestimmende Notenschlüssel der Gesamtpartitur des Alten wie des Neuen Testaments. Eine radikale und totale Entthronung aller im Alten Orient verehrten Menschen, aller Tier-, Natur- und Astralgottheiten war damit endgültig vollzogen.

Das Welt- und Selbstverständnis der alttestamentlichen Epoche war durch die ständige Nähe und Wirksamkeit des allmächtigen Gottes geprägt, dem auch der Sünder nicht entkommen konnte (Gen 3,8). Die ganze Welt ist ein einziges, immerwährendes und staunenerregendes Wunder: dieses große Faszinosum prägte Leben, Denken und Frömmigkeit des alttestamentlichen Menschen (Ps 8,2–10; 19,2–7; 104,1–35; Ijob 38,1–39,40). Das Einzelwunder war daher für den alttestamentlichen Frommen innerhalb des großen Weltwunders geradezu eine Selbstverständlichkeit. Der allgegenwärtige Gott war auch der immer und überall allmächtige und allwirkende Gott.

Wenn aber Gott seine wunderwirkende Macht zurückhält, dann bedeutet dies für alttestamentliche Menschen keineswegs, Gottes Macht und Wirksamkeit würden schwächer oder Gott sei an den Menschen nicht mehr interessiert. Man sah vielmehr darin ein Alarmsignal, daß zwischen Gott und den Menschen etwas passiert ist, daß eine Bruchstelle der Sünde sich aufgetan hat. Die Zurückhaltung des göttlichen Wunderwirkens sollte die Menschen zur Umkehr aus der Gottferne und zur Erneuerung der Bundestreue und der Dankbarkeit anregen.

In einer Welt der Wunder, des Wunderbaren und Unfaßbaren zu leben, war für den alttestamentlichen Frommen die Konsequenz seines Glaubens an die Allgegenwart und Allmacht des Schöpfergottes. Nicht mehr Götter sind die Machthaber der Welt. In der Hand eines einzigen Gottes ist alle Macht und Herrlichkeit. Ohne diesen einen und einzigen Gott geschieht und ereignet sich nichts in der Welt. Der gläubige Denkansatz des personal-einen Gottes, des allmächtigen und allwirksamen Schöpfers des Himmels und der Erde (Gen 14,19.22; 24,3), hat darüber Klarheit geschaffen, daß Ursprung und Ablauf der Welt nicht als Emanation heiliger Mächte, nicht als ewige Wiederkehr, nicht als ewiger Kampf zwischen guten, geistigen Wesen und bösen, materiellen Gewalten zu deuten sind. Gott hat das Universum aus dem Nichts erschaffen (Weish 11,17; 2 Makk 7,28).

Die Menschen des Alten Testaments haben den Ablauf des Universums nicht im Blickfeld der Naturgesetze gesehen. Der Aufgang der Sonne und ihr Untergang, das Leuchten des Mondes und der Sterne, das Blühen der Bäume und die Früchte des Herbstes, die Vielfalt der Tiere und der Ablauf der Jahreszeiten – nichts geschah ohne Gottes direktes und unmittelbares Wirken. Gott ist der allein und ständig Handelnde und Wirkende. Eine Denk- und Argumentationsweise, wie sie etwa der evangelische Theologe der Aufklärungszeit, Carl-Friedrich Bahrdt (1741–1792), vorgelegt hat, wäre einem alttestamentlichen Menschen nicht bloß unverständlich, sondern in höchstem Maße ketzerisch erschienen. Er schreibt: „Alles was ist und geschieht, ist ein Gewebe von Ursachen und Wirkungen ... Die Gesetze der Natur sind ewig und unveränderlich. Wunder heben sie auf. Also sind Wunder unmöglich!“[38]

Gott ist der alles Bewegende, der alles Verursachende, der alles Bewirkende. Die Welt ist daher voller Überraschungen Gottes. Weil damals die Naturgesetze als Zweitursachen nicht gesehen wurden, stand der Schöpfer- und Erhaltergott als Erstursache in jedem Denken und Sprechen über die Schöpfung. Schöpfung war stets Schöpfung. In die Begriffsbestimmung der Schöpfung gehörte Gott. Schöpfung war noch nicht zur bloßen Natur mit Eigengesetzlichkeit abgesunken.

WEGE ZUM RECHTEN VERSTÄNDNIS

Das Alte Testament ist (in sprachgeschichtlicher Beurteilung) ein Literaturwerk, das über zweitausend Jahre alt ist. Seine einzelnen Schriften sind von unterschiedlichen Verfassern (bzw. Verfasserteams) zu unterschiedlichen Zeiten an unterschiedliche Adressaten geschrieben worden. Eine gewaltige geographische, historische, vor allem eine viel zu wenig beachtete literarische Differenz trennt den heutigen Leser von den Verfassern dieser Schriften, die von einem gänzlich anderen Existenz-, Kosmos- und Gottesverständnis geprägt waren.[39]

Sie haben ihre Erlebnisse und Erfahrungen in einer Denkweise und mit Denkmustern aufgegriffen und verarbeitet und schließlich in einer Sprachgestalt niedergeschrieben, die dem europäischen Menschen des ausgehenden 20. Jahrhunderts nicht bloß nicht geläufig, sondern unbekannt, fremd ist. Ohne die Kenntnis der damals gebrauchten Literaturarten (genus litterarium) muß es zu Mißverständnissen und Fehlinterpretationen, bisweilen zu einer völligen Verständnisblockierung kommen.

So manche Kritik gerade an alttestamentlichen Wundergeschichten entlarvt eine totale Unkenntnis gattungsgeschichtlicher Voraussetzungen. Man sieht sich genötigt, das Wort Goethes zu zitieren:

„Im Auslegen seid frisch und munter!
Legt ihr's nicht aus, so legt was unter!“

Es geht dabei nicht nur darum, die Möglichkeiten der damaligen Geschichtsschreibung zu kennen. Entscheidender ist es, um die vielfältigen Literaturgattungen etwa der Ätiologie, des Midrasch, der Zahlensymbolik[40] zu wissen. Selbst dann sollte man nicht kopfscheu, verwirrt und verunsichert werden, wenn ausgewiesene Fachleute von der Verwendung des Märchens, der Novelle, der Sage und Legende im Alten Testament in aller Offenheit und Verantwortung reden. „Es ist gut, daß in der Bibel Sagen und Legenden stehen ... Denn in der *Sage* erinnert sich ein Volk unter den leitenden Ideen seiner Gegenwart der Vorzeit und Vergangenheit. Das bedeutet, daß Israel mit der Verwendung der Sage in der Lage ist, die Väterzeit im Licht seiner Glaubensüberzeugungen zu sehen und darzustellen. Sage ist kein Hirngespinst. Wenn diese Aussageform in einer Perikope vorliegt, bedeutet das keineswegs, daß ihr Inhalt völlig frei erfunden ist und kein Geschehen dahintersteht. Es ist für die Vätergeschichte erwiesen, daß ihre Grundzüge durchaus geschichtlich glaubwürdig sind.“[41]

Der europäische Leser des Alten Testaments muß zuerst seine Ich-Befangenheit erkennen und sich von ihr lösen, will er alttestamentliche Texte und die ihm kaum gewohnten Literaturgattungen nicht bereits im Ansatz mißverstehen. Er liest und interpretiert ungewollt und meist auch unbewußt unter einem „historischen Tick“, wobei ihn die historisch-kritische Methode zu bestärken scheint: Wirklich und von Interesse ist nur das geschichtlich stattgefundene und nachprüfbare Ereignis. Legenden, Sagen, Märchen werden allzu schnell als bloße Hirngespinste eingestuft.

Wo man nur mit dem einen Auge des geschichtlichen Interesses und Beweises alttestamentliche Texte liest und auslegt, auf dem anderen Auge aber blind ist für tiefenpsychologische, glaubens- und wirkungsgeschichtliche Perspektiven, besteht die Gefahr, ja die Verführung zu einer eindimensionalgeschichtlichen Interpretation. Allzu leicht können dann Gleichnisse, Allegoresen und Typologien zu „geschichtlichen“ Berichten hochstilisiert und gerade dadurch mißverstanden werden. Das Interesse scheint sich dann allzu stark auf das geschichtliche Woher der Fakten zu konzentrieren, zu wenig wird aber das Was, der Aussageinhalt, die Betroffenheit und Erfahrung der Menschen in die Mitte gerückt.[42]

Ehe man daher an die Auslegung eines alttestamentlichen Wunderberichtes geht, muß gewiß als Vorfrage sein geschichtliches Woher geklärt werden. Wichtiger ist, nach seiner Literaturgattung zu fragen (wobei heute immer noch eine Unschärfe des Gattungsbegriffs wie auch eine uneinheitliche gattungsgeschichtliche Bestimmung biblischer Texte vorliegt). Man sollte es nicht verheimlichen oder gar als unbedeutend ansehen: Symbolisch-typologisches Denken steht heute gegen historisch-argumentatives Bewußtsein. In modernen Exegeten würden heftige Widerstände wach, müßten sie die Schrift in der traditionellen Typologie (wie sie von den Kirchenvätern meisterhaft gehandhabt und von den Theologen des Mittelalters aufgenommen wurde) auslegen.[43]

Es muß bei alttestamentlichen Wundergeschichten von Fall zu Fall sehr genau die Literaturgattung untersucht und abgeklärt werden, um dann erst an die Auslegung heranzugehen. Viele, meist historische (Fehl-)Deutungen, die einer zynischen Kritik ausgesetzt sind und die ganze Bibel in Mißkredit bringen, ließen sich vermeiden. Warum sollte man Stolpersteine sich auf den eigenen Weg werfen?

DIE WUNDERGESCHICHTE VOM AUSZUG AUS ÄGYPTEN

Die wohl bekannteste und auch illustrativste Wundergeschichte des ganzen Alten Testaments ist der Bericht in Ex 13,13–14,31 über den Auszug des Volkes Israel aus Ägypten. Überaus anschaulich läßt sich belegen, wie einerseits dieser Text entstanden ist und wie anderseits mit der Reifung des Textes eine inhaltliche Auffüllung und Farbigkeit Hand in Hand ging. Je weiter entfernt man vom geschichtlichen Ereignis war und schrieb, umso detaillierter wurden die Berichte in den drei Textsträngen des Jahwisten, des Elohisten und der Priesterschrift.

Die Ur-kunde des Volkes Israel

Der älteste und kürzeste, überaus ausdrucksstarke und dichte Bericht über den Ursprung des Volkes Israel, in dem auch vom Exodus aus Ägypten die Rede ist, findet sich in einem Glaubensbekenntnis (Dtn 26,5–9). In ihm wird von einem „heimatlosen Aramäer“ (Dtn 26,5) gesprochen, der nach Ägypten zog. „Unter Zeichen und Wundern“ (Dtn 26,8) wurde sein Volk aus Ägypten herausgeführt und nach Palästina gebracht, „ein Land, in dem Milch und Honig fließen“ (Dtn 26,9).

> „Mein Vater war ein heimatloser Aramäer. Er zog nach Ägypten, lebte dort als Fremder mit wenigen Leuten und wurde dort zu einem großen, mächtigen und zahlreichen Volk.

Die Ägypter behandelten uns schlecht, machten uns rechtlos und legten uns harte Fronarbeit auf. Wir schrien zum Herrn, dem Gott unserer Väter, und der Herr hörte unser Schreien und sah unsere Rechtlosigkeit, unsere Arbeitslast und unsere Bedrängnis.
Der Herr führte uns mit starker Hand und hoch erhobenem Arm, unter großem Schrecken, unter Zeichen und Wundern aus Ägypten, er brachte uns an diese Stätte und gab uns dieses Land, ein Land, in dem Milch und Honig fließen" (Dtn 26,5–9).

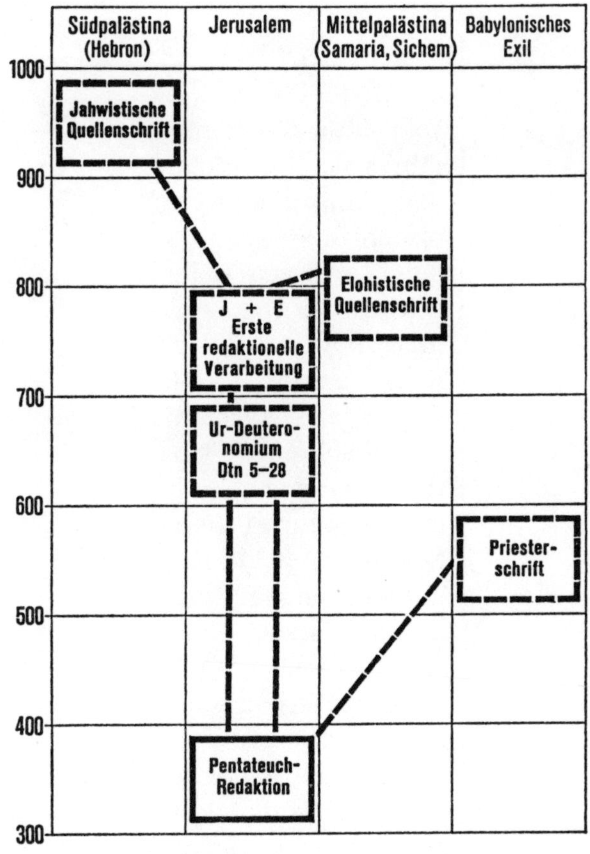

Die schriftlichen Quellenstränge (Entstehungszeiten und Entstehungsorte) des Pentateuch (= die fünf Bücher Mose: Genesis, Exodus, Levitikus, Numeri, Deuteronomium)

Dieses knappe Glaubensbekenntnis hat in Jos 24,2–13 eine erste Erweiterung erfahren und ist schließlich in Neh 9,6–37 um 450 v. Chr. zu einem breit ausgearbeiteten Gebetsformular angewachsen. Seine Dramatik hat der Bericht über den Exodus erst in dem Text Ex 13,13–14,31 erhalten. In der um 350 v. Chr. erfolgten Pentateuch-Redaktion ist es gelungen, aus verschiedenen Quellensträngen J (= Jahwist), E (= Elohist), Dt (= Ur-Deuteronomium) und P (= Priesterschrift) einen überaus farbigen und theologisch unterschiedlich akzentuierten Bericht über den Auszug des Volkes Israel aus Ägypten zu erstellen.

J	E	P
	[13,17]Als der Pharao das Volk entlassen hatte, führte sie Gott nicht den Philisterlandweg, obwohl er kürzer war; denn Gott sagte sich: Daß es das Volk nur nicht reue, wenn sie Krieg sehen, und dann nach Ägypten zurückkehren! [18]So führte Gott das Volk den Wüstenweg zum Schilfmeer. In Fünferabteilungen zogen die Söhne Israels aus Ägypten fort. [19]Mose nahm die Gebeine Josefs mit. Dieser hatte nämlich die Söhne Israels schwören lassen: Wenn Gott euch gnädig heimsucht, dann nehmt meine Gebeine von hier mit euch!	

J	E	P
[13,20]Sie brachen von Sukkot auf und schlugen das Lager in Etam am Rande der Wüste auf. [21]Jahwe zog vor ihnen her bei Tag in einer Wolkensäule, um sie den Weg zu führen, bei Nacht in einer Feuersäule, um ihnen zu leuchten, so daß sie Tag und Nacht marschieren konnten. [22]Die Wolkensäule wich von ihnen nicht bei Tag und die Feuersäule nicht bei Nacht.		
		[14,1]Jahwe sprach zu Mose: [2]sprich zu den Söhnen Israels, sie sollen eine Kehrtwendung machen und vor Pi-Hahirot, zwischen Migdol und dem Meer, gegenüber Baal-Zefon, ihr Lager aufschlagen. [3]Der Pharao wird dann von den Söhnen Israels meinen: Sie haben sich im Land verirrt; die Wüste hat sich über ihnen geschlossen! [4]Ich werde das

J	E	P
		Herz des Pharao verhärten, so daß er ihnen nachjagt. So werde ich durch den Pharao und seine ganze Streitmacht zu Ehren kommen, und die Ägypter werden erfahren, daß ich Jahwe bin. Da taten sie (die Söhne Israels) so.
	[14,5a]Als man dem König von Ägypten meldete, daß das Volk geflohen sei,	
[14,5b]Das Interesse des Pharao und seiner Diener wandte sich dem Volke wieder zu, und sie sagten: Was haben wir doch da angestellt, daß wir Israel aus unserem Dienst entlassen haben! [6]Da ließ er seinen Kriegswagen anschirren, und er nahm sein Volk mit sich.		
	[7]nahm er 600 Kriegswagen von der Elite und alle sonstigen Kriegswagen Ägyp-	

J	E	P
	tens und Dreierbesatzungen auf allen.	
		8 Jahwe verhärtete also das Herz des Pharao, des Königs von Ägypten, und der jagte hinter den Söhnen Israels her, während die Söhne Israels mit erhobener Hand (das heißt selbstsicher) fortzogen.
9a So jagten die Ägypter hinter ihnen her.		
		9b Als sie gerade am Meer lagerten, holten sie sie ein, die ganzen Pferde und Kriegswagen des Pharao, seine Reiterei und seine Streitmacht, bei Pi-Hahirot, gegenüber Baal-Zefon. 10a Als der Pharao näher kam, [d]schrien die Söhne Israels zu Jahwe.
10b.c. Als die Söhne Israels ihre Augen erhoben, rückte hinter ihrem Rücken gerade		

J	E	P
der Ägypter heran. Da gerieten sie gar sehr in Furcht.		
	11 Nun sagten sie (die Israeliten) zu Mose: Hast du uns denn zum Sterben in die Wüste geholt, weil es keine Gräber in Ägypten gibt? Was hast du uns da nur angetan, daß du uns aus Ägypten herausgeführt hast. 12 Haben wir es dir nicht gleich in Ägypten gesagt: Laß uns in Ruhe! Wir wollen den Ägyptern dienen, denn es ist besser für uns, den Ägyptern zu dienen, als in der Wüste zu sterben!	
13 Mose aber sprach zum Volk: Fürchtet euch nicht! Stellt euch her und schaut die Hilfe, die Jahwe euch heute leisten wird! Denn wie ihr heute noch die Ägypter seht, so werdet ihr sie nie mehr sehen. 14 Jahwe kämpft für euch, ihr aber könnt		

J	E	P
euch ganz ruhig verhalten.		
		[15]Da sprach Jahwe zu Mose: Was schreist du zu mir? Sag den Söhnen Israels, sie sollen aufbrechen! [16]Du aber heb deinen Stab hoch, strecke deine Hand über das Meer aus und spalte es, damit die Söhne Israels mitten durchs Meer auf trockenem Boden gelangen können. [17]Ich aber will jetzt das Herz der Ägypter verhärten, daß sie hinter euch herkommen. So will ich durch den Pharao und seine ganze Streitmacht, durch seine Kriegswagen und seine Reiterei zu Ehren kommen. [18]Die Ägypter werden erfahren, daß ich Jahwe bin, wenn ich durch den Pharao und seine Kriegswagen und seine Reiterei zu Ehren gekommen sein werde.

J	E	P
	[19a]Da brach der Engel Gottes, der vor dem Lager Israels zog, auf und ging hinter sie.	
[19b]Da brach die Wolkensäule vor ihnen auf und trat hinter sie. [20]Sie gelangte zwischen das Lager der Ägypter und das lager Israels ..., und keiner konnte sich dem anderen nähern die ganze Nacht über.		
		[21a]Mose streckte also seine Hand über das Meer aus.
[21b]Darauf führte Jahwe das Meer durch einen starken Ostwind die ganze Nacht über fort und legte das Meer trokken.		
		[21c]und schon spaltete sich das Wasser. [22]Die Söhne Israels gelangten auf trockenem Boden mitten durchs Meer, während das Wasser ihnen zur Rechten und zur Lin-

J	E	P
		ken eine Mauer bildete. [23]Die Ägypter jagten nach, und alle Pferde des Pharao, seine Kriegswagen und seine Reiterei kamen ihnen mitten ins Meer hinein nach.
[24]Während der Morgenwache blickte Jahwe in der Feuer- und Wolkensäule auf das Lager der Ägypter und setzte das Lager der Ägypter in Verwirrung.		
	[25a] Er entfernte die Räder ihrer Kriegswagen und brachte sie in Schwierigkeit.	
[25b] Da sagte der Ägypter: Ich will vor Israel fliehen, denn Jahwe kämpft für sie gegen die Ägypter.		
		[26]Da sprach Jahwe zu Mose: Strecke deine Hand aus über das Meer, daß das Wasser zurückkommt über den Ägypter, über seine Kriegswagen

J	E	P
		und über seine Reiterei. 27a Als Mose seine Hand ausstreckte über das Meer.
27b Gegen Morgen kehrte das Meer in sein gewohntes Bett zurück, während gerade die Ägypter ihm entgegenflohen. Da schüttelte Jahwe die Ägypter mit hinein ins Meer.		
		28 Das Wasser kehrte zurück und bedeckte die Kriegswagen und die Reiterei und die ganze Streitmacht des Pharao, die ihnen ins Meer nachgekommen waren. Kein einziger blieb übrig. 29 Die Söhne Israels aber waren auf trokkenem Boden mitten durchs Meer gezogen, während das Wasser ihnen zur Rechten und zur Linken eine Mauer bildete.
30 So rettete Jahwe an jenem Tage Israel aus der Hand der Ägypter.		

J	E	P
31 Israel aber sah die Ägypter tot am Strand. Israel spürte die gewaltige Hand, mit der Jahwe an den Ägyptern gehandelt hatte. Das Volk fürchtete Jahwe, und sie glaubten an Jahwe und an seinen Knecht Mose.		

Der heutige Leser der alttestamentlichen Exodusgeschichte (Ex 13,13–14,31; mitzulesen wäre das Siegeslied am Schilfmeer in Ex 15,1–19) stellt die Frage: Was ist eigentlich passiert? Spaltete sich tatsächlich das Wasser (Ex 14,21c) des Roten Meeres und „bildete das Wasser zur Rechten und zur Linken eine Mauer“ (Ex 14,29), so daß das Volk Israel auf trockenem Boden durchs Meer“ (Ex 14,22) gehen konnte?

Um welche Literaturgattung handelt es sich bei diesem Text? Kann und darf er daher wörtlich und realhistorisch ausgelegt werden?
Das Exodus-Ereignis scheint – in innerweltlich-geschichtlicher Betrachtung – viel einfacher, nüchterner und glanzloser abgelaufen zu sein, als es in späteren Jahrhunderten nachempfunden, mündlich weitergegeben und schriftlich festgehalten wurde. Das Exodusgeschehen hat in den jährlichen Paschafeiern des jüdischen Volkes eine zentrale Rolle gespielt. Mit der geschichtlichen Entfernung ist die liturgische Rühmung immer neu und immer intensiver, geradezu beschwörender aufgegriffen worden. Man konnte nicht anders, als Gott immer wieder neu zu danken und hat das gleiche Ereignis der Großtat Jahwes in immer neuen Bildern ausgesagt. Mit immer neuem Verwundern stellte sich die feiernde Paschagemeinde die Frage, wie das militärisch ungeschulte Volk Israel überhaupt aus Ägypten und der großen Streitmacht des Pharao entkommen konnte.

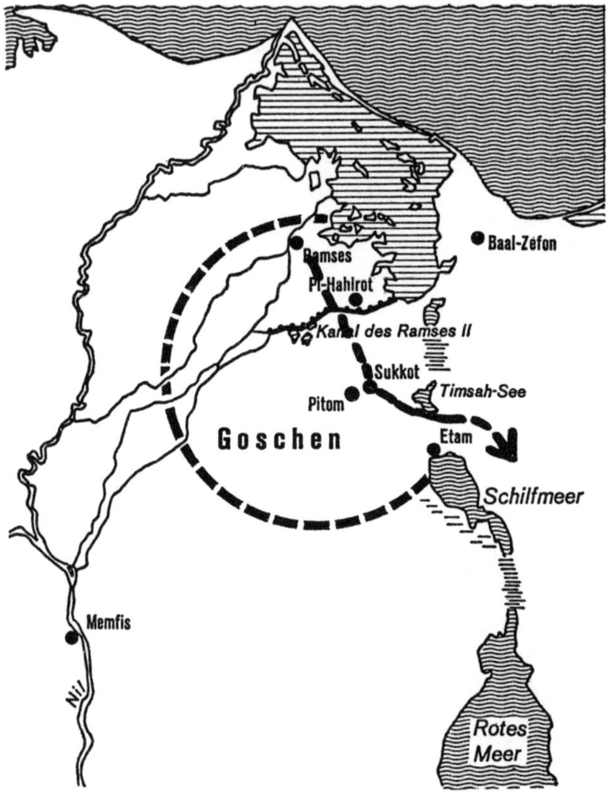

Geographische Daten zum Aufenthalt des Volkes Israel in Ägypten und zum Exodus

Liturgisch-typologische Überbietung

Nicht aus eigener Kraft, allein durch die Hilfe und Macht Jahwes ist der Exodus gelungen! Die liturgische Rühmung und Preisung des Volkes Israel hat in der literarischen Figur der Überbietung ihr Wundern, ihr Staunen, ihr Danken ausgesprochen. In der jahwistischen Tradition ist es Gott in seiner Wolkensäule (Ex 13.21; 14, 9b.24), der allein und ohne jedes Zutun des Mose Wunder der Rettung wirkt (deus solus). Der elohistische Erzählstrang stellt die aktive Rolle des Mose, aber auch des Engel des Herrn (Ex 14,19a) heraus. Die Priesterschrift setzt den Akzent der Rühmung und Überbietung in der Wirkung des Stabes (Ex 14,16) bzw. der Hand (Ex 14,21a.26.27a) des Mose als Instrument des wirkenden Gottes.

Eine unerhörte und nicht mehr überbietbare Ballung und Dramatik erhielt die Exodusüberlieferung durch die Bündelung der pluriformen Überlieferung in jener Texteinheit, wie sie durch die Pentateuchredaktion (um 350 v. Chr.) erreicht wurde, in der heute noch die einzelnen, theologisch unterschiedlich akzentuierten Überlieferungsstränge sichtbar sind. Wer von der All- und Alleinwirksamkeit Gottes im damaligen Welt- und Geschichtsverständnis überzeugt ist, kann nur Gott als Initiator und Vollstrecker des gelungenen Auszugs aus Ägypten nennen. Immer neu setzt er in liturgisch-typologischer Überbietung an, diesen Retter-Gott zu preisen, denn allein durch dessen Großtat sind Existenz und Geschichte Israels möglich geworden.
Im alttestamentlichen Exodusbericht ist das geschichtliche Ereignis eingeschmolzen in das gläubig-dankbare Bekenntnis.[44)] Wie die schlichte Melodie einer Hirtenflöte zu einer mächtigen Orchesterpartitur auskomponiert werden kann und dabei die ursprüngliche Hirtenmelodie in den Variationen von Dur und Moll wie in der Wiedergabe durch unterschiedliche Instrumente erkennbar bleibt, so ist ein historischer Kern durch immer neues Erzählen, nicht zuletzt durch das Motiv der liturgisch-typologischen Überbietung ausgefaltet und für eine spätere Zeit aktualisiert worden. Es wurde nicht ein anderes Ereignis erzählt und niedergeschrieben, wohl aber wurde das gleiche Ereignis anders erzählt und niedergeschrieben, um in einer veränderten Situation „in unmittelbarer Ergriffenheit ein Gleichzeitiger zu werden“.[45)]

Das Exodusereignis in tiefenpsychologischer Exegese

Wie der alttestamentliche Bericht über den Auszug aus Ägypten für unsere Zeit „weiterbuchstabiert“ und aktualisiert werden kann, zeigt die individualpsychologische Auslegung, die Eugen Drewermann[46)] vorgelegt hat. Er deutet diesen Text als Weg zur Selbstfindung des Menschen durch den gewagten Auszug aus versklavenden und entwürdigenden inneren und äußeren Zwängen. Er weist hin auf die Befreiung von der Sklaverei des „Über-Ich“ und der damit verknüpften sozialen Abhängigkeiten, die die Selbstverwirklichung des Einzelnen verhindern oder gefährden. Im Durchzug durch das „Schilfmeer“ muß das Heer der quälenden Verfolger (= der Schuldgefühle) abgeschüttelt werden um zur Freiheit und Selbstbestimmung zu gelangen. Der Prozeß der Selbstverwirklichung vollzieht sich auf einem langen Weg der „Wüstenwanderung“. Gelingen können Exodus und Rettungsprozeß nur an der Hand Gottes und der (wie Mose) von Gott gesandten Boten und Begleiter an unserem Lebensweg.

WUNDER DER WÜSTENWANDERUNG

Der Exodus aus Ägypten und die Wüstenwanderung auf der Halbinsel Sinai sind umstrahlt von einem Feuerwerk täglicher „Zeichen und Wunder“ (Dtn 26,8).

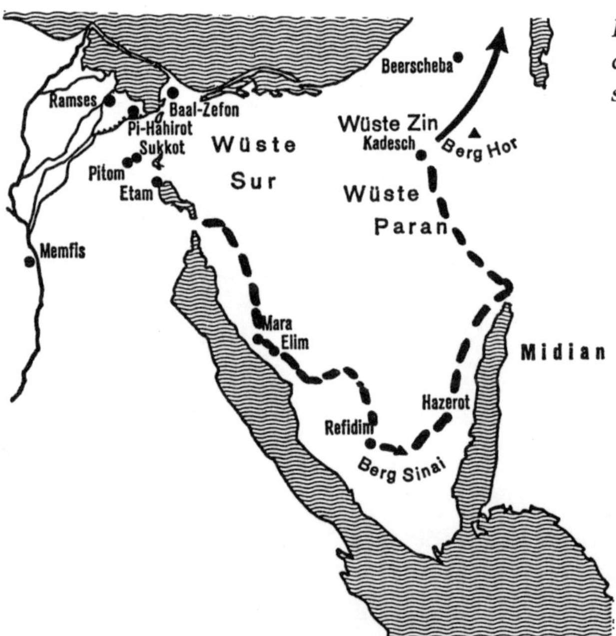

Der geographische Raum des Exodus und der Wüstenwanderung

Im Rückblick auf seine geschichtliche Vergangenheit erkannte das Volk Israel – demütig, dankbar, aber durchaus auch selbstbewußt: Alles ist Gnade! Das Abenteuer der Existenz, der Geschichte, der Zukunft des Volkes Israel ist das Abenteuer Gottes mit diesem Volk. Aus dieser von Wunder überstrahlten Glanzzeit seiner Frühepoche lebte das Volk Israel

in allen späteren Jahrhunderten (bis zum heutigen Tag) und schöpfte Trost und Zuversicht in Niederlagen, in Gefangenschaft und Unterdrükkung.
Die Wüstenwanderung wäre – nach der gläubigen Selbstdeutung Israels – ohne Gottes ständige Hilfe und Führung ein Fiasko geworden. Das war und blieb der theologische wie der politische Grundakkord, der alle Reflexionen über Israel bestimmte. Man beachte aber: Nicht bereits während der Wüstenwanderung wurde schriftlich festgehalten, was sich damals ereignet hatte. Die meisten Menschen des Exodus aus Ägypten haben den Introitus in das Land Kanaan nicht erlebt. Erst nach der mühsamen Seßhaftwerdung in Kanaan wurden die gehörten und weitererzählten Primärerfahrungen aufgezeichnet.
Die heutige Textgestalt mit der Vernähung verschiedener Quellenstränge erhielten die Wunderberichte der Wüstenwanderung erst in der Pentateuch-Redaktiom (um 350 v. Chr.). Es gibt keine Originalberichte der Wüstenwanderer unter Mose. Die Originalerlebnisse der Wüstenwanderung liegen nur im Medium, in der Brechung und Interpretation theologischer Intentionen vor, die aus einer mehrere Jahrhunderte später liegenden Epoche stammen. Da aber alles, was in der Welt geschieht, direkt und unmittelbar von Gott kommt, ist Gott (nach diesem Weltkonzept) der allein Wirkende und der stets Eingreifende und Helfende, wenn Israel in Not ist.

Wachtel- und Manna-Wunder

„Der Herr sprach zu Mose: Ich habe das Murren der Israeliten gehört. Sag ihnen: Am Abend werdet ihr Fleisch zu essen haben, am Morgen werdet ihr satt sein von Brot, und ihr werdet erkennen, daß ich der Herr, euer Gott, bin.
Am Abend kamen die Wachteln und bedeckten das Lager. Am Morgen lag eine Schicht von Tau rings um das Lager. Als sich die Tauschicht gehoben hatte, lag auf dem Wüstenboden etwas Feines, Knuspriges, fein wie Reif, auf der Erde. Als das die Israeliten sahen, sagten sie zueinander: Was ist das? Denn sie wußten nicht, was es war. Da sagte Mose zu ihnen: Das ist das Brot, das der Herr euch zu essen gibt. Das ordnet der Herr an: Sammelt davon so viel, wie jeder zum Essen braucht, ein Gomer je Kopf. Jeder darf so viel Gomer holen, wie Personen im Zelt sind. Die Israeliten taten es und sammelten ein, der eine viel, der andere wenig. Als sie die

Gomer zählten, hatte keiner, der viel gesammelt hatte, zuviel und keiner, der wenig gesammelt hatte, zu wenig. Jeder hatte so viel gesammelt, wie er zum Essen brauchte. Mose sagte zu ihnen: Davon darf bis zum Morgen niemand etwas übriglassen. Doch sie hörten nicht auf Mose, sondern einige ließen etwas bis zum Morgen übrig. Aber es wurde wurmig und stank. Da geriet Mose in Zorn über sie.
Sie sammelten es Morgen für Morgen, jeder so viel, wie er zum Essen brauchte. Sobald die Sonnenhitze einsetzte, zerging es." (Ex 16,11–21; vgl. Wachteln: Num 11,31–34; Ps 78,26–31; Manna: Num 11,7–9; Ps 78,23–25; Weish 16,20–28).

Zum Wachtel-„Wunder":
Man mag sich die Frage stellen, ob Gott aus dem Nichts Wachteln in jener Vielzahl erschaffen hat, die für die Sättigung der Israeliten erforderlich war. Könnte es aber auch sein, daß zwei natürliche Ereignisse (Wachtelflug und Zeltlager) zusammentrafen, daß gerade dadurch die Erfahrung des Wunderbaren und Gottverfügten ausgelöst wurde?

Die Vogelkunde hat durch Experimente den Weg der Zugvögel genau erforscht. Wie zu Moses Zeiten erfolgt im März ihr Rückflug aus Afrika auch im 20. Jahrhundert noch genau über das Gebiet, in dem die Israeliten nach dem Verlassen Ägyptens auf der Halbinsel Sinai lagerten und nach Fleisch hungerten. Gott schickte ihnen die Wachteln. Ein Beispiel für Wunder im weitesten Sinne.

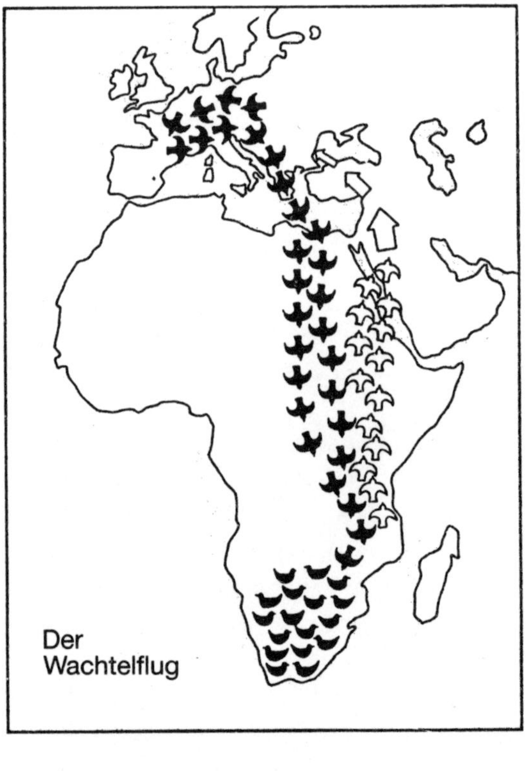

Es mag nicht uninteressant sein, was G. Ernest Wright, ein anerkannter Fachmann der biblischen Archäologie, auf Grund seiner langjährigen Erfahrungen im Vorderen Orient und vor allem auf Grund seiner Wüstenreisen zum Mannawunder zu berichten weiß.
Er schreibt zum Manna-„Wunder“:

„Manna wird heute noch in den Tamarisk-Dickichten der Täler des Zentralsinai erzeugt. Im Höhepunkt der ‚Saison‘, im Juni, kann ein Mann über ein Kilogramm am Tag sammeln. Es ist eine honigartige Substanz von Stecknadelkopf- bis Erbsengröße. Erzeugt wird sie von zwei Arten von Schildläusen, die große Mengen Pflanzensaft in sich hineinsaugen müssen, um sich das Nitrogen, das sie zum Leben brauchen, zu beschaffen, und die dann den Überschuß in Form einer honigartigen Ausscheidung wieder abgeben. Die schnelle Verdunstung verwandelt die Tropfen in klebrige, feste Bröckchen, die gesammelt werden können. Es versteht sich von selbst, daß die Israeliten sich nicht ausschließlich von Manna ernähren konnten, aber es lieferte den notwendigen Zucker, den in der Wüste anzutreffen ein aufregendes Erlebnis gewesen sein muß.“[47)]
Bereits im Alten Testament findet sich eine bemerkenswerte spiritualisierende Deutung des Manna-Wunders: „Durch Hunger hat er (Gott) dich (Israel) gefügig gemacht und hat dich dann mit dem Manna gespeist, das du nicht kanntest und das auch deine Väter nicht kannten. Er wollte dich erkennen lassen, daß der Mensch nicht nur vom Brote lebt, sondern daß der Mensch von allem lebt, was der Mund des Herrn spricht“ (Dtn 8,3).

Wasser aus dem Felsen

„Weil das Volk kein Wasser hatte, geriet es mit Mose in Streit und sagte: Gebt uns Wasser zu trinken! Mose aber antwortete: Was streitet ihr mit mir? Warum stellt ihr den Herrn auf die Probe? Das Volk dürstete dort nach Wasser und murrte gegen Mose. Sie sagten: Warum hast du uns überhaupt aus Ägypten hierher geführt? Um uns, unsere Söhne und unser Vieh verdursten zu lassen? Mose schrie zum Herrn: Was soll ich mit diesem Volk anfangen? Es fehlt nur wenig, und sie steinigen mich. Der Herr antwortete Mose: Geh am Volk vorbei, und nimm einige von den Ältesten Israels mit; nimm auch den Stab in die Hand, mit dem du auf den Nil geschlagen hast, und geh! Dort drüben auf dem Felsen am

Horeb werde ich vor dir stehen. Dann schlag an den Felsen! Es wird Wasser herauskommen, und das Volk kann trinken. Das tat Mose vor den Augen der Ältesten Israels. Den Ort nannte er Massa und Meriba (Probe und Streit), weil die Israeliten Streit begonnen und den Herrn auf die Probe gestellt hatten." (Ex 17,1–7; vgl. Num 20,7–13; Ps 95,8; 106,32).

Der Archäologe G. Ernest Wright weiß dazu zu berichten:
„Major C. S. Jarvis, ein ehemaliger britischer Gouverneur von Sinai, berichtet, er habe so etwas Ähnliches erlebt. Das Sinai-Kamelkorps hatte Halt gemacht und grub an den felsigen Hängen eines Tales, wo ein schwaches Rinnsal durch den Kalksteinfelsen tröpfelte, nach Wasser. Beim Graben traf ein für den Granit bestimmter Schlag den Kalkfelsen. Die glatte, harte Oberfläche des Kalksteins zerbröckelte, und aus dem weichen, porösen Gestein, das darunter lag, sprudelte zum großen Erstaunen des ganzen Kamelkorps ein starker Strahl klaren Wassers hervor. Mose hatte vor dem Auszug aus Ägypten längere Zeit im Sinai gelebt, und es ist gut möglich, daß er die Eigentümlichkeiten der Kalksteinformationen in bestimmten Teilen des Sinai kannte."[48]

Klärende Überlegungen:

Angesichts dieser Informationen, die von ausgewiesenen Kennern des Vorderen Orient und anerkannten Archäologen stammen, scheint sich der Glaube an Wunder in Luft aufzulösen. Wurden Ereignisse als Wunder ausgegeben, die nach unseren heutigen Erkenntnissen lediglich Naturereignisse waren und sind?

■ In erster Linie muß jede Auslegung die Literaturgattung dieser Texte beachten. Es handelt sich bei diesen Texten um die Literaturgattung eines Geschichtshymnus, der in jahrhundertelanger Reflexion und Meditation seine Sprachgestalt erhalten hat und tiefgreifend durch das Element der liturgisch-typologischen Überbietung geprägt ist. Geschichtlich-rückblickende Erfahrung und rühmendes Bekenntnis sind in ihm zu einer nahtlosen Einheit verwachsen. Es ist daher literarisch unangemessen, solche Texte in allen Details realhistorisch (im modernen Verständnis) zu interpretieren.

■ Es ist vor allem unangemessen, das moderne Weltverständnis in das biblische Denken hineinzudenken und es dadurch radikal zu verfehlen und zu verfälschen. Die Bibel kennt nicht den Begriff „Naturgesetz". Der alttestamentliche Mensch sah in jedem Ereignis der Schöpfung, auch im (wie der moderne Mensch sagt) „Natürlichen" und täglich Erfahrenen das alleinige Wirken Gottes. Die moderne Meßlatte: Wunder seien Durchbrechung der Naturgesetze durch Gott, kannte er nicht. Sie kann daher für den in der damaligen Glaubens- und Geisteswelt lebenden und schreibenden Menschen nicht angewandt werden. Eine nur naturwissenschaftliche Deutung mißachtet nicht nur die Literaturgattung dieser Texte. Aus dieser Blindheit resultiert die eklatante Fehldeutung dieser Texte.

■ Nicht wenige werden daher von jenen Wundervorstellungen Abschied nehmen müssen, die als Erinnerungsreste aus dem schulischen Religionsunterricht oder auch durch imposante Bibelillustrationen hängengeblieben sind. Es gibt eine schmeichelnde Verführung zur Fehlinterpretation, die zwar im Kindesalter mächtig ankommt, sich aber im Erwachsenenalter als gefährliche Gottes- und Bibelvergiftung[49)] erweist. Sie kann zu einer Ablehnung der ganzen Bibel führen, weil sie ja doch nur ein „Märchenbuch" aus Tausendundeiner Nacht sei.

■ Der alttestamentliche Fromme wie der moderne Bibelleser können, so unterschiedlich auch ihre Weltbilder sein mögen, durchaus von der gemeinsamen Überzeugung erfüllt sein: In diesen wunderbaren Ereignissen hatte Gott seine Hand im Spiel. Der allgegenwärtige und alleinwirkende Gott hatte dem Volk Israel bis hinein in die Greifbarkeit und Materialität der Schöpfung seine Nähe, sein Inter-esse bekundet, d. h. (wie es die Bedeutung dieses lateinischen Wortes zu erschließen vermag) sein „Dazwischen-Sein".

DAS SONNENWUNDER VON GIBEON

Die kritische Diskussion über alttestamentliche Wunder kommt immer wieder auf das Sonnenwunder von Gibeon (Jos 10,7–14) zu sprechen. „Josua zog mit dem ganzen Heer, mit allen kampferprobten Männern, von Gilgal herauf. Der Herr sagte zu Josua: Fürchte dich nicht vor ihnen; denn ich gebe sie in deine Gewalt. Keiner von ihnen kann dir standhalten. Nachdem Josua die ganze Nacht von Gilgal her auf dem

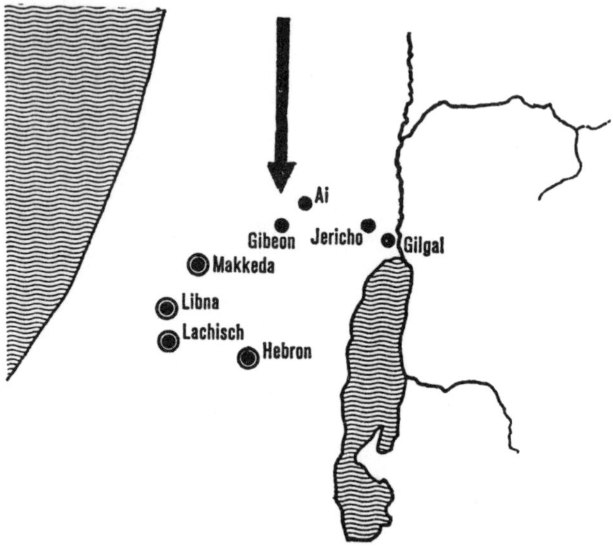

Zur geographischen Situation

Marsch gewesen war, stieß er plötzlich auf sie. Der Herr versetzte sie beim Anblick der Israeliten in Verwirrung, so daß Josua ihnen bei Gibeon eine schwere Niederlage beibringen konnte. Er verfolgte sie in Richtung auf die Steige von Bet-Horon und schlug sie bis nach Aseka und Makkeda zurück. Als sie auf der Flucht vor Israel an den Abhang von Bet-Horon kamen, warf der Herr große Steine auf sie vom Himmel her, bis nach Aseka hin, so daß viele umkamen. Es kamen mehr durch die Hagelsteine um, als die Israeliten mit dem Schwert töteten.
Damals, als der Herr die Amoriter den Israeliten preisgab, redete Josua mit dem Herrn; dann sagte er in Gegenwart der Israeliten:

> Sonne, bleib stehen über Gibeon
> und du, Mond, über dem Tal von Ajalon! –
> Und die Sonne blieb stehen,
> und der Mond stand still,
> bis das Volk an seinen Feinden
> Rache genommen hatte.

Da steht im ‚Buch des Aufrechten': Die Sonne blieb also mitten am Himmel stehen, und ihr Untergang verzögerte sich, ungefähr einen ganzen Tag lang. Weder vorher noch nachher hat es je einen solchen Tag gegeben, an dem der Herr auf die Stimme eines Menschen gehört hätte; der Herr kämpfte nämlich für Israel“ (Jos 10,7–14).

Hinweise zur Textgestalt und zur Auslegung:

■ Hilfreich für die Bestimmung der Literaturgattung ist der Hinweis auf das „Buch der Aufrechten“ (Jos 10,13; 2 Sam 1,18). Es handelt sich um ein sonst nicht bekanntes Danksagungsbuch (wie auch in 2 Sam 1,19–27), in dem in dankbarem Rückblick auf die Geschichte Israels Lieder der Rühmung und Preisung des Bundesgottes Jahwe enthalten waren. Dieser Literaturgattung des Textes (vor allem Jos 10,12–13) ist eine realhistorische Auslegung nicht angemessen.

■ Äußerst hilfreich und meist übersehen ist die Formulierung in Hab 3,11–12: „Sonne und Mond blieben in ihrer Wohnung; sie vergehen im grellen Licht deiner Pfeile, im Glanz deiner blitzenden Lanze. Voll Zorn schreitest du über die Erde, in deinem Groll zerstampfst du die Völker.“ Die geradezu homerisch-mythische Diktion läßt auf ein sicherlich sehr altes Heldenlied schließen. Der Text in Jos 10,12–13 kann daher – durchaus in der Intention der Bibel – so verstanden werden, daß die Sonne „in ihrer Wohnung blieb“ (Hab 3,11), d. h. sie hat sich in ihre Wohnung hinter den Wolken zurückgezogen, sie leuchtet nicht, sie verfinstert sich (Jes 13,10; Ez 32,7).

■ In diese Interpretationsrichtung des „Sonnenwunders von Gibeon“ bewegt sich auch die Aussage von Kardinal Bernhard J. Alfrink:
„Ein tatsächliches Stillstehen der Sonne erscheint wie die Quadratur des Kreises, die auch von Gott selbst nicht verwirklicht werden kann. Andere Erklärungen, die man im Laufe der Zeit erdacht hat, um die Realität des ‚Sonnenwunders‘ soviel wie möglich zu retten, sind ebensowenig befriedigend. Man kann nun auf die literarische Gattung des Stückes hinweisen, auf den poetischen Charakter, das Heldengedicht, um sich auf diese Weise der Notwendigkeit erneuter Forschung zu entziehen. Ich meine aber, daß uns auf diese Art nicht geholfen ist. Das poetische Gepräge des Stückes steht über jedem Zweifel. Die Erklärungen der biblischen Wundererzählungen als Volkserzählungen, die nicht wörtlich zu verstehen seien, ist ein Verfahren, das an sich keine Grenzen kennt und

deshalb gefährlich ist für einen, dem die kritische Einsicht zur richtigen Handhabung fehlt ... Weitere Untersuchungen und weiteres Zergliedern der angewandten Worte bringen zutage, daß der Abschnitt überhaupt nicht von einem ‚Stillstehen' der Sonne im buchstäblichen Sinne spricht. ‚Stillstehen' ist in der biblischen und außerbiblischen Literatur ein Ausdruck für ‚sich verfinstern', und zwar nicht für eine astronomische Sonnenfinsternis, sondern für eine Verfinsterung infolge der Wetterlage."

Gerade dieses „Sich-Verfinstern" der Sonne und des Mondes haben die alttestamentlichen Menschen, vor allem in einem Heldengedicht, als Eingreifen Gottes gesehen. Kosmisches Geschehen haben sie grundsätzlich nicht naturwissenschaftlich oder astronomisch gedeutet. Ihr Denken und Glauben, die in einer Phase *vor* der Erkenntnis der Naturgesetze standen, hat nicht Naturgesetze übersprungen, mißachtet oder außer Kraft gesetzt. Man kannte Naturgesetze überhaupt nicht. Daher konnten sie überhaupt nicht in damalige Deutungen und Darstellungen einbezogen werden.

Es müßte aber auch die Frage aufwerfen, ob durch die falsche Übersetzung:

> „Sonne, bleib stehen über Gibeon
> und du Mond, über dem Tal von Ajalon! –
> Und die Sonne blieb stehen,
> und der Mond stand still" (Jos 10,12–13)

das Mißverständnis erst entstanden und jahrhundertelang weitergegeben wurde.

JONA IM BAUCH DES FISCHES

Auf das Buch Jona wird von jenen gerne hingewiesen, die das ganze Alte Testament in das Regal der Märchen stellen wollen. Eines ist sicher: Die Absicht dieses Werkes ist keine Prophetenbiographie, vor allem kein naturwissenschaftlicher Bericht über ein Fischmonstrum, über einen antiken Moby Dick. Der Weg zur unerläßlichen und wichtigen Klärung der Literaturgattung ist so lange wie die Geschichte der Bibelauslegung. Das Ergebnis ist bis zum heutigen Tag uneinheitlich.

Wenn auch geschichtliche und geographische Elemente im Buch Jona zu finden sind, so stimmen heute (fast) alle Exegeten darin überein, daß dieses alttestamentliche Buch nicht den geschichtlichen Werken zuzuzählen ist. Bei der genauen Festlegung der Literaturgattung bewegen sich die Meinungen jedoch in einem breiten Spektrum – von einer mythischen Wanderlegende (die in Israel aufgegriffen und adaptiert wurde) über die Novelle und das Gleichnis bis hin zur Legende, zum Märchen; selbst von Traumvision wurde gesprochen.
Im Kernstück der Jona-Erzählung (Jona 1,3–2,11) wird berichtet von Jona im Bauch eines Fisches. Auffallend ist darin das lange Dankgebet (Jona 2,2–10), das Jona spricht. Es dürfte sich wohl um ein altes Gebet handeln, in dem wie in einem Puzzle erstaunlich viele Zitate und Anklänge an Psalmen (Ps 18,22,30,31,40,42,68,116,130) zusammengefügt sind. Daß Jona in der geschilderten, prekären Situation ausgerechnet ein Dankgebet spricht, verwundert; angemessener wäre ein Bittgebet gewesen.
Die entscheidende Textpassage, von der starke und bleibende Impulse auf die christliche Kunst ausgegangen sind, lautet:

„Jona machte sich auf den Weg; doch er wollte nach Tarschisch fliehen, weit weg vom Herrn. Er ging also nach Jafo hinab und fand dort ein Schiff, das nach Tarschisch fuhr. Er bezahlte das Fahrgeld und ging an Bord, um nach Tarschisch mitzufahren, weit weg vom Herrn.
Aber der Herr ließ auf dem Meer einen heftigen Wind losbrechen; es entstand ein gewaltiger Seesturm, und das Schiff drohte auseinanderzubrechen. Die Seeleute bekamen Angst, und jeder schrie zu seinem Gott um Hilfe. Sie warfen sogar die Ladung ins Meer, damit das Schiff leichter wurde.
Jona war in den untersten Raum des Schiffes hinabgestiegen, hatte sich hingelegt und schlief fest. Der Kapitän ging zu ihm und sagte: Wie kannst du schlafen? Steh auf, ruf deinen Gott an; vielleicht denkt dieser Gott an uns, so daß wir nicht untergehen. Dann sagten sie zueinander: Kommt, wir wollen das Los werfen, um zu erfahren, wer an diesem unseren Unheil schuld ist. Sie warfen das Los, und es fiel auf Jona. Da fragten sie ihn: Sag uns, was treibst du für ein Gewerbe, und woher kommst du, aus welchem Land und aus welchem Volk? Er antwortete ihnen: Ich bin ein Hebräer und verehre Jahwe, den Gott des Himmels, der das Meer und das Festland gemacht hat. Da bekamen die Männer große Angst und

sagten zu ihm: Warum hast du das getan? Denn sie erfuhren, daß er vor Jahwe auf der Flucht war; er hatte es ihnen erzählt. Und sie sagten zu ihm: Was sollen wir mit dir machen, damit das Meer sich beruhigt und uns verschont? Denn das Meer wurde immer stürmischer. Jona antwortete ihnen: Nehmt mich und werft mich ins Meer, damit das Meer sich beruhigt und euch verschont. Denn ich weiß, daß dieser gewaltige Sturm durch meine Schuld über euch gekommen ist. Die Männer aber ruderten mit aller Kraft, um wieder an Land zu kommen; doch sie richteten nichts aus, denn das Meer stürmte immer heftiger gegen sie an. Da riefen sie zu Jahwe: Ach Herr, laß uns nicht untergehen wegen dieses Mannes, und rechne uns, was wir jetzt tun, nicht als Vergehen an unschuldigem Blut an. Denn wie du wolltest, Herr, so hast du gehandelt. Dann nahmen sie Jona und warfen ihn ins Meer, und das Meer hörte auf zu toben. Da ergriff die Männer große Furcht vor Jahwe und sie schlachteten für Jahwe ein Opfer und machten ihm viele Gelübde.
Der Herr aber schickte einen großen Fisch, der Jona verschlang. Jona war drei Tage und drei Nächte im Bauch des Fisches, und er betete im Bauch des Fisches zum Herrn, seinem Gott:

In meiner Not rief ich zum Herrn,
und er erhörte mich.
Aus der Tiefe der Unterwelt schrie ich um Hilfe,
und du hörtest mein Rufen (vgl. Ps 130,1).
Du hast mich in die Tiefe geworfen,
in das Herz der Meere;
mich umschlossen die Fluten,
all deine Wellen und Wogen
schlugen über mir zusammen (vgl. Klgl 3,55; Ps 42,8).
Ich dachte: Ich bin aus deiner Nähe verstoßen.
Wie kann ich deinen heiligen Tempel wieder erblicken? (vgl. Ps 31,23)
Das Wasser reichte mir bis an die Kehle,
die Urflut umschloß mich;
Schilfgras umschlang meinen Kopf (vgl. Ps 69,2–3).
Bis zu den Wurzeln der Berge,
tief in die Erde kam ich hinab;
ihre Riegel schlossen mich ein für immer.
Doch holtest mich lebendig aus dem Grab herauf,

Herr, mein Gott (vgl. Ps 40,3; Ps 30,4).
Als mir der Atem schwand,
dachte ich an den Herrn,
und mein Gebet drang zu dir,
zu deinem heiligen Tempel (vgl. Ps 18,7).
Wer nichtige Götzen verehrt,
der handelt treulos (vgl. Ps 31,7).
Ich aber will dir opfern
und laut dein Lob verkünden.
Was ich gelobt habe, will ich erfüllen.
Vom Herrn kommt die Rettung (vgl. Ps 22,26; Ps 116,17–18).

Da befahl der Herr dem Fisch, Jona ans Land zu speien." (Jona 1,3–2,11)

Das Jona-Buch, seiner Literaturgattung[50)] nach als Roman, als Märchen oder als Gleichnis einzustufen, enthebt den heutigen Leser einer buchstäblichen Auslegung und damit einer gequälten, zoologischen Argumentation. In Jona wird jener Repräsentant sichtbar, der Gottes Gnade für sich allein in Beschlag nehmen will. Mühsam ringt er sich, in die Finsternis seines Todes geraten und verstrickt in seinen Heilsegoismus, zu der Erkenntnis durch, daß Gottes Gnade keinen Menschen, kein Volk, auch nicht den Feind in Ninive ausgrenzt.
Das fein eingestellte Visier der Literaturgattung gibt „Grünes Licht" für diese befreiende und vertiefende Auslegung. Man braucht kein „Wunder" herbeireden, das es der Literaturgattung gar nicht sein kann. Es braucht nicht ein „Wunder" des dreitägigen Überlebens im Bauch eines Fisches mühsam strapaziert werden. Auch in Novellen, Märchen oder Legenden kann Gott „auf vielerlei Weise" (Hebr 1,1) seine Offenbarung den Menschen anschaulich und einprägsam erschließen.

Wunder Jesu im Neuen Testament

Im Alten Testament ist das Schöpfungswunder das Fundament aller Wunder, die am Menschen, bei den Völkern wie auch im Kosmos sich ereignen. Die ganze Schöpfung lebt förmlich in einer heiligen Luft, in einer göttlichen Atmosphäre, denn Gott ist allgegenwärtig, allmächtig. Gott ist der Allwirksame und der Alleinwirksame. Als Konsequenz daraus ergibt sich für den alttestamentlichen Frommen: Das „Wunder“ im Alltag, im Naturgeschehen in Ebbe und Flut oder in der Fruchtbarkeit der Felder ist eigentlich nichts Außergewöhnliches, sondern eher „das Natürliche“, das Selbstverständliche, die göttliche Normalität. Die Menschen der alttestamentlichen Epoche horchen dann auf, wenn sie dem Ungewohnten, dem bisher Unbekannten begegnen oder wenn Gott in einer sonst nicht gewohnten Ballung und Konzentration sich vernehmlich macht. Gibt es im Neuen Testament ein ähnliches Fundamentalwunder, auf das alle Wunder abzielen bzw. aus dem alle Wunder die Dynamik und die Kraft ihrer Entfaltung empfangen haben?

DIE AUFERSTEHUNG JESU CHRISTI – DAS FUNDAMENTALWUNDER

Der Apostel Paulus hat hart und kantig wie kein anderer die Auferstehung als Fundament wie als Kriterium des christlichen Glaubens herausgestellt:

> „Ist Christus nicht auferweckt worden,
> dann ist unsere Verkündigung leer
> und euer Glaube sinnlos.
> Wir werden dann auch
> als falsche Zeugen Gottes entlarvt,
> weil wir im Widerspruch zu Gott
> das Zeugnis abgelegt haben:
> Er hat Christus auferweckt“
> (1 Kor 15,14–15).

Alle Wunder, die Jesus, der Christus, gewirkt hat, zielen hin auf seine Auferstehung. Die Wundmale des Auferstandenen sind ebenso Zeichen der Identität des Verklärten mit dem Geschichtlich-Vorösterlichen. Als geheilte Wunden sind sie Zeichen der verklärten Existenz „ohne Schmerz“ (Offb 21,4). Alle Wunder der christlichen Glaubensgeschichte (und gewiß weit darüber hinaus), beginnend mit dem Wunderwirken der Apostel und Jünger des Herrn, machen einen Weg der Heimholung der Menschen und der Welt sichtbar, der im grandiosen letzten Wunder der tota-

lenVerwandlung zum „neuen Himmel“ und zur „neuen Erde“ (Jes 65,17; Röm 8,19–20; Offb 21,1) seine Bekrönung findet. „Dann ist Gott alles in allem“ (1 Kor 15,28).
Der Zusammenhang von Schöpfungswunder und Vollendungswunder ist für den christlichen Glauben fundamental. Die Schöpfungstreue Gottes realisiert sich in der Menschwerdung und gipfelt in der Auferstehung Jesu Christi. Diese wiederum drängt mit unwiderstehlicher Dynamik zur Zukunft und Transformation des ganzen Kosmos, zur Welt-Vollendung. Die Schöpfungstreue des unsichtbaren, allgegenwärtigen und allwirkenden Gottes hat eine ganz neue, kosmische Nähe und Dimension, eine Greifbarkeit und Nachprüfbarkeit in der Fleisch- und Geschichtwerdung des Gottessohnes erhalten. „... er entäußerte sich und wurde den Menschen gleich“ (Phil 2,7).

„Und das Wort ist Fleisch geworden
und hat unter uns gewohnt“ (Joh 1,14).

„... was wir gehört haben, was wir mit unseren Augen gesehen, was wir geschaut und mit unseren Händen angefaßt haben, das verkünden wir“ (1 Joh 1,1).

EIN JESUS OHNE WUNDER?

In einer programmatischen Zusammenfassung ist die Botschaft Jesu aufgezeichnet:

„Die Zeit ist erfüllt.
Das Reich Gottes ist nahe.
Kehrt um, und glaubt an das Evangelium“
(Mk 1,15).

Mit Jesus, dem Christus, ist „die Fülle der Zeit“ (Gal 4,4) angebrochen. Er selbst ist die personale Einlösung und Erfüllung der alttestamentlichen Verheißungen, wie seiner Antwort an den Täufer Johannes (Lk 7,22) zu entnehmen ist:

„Blinde sehen wieder (Jes 29,18b; 35,5a),
Lahme gehen (Jes 35,6a) und

Aussätzige werden rein (Jes 35,8);
Taube hören (Jes 35,5b),
Tote stehen auf (Jes 26,19) und
den Armen wird das Evangelium verkündet (Jes 61,1b)".

Ein Jesus ohne Wunder wäre nicht der im Alten Testament verheißene Messias.[51)] „Wenn ich die Dämonen durch den Finger Gottes austreibe, dann ist das Reich Gottes schon zu euch gekommen" (Lk 11,20). Mit vollem Recht ist daher gesagt worden: „Ohne die Wunder ist Jesus nicht der Christus."[52)]

DAS TEXTMATERIAL DER VIER EVANGELIEN

Die Wunderberichte in den vier Evangelien des Neuen Testaments, in denen das Sondergut der „Zeichen" im Johannes-Evangelium[53)] christologische Eigenakzente aufweist, lassen in folgender Übersicht sowohl ihre verkündigungstheologische Dynamik und Vertiefung wie ihr synoptisches „Weiterbuchstabieren" und Theologisieren leicht und einprägsam ausfindig machen.

	Mk	Mt	Lk	Joh
Naturwunder				
Hochzeit zu Kana				2,1–11
Der reiche Fischfang			5,4–11	
Der Sturm auf dem See	4,35–40	8,23–27	8,22–25	
„Erste" Brotvermehrung	6,32–44	14,13–21	9,10–17	6,1–15
Jesus wandelt auf dem See	6,45–52	14,22–23		6,16–21
„Zweite" Brotvermehrung	8,1–10	15,32–39		
Die Tempelsteuer		17,24–27		
Der unfruchtbare Feigenbaum	11,12–14	21,18–22		
Der Fischfang im See Tiberias				21,1–14

	Mk	Mt	Lk	Joh
Krankenheilungen				
Die Schwiegermutter des Petrus	1,29–31	8,14–15	4,38–39	
Heilung eines Aussätzigen	1,40–45	8,2–4	5,12–16	
Der Gelähmte	2,1–12	9,2–8	5,17–26	
Die verdorrte Hand	3,1–6	12,9–14	6,6–11	
Die blutflüssige Frau	5,24–34	9,20–22	8,43–48	
Zwei Blinde		9,27–31		
Der Taubstumme	7,31–37			
Der Blinde bei Betsaida	8,22–26			
Zwei Blinde bei Jericho	10,46–52	20,29–34	18,35–43	
Die gekrümmte Frau			13,10–17	
Der Wassersüchtige			14,1–6	
Zehn Aussätzige			17,11–19	
Das Ohr des Malchus			22,50–51	
Der Kranke am Teich Betesda				5,1–15
Der Blindgeborene				9,1–41
Dämonenaustreibungen				
Der Besessene in der Synagoge von Kafarnaum	1,32–34	8,16	4,31–39	
Der Besessene von Gadara	5,1–20	8,28–34	8,26–39	
Der stumme Besessene		9,32–34		
Der blinde und stumme Besessene		12,22–24		
Der besessene Knabe	9,14–29	17,14–21	9,37–43	
Fernheilungen				
Der Sohn des königlichen Beamten				4,46–54
Der Knecht des Haupt-				

	Mk	Mt	Lk	Joh
manns von Kafarnaum		8,5–13	7,1–10	
Die Tochter der Syrophönizierin	7,24–30	15,21–28		
Totenerweckungen				
Die Tochter des Jairus	5,21–23 5,35–43	9,18–19 9,23–26	8,40–42 8,49–56	
Der Jüngling von Nain			7,11–17	
Die Auferweckung des Lazarus				11,1–44

Über die Rezeption und Redaktion der Wunderberichte – das dabei verwendete literarische Klischee, das Prinzip der Auswahl, das kompositorische Element (z. B. die Wundertrilogien in Mt 8,1–17; 8,23–9,8; 9,18–34; 14,13–36; 15,21–39), vor allem die Verkündigung eines einzigen Wunders in zwei, unterschiedlichen Überlieferungssträngen (Mk 6,32–44 und Mk 8,1–10) und sogenannte Sammelberichte und Chorschlüsse – kann hier nur auf die einschlägige Literatur verwiesen werden.[54)]

HAT DER GESCHICHTLICHE JESUS WUNDER GEWIRKT?

In jüngster Zeit hat man allzu schnell den Vorschlag unterbreitet, alle (Natur-)Wunder auf ein „Sperrkonto“[55)] zu überweisen und aus der kirchlichen Verkündigung auszuklammern. Sind die Wunder nur nachträgliche Gemeindebildungen und rhetorisch-christologische Interpretamente, um den geschichtlichen Jesus von Nazaret auf das Postament des Gottessohnes und Wundermannes emporzuheben?
Gewiß kann nicht jeder Wunderbericht bis ins letzte Detail und mit letzter Sicherheit auf historischen Boden gestellt werden. Bei den meisten liegt jedoch ein konkretes Ereignis an einem bestimmten Menschen (der zur Zeit der urchristlichen Verkündigung und Niederschrift vielfach noch lebte) und oft auch an einem ganz bestimmten Ort (mit nicht wenigen Augen- und Ohrenzeugen) vor. Das Wunderwirken Jesu hat einen

scharfen Kraterrand in der Geschichte der Realität und des Glaubens hinterlassen. Daß dieses Wunderwirken Jesu in der christlichen Verkündigung für unterschiedliche (judenchristliche wie heidenchristliche) Adressaten in der zweiten Hälfte des apostolischen Zeitalters situationsgerecht und katechetisch aufbereitet und dabei je neu aktualisiert wurde, verwirrt nur den, der Verkündigung verwechselt mit monotoner Repetition.
Es fällt auf, daß unter den neutestamentlichen Berichten über die Wunder Jesu in jüngster Zeit vor allem die Dämonenaustreibungen[56)] in das Zentrum der Exegese wie der Katechese gerückt sind (bei gleichzeitiger Verdunstung des „Glaubens“ an die Existenz des Teufels!). In ihnen glaubt man auf dem Boden der Geschichte des Mannes von Nazaret zu stehen. Schon Rudolf Bultmann hatte dafür ein Signal gesetzt, wenn er über das Jesus-Wort: „... ich treibe durch den Finger Gottes Dämonen aus“ (Lk 11,20; vgl. Mt 12,28) urteilte, es könne „den höchsten Grad der Echtheit beanspruchen, den wir für ein Jesuswort anzunehmen in der Lage sind, es ist erfüllt von dem eschatologischen Kraftgefühl, das das Auftreten Jesu getragen haben muß“[57)]

DÄMONENAUSTREIBUNG DURCH JESUS

„Sie kamen nach Kafarnaum. Am folgenden Sabbat ging er in die Synagoge und lehrte. Und die Menschen waren sehr betroffen von seiner Lehre; denn er lehrte sie wie einer, der (göttliche) Vollmacht hat, nicht wie die Schriftgelehrten.
In ihrer Synagoge saß ein Mann, der von einem unreinen Geist besessen war. Der begann zu schreien: Was haben wir mit dir zu tun, Jesus von Nazaret? Bist du gekommen, um uns ins Verderben zu stürzen? Ich weiß, wer du bist: Der Heilige Gottes. Da befahl ihm Jesus: Schweig und verlaß ihn! Der unreine Geist zerrte den Mann hin und her und verließ ihn mit lautem Geschrei.
Da erschraken alle, und einer fragte den andern: Was hat das zu bedeuten? Hier wird mit Vollmacht eine ganz neue Lehre verkündet. Sogar die unreinen Geister gehorchen seinem Befehl. Und sein Ruf verbreitete sich rasch im ganzen Gebiet von Galiläa.“ (Mk 1,21–28)

Die beiden wichtigen Stichworte „Lehre“ und „Vollmacht“ (Lk 1,22) ste-

hen in einem beabsichtigten und wesentlichen Zusammenhang mit der Dämonenaustreibung – im geschichtlich-vorösterlichen Leben und Wirken Jesu wie in der Argumentation des Evangelisten Markus. Dieser Bericht (Mk 1,21–28) ist unterschätzt und in seiner Bedeutung völlig übersehen, „wenn man die Erzählung zu einem Ereignis im Leben Jesu neben anderen nivelliert".[58] Mit aller Deutlichkeit erfahren die in der Synagoge von Kafarnaum anwesenden Juden: Dieser Jesus von Nazaret ist nicht nur einer der vielen Exorzisten. Mit Jesus „passiert" etwas Unerhörtes und Faszinierendes. Eine neue Epoche der sich erfüllenden Heilsgeschichte ist angebrochen.
Jesus verkündet nicht nur die Gottesherrschaft. Jesus setzt das Zeichen der bereits angebrochenen Gottesherrschaft; ja Jesus selbst ist dieses personale, geschichtsmächtige Zeichen. Das authentische Jesus-Wort hat ebenso eine präsentisch-argumentative Dimension wie eine eschatologische Perspektive. Je mehr in und durch Jesus das Reich Gottes sich verwirklicht, umso mehr zeichnet sich eine beglückende Befreiung und eine neue Freiheit, gleichzeitig die Eingrenzung der dämonischen Macht ab.

TOTENERWECKUNG IN NAIN

„Einige Zeit später ging er (Jesus) in eine Stadt namens Nain; seine Jünger und eine große Menschenmenge folgten ihm. Als er in die Nähe des Stadttors kam, trug man gerade einen Toten heraus. Es war der einzige Sohn seiner Mutter, einer Witwe. Und viele Leute aus der Stadt begleiteten sie.
Als der Herr die Frau sah, hatte er Mitleid mit ihr und sagte zu ihr: Weine nicht! Dann ging er zu der Bahre hin und faßte sie an. Die Träger blieben stehen, und er sagte: Ich befehle dir, junger Mann: Steh auf! Da richtete sich der Tote auf und begann zu sprechen, und Jesus gab ihn seiner Mutter zurück.
Alle wurden von Furcht ergriffen; sie priesen Gott und sagten: Ein großer Prophet ist unter uns aufgetreten: Gott hat sich seines Volkes angenommen. Und die Kunde davon verbreitete sich überall in Judäa und im ganzen Gebiet ringsum." (Lk 7,11–17).

Die Auslegung dieses Berichts über die Totenerweckung des einzigen

Sohns einer Witwe von Nain, die lukanisches Sondergut ist, hat sich deshalb mit besonderen Schwierigkeiten auseinanderzusetzen, weil auf zwei literarische Modelle hingewiesen wird: aus dem Alten Testament auf die Totenerweckung durch den Propheten Elija (1 Kön 17,17–24) und aus den antiken Wundererzählungen auf die Totenerweckung durch Apollonios von Tyana[59)] (um 3–97 n. Chr.).
Beim vergleichenden Lesen mag eine gewisse Ähnlichkeit verblüffen. Es ist keineswegs verwunderlich, wenn die Apostel und die neutestamentlichen Schriftsteller (vor allem der Heidenchrist Lukas) sich der damals üblichen Ausdrucksformen bedienten. Die Ähnlichkeit des literarischen Klischees (Topik) spricht aber nicht gegen die Glaubwürdigkeit und Geschichtlichkeit dieses Jesus-Wunders. Nicht zu übersehen ist jedoch „das Ganz-Andere" dieser Totenerweckung durch Jesus. Man verfehlt die theologische Argumentation des Evangelisten Lukas, der Totenerweckung in Nain rundweg jeden historischen Kern abzusprechen und sie als „Wanderlegende" bzw. als nachösterliche Gemeindebildung[60)] zu deklarieren. Wohl aber kann man durchaus der Auffassung sein, daß die Totenerweckung durch den geschichtlichen Jesus[61)] in der nachösterlichen Katechese – im Glauben an den auferstandenen Herrn, der „die Toten lebendig macht" (Röm 4,17) – mit einem kräftigen Überbietungseffekt verkündet wurde. In diese Darstellung der Totenerwekkung leuchtet überaus deutlich der Glaube an die Auferstehung Jesu herein, der Herr ist über Leben und Tod.

HEILUNG EINES GELÄHMTEN IN JERUSALEM

„Einige Zeit später war ein Fest der Juden, und Jesus ging hinauf nach Jerusalem. In Jerusalem gibt es beim Schaftor einen Teich, zu dem fünf Säulenhallen gehören; dieser Teich heißt auf hebräisch Betesda. In diesen Hallen lagen viele Kranke, darunter Blinde, Lahme und Verkrüppelte. Dort lag auch ein Mann, der schon achtunddreißig Jahre krank war.
Als Jesus ihn dort liegen sah und erkannte, daß er schon lange krank war, fragte er ihn: Willst du gesund werden? Der Kranke antwortete ihm: Herr, ich habe keinen Menschen, der mich, sobald das Wasser aufwallt, in den Teich trägt. Während ich mich hinschleppe, steigt schon ein anderer vor mir hinein. Da sagte Jesus zu ihm: Steh auf, nimm deine Bahre

und geh! Sofort wurde der Mann gesund, nahm seine Bahre und ging" (Joh 5,1–9).

Das Heilungswunder an dem seit 38 Jahren Gelähmten am Teich Betesda zeigt Jesus als Leib-Sorger. In den Wundern demonstriert er, daß der Erlöser das heilende und erlösende Ja zur Schöpfung spricht. Heil und Heilung verwirklichen sich nicht an der Schöpfung vorbei. Im Wunder erfaßt, heilt und heiligt Jesus Christus die Leiblichkeit, die materielle Körperlichkeit und eröffnet damit eine eschatologische Perspektive hin zur „Auferstehung des Fleisches".
Das „Aufwallen des Wassers" (Joh 5,7) und die damit verbundene Heilung des ersten Kranken, der davon berührt wird, mutet magisch an. Der Teich Betesda in Jerusalem ist eine „Gnadenstätte" des Alten Bundes und läßt geradezu an „Lourdes" denken. Das „Aufwallen des Wassers" – Vers Joh 5,4 „... durch einen Engel" dürfte wohl ein späterer, interpretierender Einschub sein – will ausdrücken, daß alle heilenden Kräfte der Schöpfung stets vom Schöpfer kommen. Gott kann auch für nur kurze Zeit sein Heilswirken einem Naturelement wie dem Wasser im Teich Betesda vermitteln.

JESUS – TROTZ WUNDER EIN ÄRGERNIS?

Die Begegnung mit Jesus, dem messianischen Wundertäter, ist nicht ein müheloser und selbstverständlicher, sich jedem Denken geradezu aufnötigender Weg zum Glauben an Jesus, den Christus und menschgewordenen Sohn Gottes. Wunder zu erleben und zu bestaunen, ist eine bloße Feststellung von Tatsachen. Trotz der Wunder kann man an Jesus, an der von ihm verkündeten Gottesherrschaft, an dem in ihm personal-gegenwärtigen Reich Gottes vorbeischauen. Man kann an ihm sogar Ärgernis nehmen. „Selig ist zu preisen, wer an mir nicht Anstoß nimmt" (Mt 11,6).
Die Wunder wollen nachdenklich machen. Sie wollen provozieren. Sie sind eine Herausforderung zur persönlichen Stellungnahme. Man kann Wunder zwar registrieren, gleichzeitig aber die Frage nach dem Wundertäter, nach dessen Legitimation und Autorität ausklammern. Es bedarf – nach den Worten Jesu selbst! – einer kühnen, inneren Entscheidung, trotz der Wunder und angesichts eines Gebirges von Denk- und Glau-

bensschwierigkeiten an Jesus nicht Anstoß zu nehmen. Die Menschen sehen und sehen doch nicht, sie hören und hören doch nicht (Mt 13,13; vgl. Jes 6,9–10). Nur wo die Offenheit des Menschen erfüllt wird mit der Kraft der Gnade, vollziehen sich die Überwindung des Anstoßes und der Durchbruch zur Seligkeit des Glaubens. Wer von den Wundern Jesu (wie auch von den vielfältigen Wundern in der christlichen Glaubensgeschichte) spricht, muß sich stets das Jesus-Wort vergegenwärtigen: „Selig ist zu preisen, wer an mir nicht Anstoß nimmt" (Mt 11,6). „Die Möglichkeit des Anstoßes bleibt, eben weil es um den Glauben geht. Von diesem Wort her betrachtet, haben auch die Wunderberichte teil an einer theologia crucis."[62]

Wundererzählungen im Umfeld der Bibel

Im Jahrhundert Jesu und der beginnenden, christlichen Glaubens- und Kirchengeschichte gab es ein außergewöhnlich lebhaftes Interesse für Magie und Zauber, für jüdische, griechische und römische Wundermänner und deren Heilungswunder. Irgendwie lag der Hauch einer adventlichen Erwartung eines Heilandes und Retters über der damaligen Menschheit.
Der römische Dichter Vergil (70–19 v. Chr.) erscheint inmitten des antik-hellenistischen Heidentums wie ein adventlicher Verkünder. Theodor Haecker (1889–1945) erblickte in ihm jenen Berufenen, den „die Vorsehung in der Adventsstimmung des Heidentums zu dieser Gestaltung bestimmt hatte, weil er in eminentem Sinne vor Christus die anima naturaliter christiana war."[63] Vergil hat in der 4. Ekloge seiner „Bucolica" von einer neuen Weltstunde gesprochen:

> „Die letzte Zeit ist's der Sibyllenlieder:
> Ein neues Weltjahr weist der Sterne Stand."

Im dritten jüdischen Sibyllenbuch (entstanden um 35 v. Chr.) wird die Verheißung eines baldigen „Reiches des unsterblichen Königs" beschworen:

> „Einst, wenn Romas Bann auch über Ägypten gebietet,
> dann wird das größte der Reiche

unter den Menschen erstehn:
das Reich des unsterblichen Königs!
Siehe, dann kommt der Gesandte des Herrn,
der die Lande der Erde alle beherrscht,
allzeit, wie auch die Jahre verrinnen."

ANTIKE WUNDERGESCHICHTEN

Einer der berühmtesten Wundermänner war Apollonios, geboren in der kleinasiatischen Stadt Tyana (um 3–97 n. Chr.). Im Auftrag der Kaisermutter Julia Domna hat der um 170 n. Chr. geborene Flavius Philostratos um 220 in seinem Werk „Vita Apollini" (IV,45) die Totenerweckung eines Mädchens in Rom durch Apollonios von Tyana überliefert. Zwischen dem geschichtlichen Leben und Wirken des Apollonios von Tyana und der Niederschrift seines Wunderwirkens liegen über 150 Jahre.

Totenerweckung durch Apollonios von Tyana

„Eine junge Frau wollte heiraten. Am Tage der Hochzeit aber fiel sie plötzlich um und war wie tot. Man trug sie hinaus und brachte sie zum Friedhof. Der Bräutigam folgte der Bahre. Er klagte laut über den Tod seiner Braut, die er nun nicht mehr heiraten konnte. Aber auch die ganze Stadt klagte mit, denn die Braut stammte aus einer vornehmen Familie.
Auf dem Wege zum Friedhof traf Apollonios zufällig den Trauerzug. ‚Stellt die Bahre nieder', sagte er, ‚ich werde eure Tränen trocknen, die ihr der Braut wegen vergießt.' Zugleich fragte er nach ihrem Namen. Die Leute glaubten, er wollte eine Rede halten, eine Leichenrede, die Wehklagen erweckt und wie sie zu einem Begräbnis dazugehört. Er aber berührte sie nur, sprach geheimnisvolle Worte aus und weckte so die Braut vom vermeintlichen Tode auf. Sie redete laut. Alle konnten hören, daß sie lebte. Und man brachte sie in das Haus ihres Vaters.
Als die Verwandten der Braut dem Apollonios 150000 Denare schenken wollten, sagte er: ‚Ich will das Geld nicht. Ich schenke es der Braut als Hochzeitsgabe.'"

Fernheilung durch Rabban Chanina ben Dosa

Noch im Zeitalter der Apostel gab es in Palästina Heilungen durch das Gebet jüdischer Heiler. Jesus selbst hat von Heilungen und Teufelsaustreibungen durch jüdische Zeitgenossen gesprochen (vgl. Lk 11,19).

„Zu der Zeit der Apostel lebte in Palästina ein Schriftgelehrter, der hieß Rabban Chanina ben Dosa (das heißt Dosas Sohn). Der war sehr berühmt. Man sagte von ihm, daß er Menschen gesund machen könne. Zu der Zeit lebte noch ein anderer Schriftgelehrter, der hieß Rabban Gamliel. Dem wurde sein Kind krank und es wollte nicht essen und nicht trinken. Darum sandte er zwei Boten zu Rabban Chanina und ließ ihm sagen: ‚Mein Kind ist krank. Es will nicht essen und nicht trinken. Bete doch für mein Kind, daß es gesund wird.'
Die beiden Boten kamen zu Chanina und sagten zu ihm: ‚Rabban Gamliels Kind ist krank. Es will nicht essen und nicht trinken. Er bittet dich: Bete doch für sein Kind.' Da ging Chanina auf das Dach seines Hauses in das Obergemach, das dort erbaut war, und betete für Rabban Gamliels Kind. Als er wieder herunter kam, sagte er zu den beiden Boten: ‚Geht nun nach Hause. Das Kind ist gesund und hat kein Fieber mehr.' Die Boten wunderten sich und fragten: ‚Woher weißt du das so genau? Bist du ein Prophet, der mehr weiß als andere Menschen?' Aber Chanina antwortete: ‚Ich bin kein Prophet, ich bin auch keines Propheten Sohn, sondern Gott ließ es mich wissen.'
Da merkten sich die beiden Boten genau das Wort und die Stunde, in der es gesprochen wurde. Als sie nach Hause kamen, empfing Rabban Gamliel sie voll Freude und sagte: ‚Mein Sohn ist wieder gesund. Er ißt und trinkt wieder.' Da erzählten die beiden Boten, was sie erlebt hatten. Rabban Gamliel aber sagte: ‚Genau so ist es geschehen. In ebendieser Stunde hat ihn das Fieber verlassen, und er sagte: Gebt mir doch Wasser zum Trinken.'"[65)]

Heilung eines Besessenen durch Eleazar

Der jüdische Geschichtsschreiber Flavius Josephus (37–100 n. Chr.) berichtet in seinem, in griechischer Sprache um 93/94 abgefaßten Werk „Jüdische Altertümer" von einem jüdischen Wundermann Eleazar (hebräisch = „Gott hat geholfen"). Als Argument für die Echtheit führt Flavius Josephus sich selbst als Augenzeugen an. Zur weiteren Beglaubigung wird sogar der römische Kaiser Vespasian (69–79) mit seinem großen Gefolge genannt. Bemerkenswert ist, daß der jüdische Heiler Eleazar seine Heilung auf eine Anweisung des Königs Salomo (Ring mit heilkräftiger Wurzel) zurückführt.

„Gott lehrte ihn (d. h. den Salomo) auch die Kunst, böse Geister zum Nutzen und Heile der Menschen zu bannen. Er verfaßte nämlich Sprüche zur Heilung von Krankheiten und Beschwörungsformeln, mit deren Hilfe man die Geister also bändigen und vertreiben kann, daß sie nie mehr zurückkehren. Diese Heilkunst gilt auch jetzt noch viel bei uns. Ich habe z. B. gesehen, wie einer der Unseren, Eleazar mit Namen, in Gegenwart des (römischen Kaisers) Vespasian, seiner Söhne, der Obersten und der übrigen Krieger, die von bösen Geistern Besessenen davon befreite.
Die Heilung geschah in folgender Weise:
In dieser Zeit lebte auch ein Mann, der hieß Eleazar. Eleazar konnte wie Jesus die Menschen von bösen Geistern befreien, das heißt: gesund machen. Einmal war sogar der Kaiser Vespasian anwesend, seine Söhne, seine Hauptleute und alle Soldaten, als Eleazar einen Kranken heilte. Eleazar benutzte, wenn er einen Menschen gesund machte, einen Ring, der eine heilkräftige Wurzel fest umschlossen hielt. So hatte es der König Salomo einst gelehrt. Die Heilung aber geschah so:
Eleazar nahm den Ring mit der heilkräftigen Wurzel, hielt ihn dem Kranken unter die Nase und ließ den Kranken daran riechen. Dadurch zog er den bösen Geist, der die Krankheit verursacht hatte, durch die Nase aus dem Kranken heraus. Der Kranke fiel sogleich hin und wurde ganz matt. Aber er fühlte sich besser. Eleazar aber beschwor den Geist und sagte zu ihm: ‚Du darfst nie mehr in den Menschen zurückkehren!' Dabei sagte er die Sprüche auf, die seit uralter Zeit von König Salomo her bekannt waren.
Die Zuschauer sahen wohl, wie der Kranke hinfiel. Sie hörten auch die Worte, die Eleazar sprach. Aber von dem bösen Geist sahen sie nichts. Um daher den Anwesenden zu beweisen, daß er wirklich Macht über böse Geister hätte, stellte Eleazar nicht weit von dem Kranken einen Becher mit Wasser auf. Dann sagte er zu dem Geist: ‚Ich befehle dir, wenn du den Menschen verläßt, dann sollst du den Becher mit Wasser umstoßen!' Daran sollten die Zuschauer sehen, daß der Geist den Kranken

wirklich verlassen hatte. So geschah es denn auch. Als der böse Geist den Kranken verließ, stürzte der Becher um, und das Wasser floß auf die Erde. Und alle Menschen erkannten, der Kaiser und sein ganzes Gefolge, wie groß die Weisheit des Königs Salomo gewesen war, der den Menschen gezeigt hatte, wie man Kranke gesund macht.“[66)]

Kaiser Vespasian als Heiler

Auch der römische Kaiser Vespasian (69–79 n. Chr.), der nach der römischen Kaiserliturgie ohnehin als Divus Augustus (Göttlicher und Anbetungswürdiger) verehrt wurde, wird unter die antiken Wundermänner gezählt. Als Ort der ihm zugeschriebenen Heilungen ist Alexandrien in Ägypten ausdrücklich festgehalten.

„Vespasian hielt sich einmal längere Zeit in der Stadt Alexandria in Ägypten auf und wartete auf günstigen Wind, um mit dem Schiff nach Rom zurückfahren zu können. Da kam ein Mann zu ihm, der war fast blind. Alle Leute in der Stadt kannten den Mann. Sie wußten, daß er nur noch sehr schlecht sehen konnte. Eines Tages würde er ganz blind sein. Dieser Mann kam vor den Kaiser, warf sich ihm zu Füßen und bat ihn eindringlich: ‚Heile mich von meiner Krankheit! Du kannst es. Der Gott Serapis hat es mir gesagt. Erweise mir doch die Gnade und bestreiche meine Augen und meine Wangen mit deinem Speichel. Dann werde ich gesund.‘ Und er flehte ihn an.
Zu dem Blinden gesellte sich noch ein anderer Mann, dessen Hand gelähmt war. Sie hing schlaff herunter, und er konnte sie nicht mehr gebrauchen. Auch der warf sich dem Kaiser zu Füßen und sagte: ‚Nimm deinen Fuß und setze ihn auf meine Hand. Dann werde ich gesund.‘
Aber der Kaiser wies sie ab. ‚Geht nach Haus! Ich bin doch kein Arzt! Wie soll ich euch gesund machen!‘ Und er lachte sie aus und machte sich sogar noch über sie lustig.
Die beiden Männer jedoch ließen sich nicht beirren. Sie gingen nicht von der Stelle und flehten nur noch mehr: ‚Hilf uns doch! Du kannst es bestimmt.‘
Die Menschen aus dem Gefolge des Kaisers hatten alles mit angehört. Sie sagten zu Vespasian: ‚Versuch es doch einmal! Vielleicht hast du wirklich die Kraft zu heilen.‘ Und sie schmeichelten ihm.
Der Kaiser war unschlüssig. ‚Sollte das wirklich möglich sein?‘ dachte

er. ‚Aber wenn ich nun tue, was die beiden verlangen, und sie bleiben krank – dann sagen alle Leute: So ein eitler Mensch. Ist er nicht schon berühmt genug, dadurch daß er Kaiser ist? Nun will er auch noch Wundertäter werden.' So dachte der Kaiser und wußte nicht, was er tun sollte.

Schließlich ließ er Ärzte rufen, die sollten ihm sagen, ob die Erblindung der Augen und die Lähmung der Hand durch menschliche Kunst heilbar wären. Die Ärzte hatten verschiedene Ansichten über die Kranken. Ein Arzt meinte: ‚Der Blinde ist noch nicht vollständig blind. Er wird wieder sehen können, wenn man die Ursache für seine Blindheit findet. Dem anderen sind die Gelenke verrenkt. Wenn man ein starkes Heilmittel anwendet, können die Gelenke vielleicht wieder eingerichtet werden.' Ein anderer Arzt sagte: ‚Vielleicht wünschen die Götter, daß die beiden wieder gesund werden. Und dich, o Kaiser, haben sie als Werkzeug auserkoren, damit du ihren Wunsch ausführst.' Ein dritter schließlich meinte: ‚Den Versuch kannst du ruhig machen. Gelingt er, dann fällt dir der Ruhm zu. Gelingt er nicht, dann schadet es deinem Ansehen keineswegs. Dann haben nur die zwei armen Teufel den Spott davon.'

Das leuchtete dem Kaiser ein. Auch dachte er daran, daß die Menschen ihm fortan alles zutrauen würden, wenn der Versuch gelänge. Daher tat er an den beiden Kranken, um was sie ihn gebeten hatten. Dem Mann mit der lahmen Hand setzte er den Fuß auf die Hand. Sofort war die Hand wieder gesund. Dann nahm er Speichel und bestrich damit dem Blinden die Augen und die Wangen. Sofort fiel alle Blindheit von dem Manne ab und das Tageslicht schien ihm von neuem.

So hatte der Kaiser Vespasian die beiden Kranken heilen können. Die Menschen, die das Wunder mit angesehen hatten, erzählten noch lange davon. Selbst als der Kaiser schon gestorben war, erzählten sie die Geschichte immer wieder, wo ihnen doch eine Lüge keinen Gewinn mehr einbringen konnte."[67)]

WUNDERBERICHTE IN AUSSERBIBLISCHEN APOKRYPHEN

Der breite Überlieferungsstrom der mündlichen Verkündigung (Lk 1,1) hat in seiner fundamentalen Substanz seine Schriftwerdung im Kanon des Neuen Testaments erfahren. Das Johannes-Evangelium vermerkt in seinen letzten Sätzen: „Es gäbe noch vieles andere, was Jesus getan hat.

Wenn man alles aufschreiben wollte, so könnte, wie ich glaube, die ganze Welt die Bücher nicht fassen, die man schreiben müßte" (Joh 21,25). Nicht weniges ist durch die mündliche Überlieferung aus dem Glauben der Urkirche im Glauben, in der Frömmigkeit und Liturgie der späteren Christenheit erhalten und lebendig geblieben. Auch in manchen frühchristlichen Schriften, die nicht in den Kanon des Neuen Testaments aufgenommen wurden, können daher Goldadern echter Jesus-Worte sich finden.

Es hat aber auch eine recht unfromme Neugierde und Fabulierfreudigkeit, da und dort eine literarische Sensationsmache und aus ketzerischen Absichten kommende Umakzentuierung der Jesus-Überlieferung gegeben. Aus der neutestamentlichen Geschichte Jesu wurde ein üppiges Bündel von Jesus-Geschichten mit erstaunlich wachsender Produktivität. Die Entscheidung eines Kanons der neutestamentlichen Schriften, durch die man „das zuverlässige Wort der Lehre" (Tit 1,9) und „das anvertraute kostbare Gut" (2 Tim 1,14) schützte, hat gleichzeitig ein reiches Schrifttum ausgegrenzt und dadurch jede Verwendung in der offiziellen Liturgie der Kirche verboten.

Nur „im Verborgenen", d. h. in privaten Kreisen und religiösen Zirkeln (und später in häretischen Geheimklubs) wurden diese nichtoffiziellen Schriften, auch „Apokryphen" genannt, gelesen und zum Glaubensfundament ihrer sektiererischen Gemeinschaften gemacht.

Überblick über die wichtigsten Apokryphen

In der folgenden Zusammenstellung werden nur die bedeutendsten apokryphen Evangelien (mit Entstehungszeit bzw. Entstehungsort) genannt. Neben den apokryphen Evangelien gibt es eine reiche Literatur an apokryphen Apostelgeschichten, apokrypher Briefliteratur und auch apokrypher Apokalypsen. Die in der nachfolgenden Tabelle angegebenen Zeiten bzw. Orte werden bei nur geringen Schwankungen von den meisten Forschern heute vertreten.[68)]

Name des apokryphen Evangeliums	Zeit der Entstehung	Ort bzw. Gegend der Entstehung
Nazaräer-Evangelium (syrisch bzw. aramäisch?)	erste Hälfte des 2. Jahrhunderts	Syrien
Ebionäer-Evangelium (griechisch)	erste Hälfte des 2. Jahrhunderts	Ostjordanland
Hebräer-Evangelium (griechisch)	erste Hälfte des 2. Jahrhunderts	Ägypten
Ägypter-Evangelium (griechisch)	erste Hälfte des 2. Jahrhunderts	Ägypten
Jakobus-Evangelium (griechisch)	Mitte des 2. Jahrhunderts	?
Das Evangelium der Wahrheit (griechisch)	Mitte des 2. Jahrhunderts	Rom
Petrus-Evangelium (griechisch)	2. Jahrhundert	Syrien
Tomas-Evangelium (griechisch)	2. Jahrhundert	Ägypten
Philippus-Evangelium (griechisch)	2. Jahrhundert	Ägypten
Kindheitsgeschichte des Herrn von Tomas, dem Israeliten (griechisch)	Ende des 2. Jahrhunderts	
Nikodemus-Evangelium oder Pilatusakten (griechisch)	5. Jahrhundert	
Arabisches Kindheitsevangelium (syrisch)	6. Jahrhundert	

Jesus – ein Zauberer?

„Am Tage, nachdem Jesus sein siebtes Lebensjahr vollendet hatte, spielte er mit seinen kleinen Kameraden. Sie vergnügten sich mit Lehm und kneteten Figürchen, die Esel, Ochsen, Vögel und andere Tiere darstellten ... Jeder von ihnen war stolz über sein Geschick und rühmte sein Werk. Da sprach der Herr Jesus zu den anderen Spielkameraden: ‚Seht diese Figürchen, die ich geknetet habe; jetzt werde ich sie sich bewegen lassen.' Die Knaben sagten zu ihm: ‚Bist du denn der Sohn des Schöpfers?'
Der Herr Jesus befahl seinen Figürchen, sich zu bewegen. Alsbald begannen sie zu hüpfen. Dann rief er sie zurück, und sogleich kehrten sie um. Jesus hatte Figürchen geknetet, die Vögel und kleine Sperlinge darstellten. Er hieß sie fliegen, und sogleich flogen sie. Er hieß sie sich niedersetzen, und sogleich setzten sie sich auf seine Hände. Er gab ihnen zu essen, und sie fraßen. Er gab ihnen zu trinken, und sie tranken. Da gingen die Knaben zu ihren Eltern und erzählten ihnen, was sie erlebt hatten. Sie aber sprachen zu ihnen: ‚Kinder, kommt nicht mehr mit ihm zusammen. Er ist ein Zauberer. Hütet euch vor ihm, kommt ihm nicht mehr nahe und spielt fortan nicht mehr mit ihm!'" (Arabisches Kindheitsevangelium 26,1–2)

Seltsames bei der Zimmermannsarbeit

„Eines Tages ließ der König von Jerusalem ihn (Josef) rufen und sprach zu ihm: ‚Josef, ich möchte, daß du mir ein Prunkbett anfertigst, dessen Maße dem Saal entsprechen, in dem ich Sitzung halte.' Josef antwortete ihm: ‚Ich stehe Euch zu Diensten!' Sogleich begann er an diesem Bett zu arbeiten. Er blieb zwei Jahre im königlichen Palaste, bis er es vollendet hatte. Als er es aber an seinen Platz stellen wollte, bemerkte er, daß es an allen Seiten um zwei Spannen zu kurz war. Bei diesem Anblick geriet der König in Zorn über Josef. Josef fastete die Nacht über, in Furcht und Bangen vor dem König, und nahm keine Speise zu sich.
Da sprach der Herr Jesus zu ihm: ‚Wovor fürchtet ihr Euch?' Josef antwortete ihm: ‚Siehe, die ganze Arbeit zweier Jahre war umsonst.' Der Herr Jesus sprach zu ihm: ‚Fürchte nichts und verzage nicht. Nimm dieses Bett an der einen Seite, damit es ins rechte Maß kommt, ich fasse es an der anderen.' Josef tat, wie ihm der Herr Jesus gesagt hatte. Jeder zog

an seiner Seite. So kam das Bett zustande, wie es die Maße des Raumes verlangten. Beim Anblick dieses Wunders staunten alle, die zugegen waren, und lobten Gott.
Das Material, das Josef für dieses Bett verwendet hatte, bestand aus Hölzern verschiedener Art und Güte, die zur Zeit König Salomos, des Sohnes Davids, gewachsen waren." (Arabisches Kindheitsevangelium, Kap. 39,1–3)

Wunderbare Heilung

„Nach wenigen Tagen entglitt einem jungen Manne, der in einem Winkel Holz spaltete, die Axt. Sie spaltete ihm seinen ganzen Fuß entzwei. Er verblutete und lag im Sterben. Als Lärm und Menschengedränge entstanden, lief auch der Jesusknabe dorthin. Mit Gewalt drängte er sich durch die Menge, faßte den verletzten Fuß an und sogleich wurde er geheilt. Er aber sagte zu dem jungen Mann: ‚Steh jetzt auf, spalte das Holz und gedenke meiner.' Als die Menge sah, was geschehen war, fiel sie vor dem Knaben nieder und sagte: ‚Wahrhaftig, der Geist Gottes wohnt in diesem Knaben.'" (Kindheitserzählung des Tomas 10,1–2)

Hinweise zur Auslegung

■ Es ist ein Anliegen sehr vieler Apokryphen, die Zeitspanne des Lebens Jesu vom 12. bis zum 30. Lebensjahr, über die das gesamte Neue Testament sich ausschweigt, mit Wundergeschichten auszufüllen. Sicherlich war dabei federführend der Versuch einer Antwort auf die vielen Fragen, die aus den ur- und frühchristlichen Gemeinden und zwar gerade von einfachen Christen gestellt wurden.

■ Es ist ferner die deutliche Intention zu spüren, den Jesusknaben im Vollbesitz und im Vollbewußtsein seiner Gottessohnschaft und seiner göttlichen Macht vorzustellen. Das Wunderwirken Jesu setzt nicht erst mit seinem öffentlichen Wirken ein. Es gehört bereits zu seinem Leben und zur Verwunderung seiner Mitbürger in Nazaret. In den apokryphen Evangelien ist die standardisierte Bezeichnung „Der Herr Jesus" auffallend. Sie stellt eine Rückbindung an den christologischen Hoheitstitel „Herr" (= kyrios) dar, der in den kanonischen Schriften vorliegt. Weil aber das Wunderwirken Jesu in Nazaret nur einem kleinen Kreis bekannt war (so glaubte man argumentieren zu können), sei das Wissen darüber nicht in die neutestamentlichen Evangelien aufgenommen worden.

■ Nicht zu übersehen ist in den Apokryphen, daß Jesus wie ein Zauberer auftritt und Sensationswunder wirkt. Die apokryphen Wundergeschichten werden vielfach nicht als Glaubensgeschichten erzählt. Diese „Wunder" lösen gegensätzliche Reaktionen aus: Der Zauberer Jesus ist nicht wenigen unheimlich, vor dem man sich hüten müsse. Gelegentlich wird auch von Betroffenheit und Nachdenklichkeit gesprochen. Die geistig-geistliche Atmosphäre ist jedoch meist durch Unverbindlichkeit geprägt. Jesus wird nicht als Herausforderung, nicht als Krise, als Scheidung und Entscheidung der Geister, nicht als Zeichen des Skandalon und des Widerspruchs (Lk 2,34) erfahren und dargestellt. Dort, wo das Wunderwirken des jugendlichen Jesus Ärgernis erregte, glaubte man ein Argument zu sehen, warum auch der erwachsene Jesus von den Bewohnern seines Heimatortes Nazaret abgelehnt wurde (Mk 6,1–6; Mt 13,53–58; Lk 4,16–30).

Wunder in der christlichen Glaubensgeschichte

Jesus Christus hat seinen Aposteln und Jüngern den Auftrag des Wortes und der Sakramente gegeben. Viel zu wenig wird beachtet, daß er ihnen auch Auftrag und Vollmacht gegeben hat, seine Wundertätigkeit fortzusetzen, in seinem Namen Kranke zu heilen und Dämonen auszutreiben (Mt 16,15–20).

Der Weg des christlichen Glaubens durch die Menschheitsgeschichte wird von „Zeichen und Wundern" begleitet. Die letzte Etappe wird überstrahlt vom „Zeichen des Menschensohnes" (Mt 24,30). Eine geradezu ungeheuerliche Verheißung Jesu wird während des irdischen Pilgerweges in Erfüllung gehen: „Amen, amen, ich sage euch: Wer an mich glaubt, wird die Werke, die ich vollbringe, auch vollbringen, und er wird noch größere vollbringen, denn ich gehe zum Vater. Alles, um was ihr in meinem Namen bittet, werde ich tun, damit der Vater im Sohn verherrlicht wird. Wenn ihr mich um etwas in meinem Namen bittet, werde ich es tun" (Joh 14,12–14).
Es ist nichts Außergewöhnliches, sondern es ist die von Jesus, dem Christus, selbst angesprochene „Normalität", wenn die Geschichte des christlichen Glaubens immer auch die Geschichte der Wunder ist. In den Wundern der Kirchengeschichte erfahren die Wunder Jesu ihre vielgestaltige Fortsetzung und Ausweitung. Durch den auferstandenen Christus erhalten die Wunder eine ganz neue Dimension, so daß der Glaubende zum Werkzeuge noch „größerer" (Joh 14,12) Werke und Wunder wird, als Jesus sie gewirkt hat.
Zur vollen Wahrheit des Neuen Testamentes gehört die Aussage, daß neben den von Gott gewirkten Wundern auch irritierende Wunder der antigöttlichen Mächte und Gewalten treten und die Menschen verwir-

ren. „So mancher falsche Messias und mancher falsche Prophet wird auftreten, und sie werden große Zeichen und Wunder tun, um, wenn möglich, auch die Auserwählten irrezuführen" (Mt 24,24–25). „Der Gesetzwidrige wird, wenn er kommt, die Kraft des Satans haben. Er wird mit großer Macht auftreten und wird trügerische Zeichen und Wunder tun" (2 Thess 2,9).

Die Wunder der christlichen Glaubensgeschichte setzten bereits unmittelbar nach dem ersten Pfingstfest ein. Die damals begonnene Weltepoche der Wunder wird erst abgeschlossen, „wenn der Herr wiederkommt" (1 Kor 11,26). Am „Tag des Herrn" (2 Petr 3,10) wird sich das letzte und alles bekrönende Wunder vollziehen, wenn mit der Auferstehung der Toten die gesamte Schöpfung verwandelt wird zum „neuen Himmel" und zur „neuen Erde" (Jes 65,17; 2 Petr 3,13; Offb 21,1).

Klar und eindeutig wird von Anfang an auf die damals und immer wieder gestellte Frage: „In welcher Kraft und in welchem Namen habt ihr dies getan?" (Apg 4,7) die Antwort gegeben: „Im Namen Jesu Christi" (Apg 4,10). Der Apostelgeschichte ist zu entnehmen, daß der Beginn der christlichen Glaubensgeschichte von einer Fülle von Wundern und Gotteszeichen überstrahlt war: „Durch die Hände der Apostel geschahen viele Zeichen und Wunder im Volk" (Apg 5,12).

Mit der Faszination des Anfangs hat sich bisweilen ein geradezu magisch anmutendes Denken und Hoffen vermischt, das trotz seiner Unzulänglichkeit – als Weg zum Glauben – Erhörung gefunden hat. „Selbst die Kranken trug man auf die Straßen hinaus und legte sie auf Betten und Bahren, damit, wenn Petrus vorüberkam, wenigstens sein Schatten auf einen von ihnen fiel. Auch aus den Nachbarstädten Jerusalems strömten die Leute zusammen und brachten Kranke und von unreinen Geistern Geplagte mit. Und alle wurden geheilt" (Apg 5,15–16). Über das Wirken des Apostels Paulus, das sich „in der Kraft von Zeichen und Wundern, in der Kraft des Heiligen Geistes" (Röm 15,18–19) vollzog, wird berichtet: „Auch ungewöhnliche Wunder tat Gott durch die Hand des Paulus (in Ephesus). Sogar seine Schweiß- und Taschentücher nahm man ihm vom Körper weg und legte sie den Kranken auf; da wichen die Krankheiten, und die bösen Geister fuhren aus" (Apg 19,11–12).

Wunderberichte der Apostelgeschichte

HEILUNG EINES LAHMGEBORENEN IN JERUSALEM DURCH PETRUS

Mit einer präzisen Ortsangabe ist dieser Wunderbericht aus der Apostelgeschichte versehen. Es wird von der „Schönen Pforte" (Apg 3,2), einem Eingangstor zum Tempel von Jerusalem gesprochen.

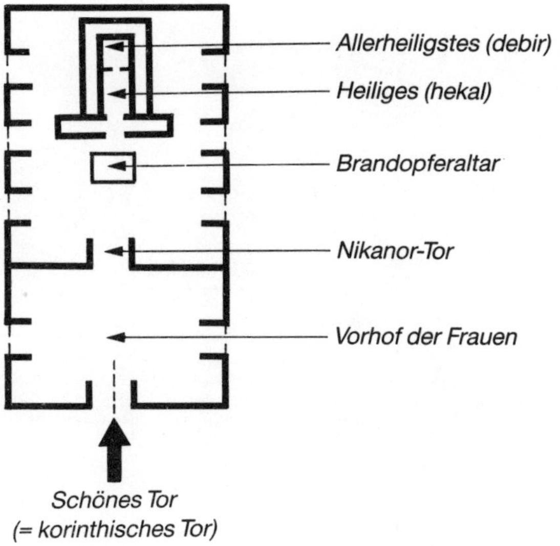

Unter „Tempel von Jerusalem" versteht das Neue Testament (wie auch der jüdische Geschichtsschreiber Flavius Josephus) den Gesamtkomplex der Gebäude des eigentlichen Tempels (mit dem Allerheiligsten und Heiligen) einschließlich der Vorhöfe und weitläufigen Hallen (entlang der Ostmauer lag die Halle Salomos = Joh 10,22). Das „Schöne Tor" wird meist mit dem sogenannten „Korinthischen Tor" gleichgesetzt, das versehen war mit mächtigen Türflügeln aus korinthischer Bronze.

„Petrus und Johannes gingen um die neunte Stunde zum Gebet in den Tempel hinauf. Da wurde ein Mann herbeigetragen, der von Geburt an gelähmt war. Man setzte ihn täglich an das Tor des Tempels, das man die Schöne Pforte nennt; dort sollte er bei denen, die in den Tempel gingen, um Almosen betteln.
Als er nun Petrus und Johannes in den Tempel gehen sah, bat er sie um ein Almosen. Petrus und Johannes blickten ihn an, und Petrus sagte: Sieh uns an! Da wandte er sich ihnen zu und erwartete, etwas von ihnen

zu bekommen. Petrus aber sagte: Silber und Gold besitze ich nicht. Doch was ich habe, das gebe ich dir: Im Namen Jesu Christi, des Nazoräers, geh umher! Und er faßte ihn an der rechten Hand und richtete ihn auf. Sogleich kam Kraft in seine Füße und Gelenke; er sprang auf, konnte stehen und ging umher.
Dann ging er mit ihnen in den Tempel, lief und sprang umher und lobte Gott. Alle Leute sahen ihn umhergehen und Gott loben. Sie erkannten ihn als den, der gewöhnlich an der Schönen Pforte des Tempels saß und bettelte. Und sie waren voll Verwunderung und Staunen über das, was mit ihm geschehen war" (Apg 3,1–10).

TOTENERWECKUNG IN JOPPE DURCH PETRUS

Die christliche Mission in Palästina, über die die Apostelgeschichte berichtet, ist verbunden mit dem herausragenden, großen Einsatz des Apostels Petrus und seinem Aufenthalt und Wunderwirken in der am Mittelmeer gelegenen Hafenstadt Joppe.

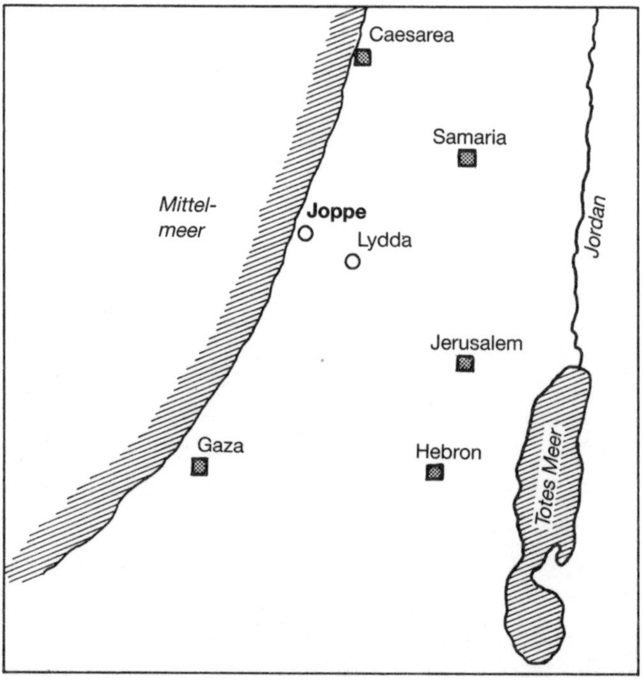

„In Joppe lebte eine Jüngerin namens Tabita, das heißt übersetzt: Gazelle. Sie tat viele gute Werke und gab reichlich Almosen. In jenen Tagen aber wurde sie krank und starb. Man wusch sie und bahrte sie im Obergemach auf.
Weil aber Lydda nahe bei Joppe liegt und die Jünger hörten, daß Petrus dort war, schickten sie zwei Männer zu ihm und ließen ihn bitten: Komm zu uns, zögere nicht! Da stand Petrus auf und ging mit ihnen. Als er ankam, führten sie ihn in das Obergemach hinauf; alle Witwen traten zu ihm, sie weinten und zeigten ihm die Röcke und Mäntel, die Gazelle gemacht hatte, als sie noch bei ihnen war. Petrus aber schickte alle hinaus, kniete nieder und betete. Dann wandte er sich zu dem Leichnam und sagte: Tabita, steh auf! Da öffnete sie ihre Augen, sah Petrus an und setzte sich auf. Er gab ihr die Hand und ließ sie aufstehen; dann rief er die Heiligen und die Witwen und zeigte ihnen, daß sie wieder lebt. Das wurde in ganz Joppe bekannt, und viele kamen zum Glauben an den Herrn“ (Apg 9,36–42).

HEILUNG EINES LAHMGEBORENEN IN LYSTRA DURCH PAULUS

Die erste Missionsreise führte Paulus als Begleiter des Barnabas (Apg 18,2.7) und anfangs bis Perge noch zusammen mit Johannes (Apg

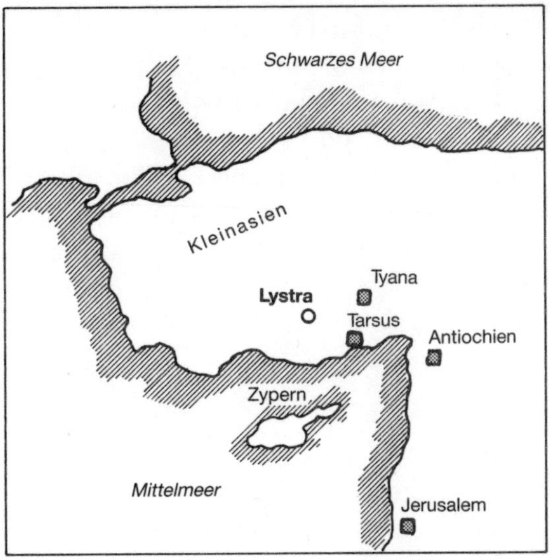

18,13) über Zypern in das Innere von Kleinasien. Die Erlebnisse in der Stadt Lystra (Apg 14,6) hat Paulus sicherlich nicht so rasch vergessen. Das Heilungswunder in Lystra wie die Worte des Paulus haben nämlich zu einer harten Konfrontation geführt. Nur knapp ist er damals dem Tod entkommen (Apg 14,19–20).

„In Lystra war ein Mann, der von Geburt an gelähmt war; er saß ohne Kraft in den Füßen da und hatte nie gehen können. Er hörte der Predigt des Paulus zu. Dieser blickte ihm fest ins Auge; und da er sah, daß der Mann darauf vertraute, gerettet zu werden, rief er laut: Steh auf! Stell dich aufrecht auf deine Füße! Da sprang der Mann auf und ging umher. Als die Menge sah, was Paulus getan hatte, fing sie an zu schreien und rief auf lykaonisch: Die Götter sind in Menschengestalt zu uns herabgestiegen. Und sie nannten den Barnabas Zeus, den Paulus aber Hermes, weil er der Wortführer war.

Der Priester des ‚Zeus vor der Stadt' brachte Stiere und Kränze an die Tore und wollte zusammen mit der Volksmenge ein Opfer darbringen. Als die Apostel Barnabas und Paulus davon hörten, zerrissen sie ihre Kleider, sprangen unter das Volk und riefen: Männer, was tut ihr? Auch wir sind nur Menschen, von gleicher Art wie ihr; wir bringen euch das Evangelium, damit ihr euch von diesen nichtigen Götzen zu dem lebendigen Gott bekehrt, der *den Himmel, die Erde und das Meer geschaffen hat und alles, was dazugehört.* Er ließ in den vergangenen Zeiten alle Völker ihre Wege gehen. Und doch hat er sich nicht unbezeugt gelassen: Er tat Gutes, gab euch vom Himmel her Regen und fruchtbare Zeiten; mit Nahrung und mit Freude erfüllte er euer Herz. Doch selbst mit diesen Worten konnten sie die Volksmenge kaum davon abbringen, ihnen zu opfern.

Von Antiochia und Ikonion aber kamen Juden und überredeten die Volksmenge. Und sie steinigten den Paulus und schleiften ihn zur Stadt hinaus, in der Meinung, er sei tot. Als aber die Jünger ihn umringten, stand er auf und ging in die Stadt. Am anderen Tag zog er mit Barnabas nach Derbe weiter" (Apg 14,8–20).

TOTENERWECKUNG IN TROAS DURCH PAULUS

Auf der zweiten Missionsreise ist Troas nach dem Bericht der Apostelgeschichte (Apg 16,8–10) für Paulus der Ort der missionarischen Neuorientierung. Troas ist der Brückenkopf für die Mission in Griechenland, in Europa (Paulus erstmals in Korinth 52 n. Chr.).

Das Wunder der Totenerweckung (Apg 20,7–12) ereignete sich während der dritten Missionsreise und zwar anläßlich einer Abschiedsfeier in Troas unmittelbar vor seiner Rückkehr nach Jerusalem (58 n. Chr.). Der folgende Bericht ist in Wir-Form niedergeschrieben. Lukas, der Verfasser eines Evangeliums wie der Apostelgeschichte, erscheint hier an der Seite des Apostels Paulus.

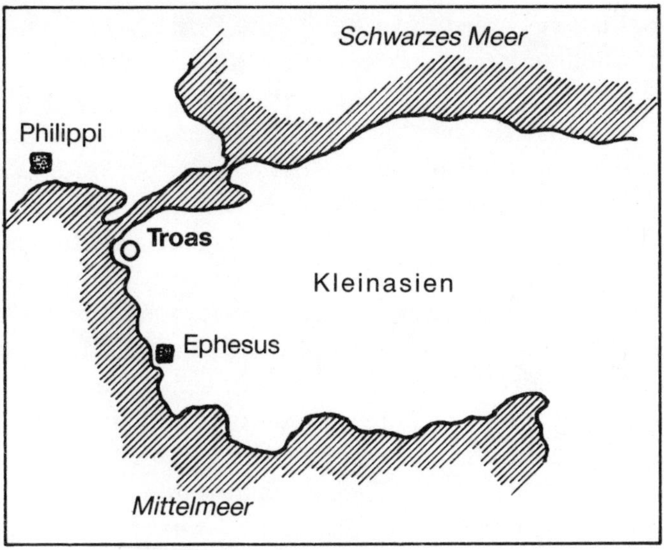

„Als wir am ersten Wochentag versammelt waren, um das Brot zu brechen, redete Paulus zu ihnen, denn er wollte am folgenden Tag abreisen; und er dehnte seine Rede bis Mitternacht aus. In dem Obergemach, in dem wir versammelt waren, brannten viele Lampen.

Ein junger Mann namens Eutychus saß im offenen Fenster und sank, als die Predigt des Paulus sich länger hinzog, in tiefen Schlaf. Und er fiel im Schlaf aus dem dritten Stock hinunter; als man ihn aufhob, war er tot. Paulus lief hinab, warf sich über ihn, umfaßte ihn und sagte: Beunruhigt euch nicht: Er lebt!

Dann stieg er wieder hinauf, brach das Brot und aß und redete mit ihnen bis zum Morgengrauen. So verließ er sie. Den jungen Mann aber führten sie lebend von dort weg. Und sie wurden voll Zuversicht" (Apg 20,7–12).

Wunder und Heilige

Die Geschichte der christlichen Wunder ist verknüpft mit der Geschichte der „Gemeinschaft der Heiligen". Sie belegt, daß mit der Präzisierung des Titels „Heiliger" auch eine Präzisierung der Erfassung und der Kontrolle der mit Heiligen verbundenen „Wunder" Hand in Hand ging.

Auf altchristlichen Grabsteinen haben die Hinterbliebenen einen Verstorbenen bedenkenlos „sanctus et venerabilis" (heilig und verehrungswürdig) bezeichnet. Vom 6. Jahrhundert an setzte eine deutliche Eingrenzung des Titels „Heiliger" ein, der mehr und mehr mit dem Martyrium verbunden wurde. Als erster Nicht-Märtyrer wurde Martin von Tours († 397) als Heiliger und zwar als „Bekenner" verehrt.

Sehr früh schon hat sich die dankbare Erinnerung an einen heiligmäßigen Christen mit der Gloriole des Wunderbaren verbunden, das er bereits während seines Lebens, vor allem nach seinem Tod durch die Anrufung seiner Fürbitte gewirkt hat. Geschichtliches und Legendäres ging dabei häufig ineinander über.[69)] Es war ein Deutscher, Bischof Ulrich von Augsburg († 4. Juli 973), der als Erster nach einem offiziellen Heiligsprechungsprozeß durch Papst Johannes XV. (985–996) auf der Synode in Rom am 31. Januar 993 heiliggesprochen wurde.

Das Verfahren der Heiligsprechungsprozesse wurde im Laufe der Jahrhunderte zu einer unerläßlichen und immer kritischeren Kontrollinstanz vor allem der vorgelegten Wunder. Die Protokolle der zunächst in den Bistümern durchgeführten Informativprozesse und Apostolischen Prozesse mußten mit der Bitte um Heiligsprechung an den Papst nach Rom weitergeleitet werden. Beizufügen war ein „Buch des Lebens" wie auch ein „Buch der Wunder". Meist sind die Zeugenaussagen bei den kirchlichen Prozessen unter Eid gemacht worden. Von Anfang hat man auch medizinische Experten herangezogen, die ebenso die Krankheit bestätigten wie auch die meist plötzliche und vollständige Heilung als medizinisch unerklärlich belegten.

Es war eine gewiß nicht leichte Aufgabe der Bischöfe und ihrer mit den Prozessen und Zeugenbefragungen beauftragten Richtern, die Spreu vom Weizen zu trennen, d. h. eine allzu üppige Wundergläubigkeit des christlichen Volkes zu durchschauen und einzudämmen und die harten Fakten tatsächlicher Wunder herauszuarbeiten und durch eidliche Zeugenaussagen zu belegen. Die „Wunder-Akten" der kirchlichen Prozesse sind in den Archiven der Bistümer und der Ritenkongregation in Rom, aber auch in den Handschriftenabteilungen vieler europäischer Bibliotheken zu finden, wohin sie meist auf Grund von Beschlagnahmung kirchlicher Bibliotheken gekommen sind. Die größte Konfiszierung von Heiligsprechungs- und Wunderakten (aus den Jahren 1662 bis 1808) hat sich der französische Kaiser Napoleon I. anläßlich der Besetzung (1808) und Annektierung Roms (am 17. Mai 1809) geleistet. Er hat insgesamt 796 Foliobände aus den Archiven der römischen Ritenkongregation geraubt und nach Paris überführen lassen. Sie befinden sich heute noch als „Fonds des Canonisations" in der Pariser Nationalbibliothek.[70)]

Das klassische Instrumentarium für die Kanonisationsprozesse, in denen Wunder durch eidliche Zeugenaussagen zu protokollieren sind, ist das Werk „De servorum Dei beatificatione et beatorum canonisatione", das Papst Benedikt XIV. (1740–1758)[71)] bereits vor seiner Erwählung als Prospero Lambertini veröffentlicht hatte. Der Heiligsprechungsprozeß setzt mehrere neue Wunder voraus, die erst nach der Seligsprechung sich ereignet haben. Für das heute geltende Verfahren der Selig- und Heiligsprechungsprozesse sind die Bestimmungen des Motuproprio „Divinus perfectionis magister" vom 26. Februar 1983 anzuwenden.[72)]

Überschaut man die sich verschärfende und überaus kritische Praxis der Wunderbestätigung im Zusammenhang mit den Selig- und Heiligsprechungsprozessen, in denen auch ein Ankläger (dem man den Namen „advocatus diaboli" gegeben hat) einen beachtlichen Raum des Einspruchs gegeben hat, findet man vollauf bestätigt, was der Erzbischof von Paderborn, Kardinal Lorenz Jaeger, in aller Offenheit bekannte: „Die Kirche ist gar nicht so wundergläubig und wundersüchtig, wie man es oft meint. Sie ist viel kritischer, als es manchen erscheint (und manchen lieb ist) ... Die Wunder, von denen im Neuen Testament berichtet wird, haben viele Parallelen in dem Leben der Heiligen oder Seligen."[73)]

Zeichen und Wunder am Pilgerweg der Christenheit

Das Stigmatisationswunder des Franziskus von Assisi (1224)

Franziskus von Assisi (1182–1226), der Gründer der großen, franziskanischen Ordensfamilie, ist der erste Christ, der geschichtlich nachweisbar an seinen Händen und Füßen wie auch an seiner Seite jene Wundmale (stigmata) trug, die Jesus Christus als Gekreuzigter und Auferstandener (Lk 24,38–40; Joh 20,20.25.27) getragen hat.

Zeitgenossen und Biographen berichten von der Stigmatisation, die sich auf dem nördlich von Assisi gelegenen Monte Alverna am Fest Kreuzerhöhung (14. September 1224) an Franziskus vollzog.[74)]

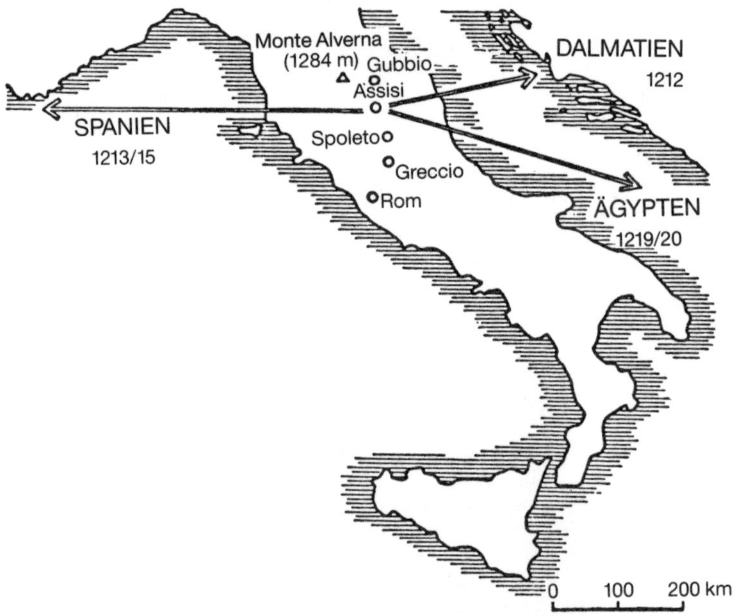

Übersichtskarte zum Leben des Franziskus von Assisi

Die Wundmale des Franziskus sind vor und nach seinem Tod († 3. Oktober 1226) von vielen Zeitgenossen gesehen und bestätigt worden. Das Wort „Stigmatisation" kommt in seiner Grundbedeutung „stígma" aus dem Griechischen; es bedeutet „Zeichen", „Wundmal". Stigmatisationen sind „Zeichen Jesu" (Gal 6,17; 2 Kor 1,5; Phil 3,10). Die Kirche ist in ihrem Urteil über Stigmatisationen außerordentlich zurückhaltend. Mit der Einführung eines eigenen Festes am 17. September „Gedächtnis der Stigmatisation des heiligen Franziskus von Assisi" hat die Kirche ein Ja zum Gnadenereignis auf dem Monte Alverna gesprochen. Im Tagesgebet dieses Festes heißt es:

„Herr Jesus Christus,
da die Welt zu erkalten begann,

hast du am Leibe des heiligen Franziskus
die Male deines Leidens erneuert,
um unsere Herzen mit dem Feuer
deiner Liebe zu entflammen.
Blicke hin auf seine Begnadigung
und höre auch sein Gebet!
Laß auch uns beharrlich das Kreuz tragen
und schenke uns würdige Früchte der Buße."

Thomas von Celano († um 1260), seit 1215 engster Vertrauter und Gefährte des Franziskus von Assisi, verfaßte im Auftrag des Papstes Gregor IX. (1227–1241) 1228/29 eine Lebensbeschreibung des heiligen Franziskus, in der er als Augenzeuge von den Wundmalen des Franziskus berichtet (2. Buch, III, 94–95).[75)]

„Zwei Jahre, bevor Franziskus seine Seele dem Himmel zurückgab, weilte er in der Einsiedelei Alverna. Nach seiner Gewohnheit begann er hier eine vierzigtägige Fastenzeit. Als er nun eines Morgens um das Fest der Kreuzerhöhung am Bergeshang betete, da sah er in einem Gesicht einen Mann über sich schweben, einem Seraph ähnlich, der sechs Flügel hatte und mit ausgespannten Händen und aneinandergelegten Füßen ans Kreuz geheftet war. Zwei Flügel erhoben sich über seinem Haupt, zwei waren zum Flug ausgestreckt und zwei endlich verhüllten den ganzen Körper.
Als Franziskus dies schaute, wurde er von Staunen erfüllt, große Wonne durchdrang ihn und noch tiefere Freude erfaßte ihn über den gütigen und gnadenvollen Blick, mit dem er sich von dem Seraph betrachtet sah, dessen Schönheit unbeschreiblich war. Doch das Hängen am Kreuz und die Bitterkeit seines Leidens erfüllten Franziskus mit Entsetzen. Und so erhob er sich, sozusagen traurig und freudig zugleich, und Wonne und Betrübnis wechselten in ihm miteinander.
Während sich Franziskus verstandesmäßig über dieses Gottesgesicht nicht klar werden konnte, und das Neuartige an ihm stark sein Herz beschäftigte, begannen an seinen Händen und Füßen die Male der Nägel sichtbar zu werden in derselben Weise, wie er es kurz zuvor an dem gekreuzigten Mann über sich gesehen hatte. Ferner war die rechte Seite wie mit einer Lanze durchbohrt und zeigte eine vernarbte Wunde, aus der häufig Blut floß."

Heilung vom Klumpfuß (1308)

Klara vom Kreuz

Das umbrische Städtchen Montefalco ist heute ein Eldorado kunstgeschichtlich interessierter Touristen – hingewiesen sei auf die gotische Kirche S. Agostino, S. Chiara mit sehenswerten Fresken in der Heiligkreuzkapelle, S. Franceso mit einer Fülle von Werken der umbrischen und toskanischen Schule und S. Illuminata. Im Mittelalter war in diesem Städtchen, das im Bistum Spoleto liegt, das Grab der Charismatikerin und Äbtissin des Augustinerinnenklosters Heilig Kreuz, Klara vom Kreuz (= von Montefalco), geboren um 1275, gestorben am 17. August 1308, schon in ihrem Todesjahr eine Stätte vieler Pilger und Hilfesuchender. Noch heute ist ihr Herz und ihr Leib in unverweslichem Zustand.

Für den Heiligsprechungsprozeß wurden fast 500 vereidigte Zeugen vernommen. Als echt wurde u. a. die Heilung des Ceptus (= Ciccus) Speranza für die Heiligsprechung anerkannt. Die plötzliche Heilung vom Klumpfuß wurde von medizinischen Gutachtern als völlig unerklärlich festgestellt. Unter den Zeugen stammen neben dem Geheilten einige aus Montefalco, die anderen sind in der Umgebung oder in Spoleto beheimatet. Sie waren als Pilger zum Grab der hochverehrten Charismatikerin und Äbtissin Klara Augen- und Ohrenzeugen der von ihnen bezeugten, überaus beeindruckenden Wunderheilung.[76)]

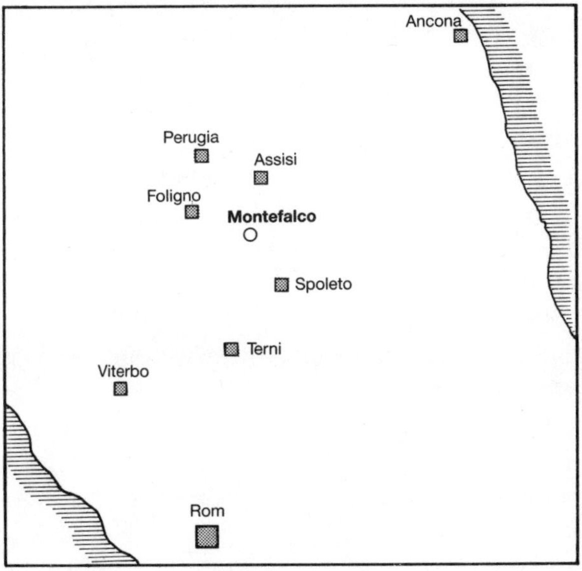

■ Zeugenaussage des Geheilten, Herrn Ceptus (= Ciccus) Speranza, gebürtig aus Montefalco:

„Auf die Frage, woher er das wisse, erwiderte er, er wisse das daher, weil er immer, solange wie er zurückdenken könne, bis zu dem Tage seiner Befreiung durch die Verdienste und das Wunder von Schwester Klara in der Weise krank gewesen sei, wie es in dem Artikel gesagt werde, und unfähig zu gehen. Daß er aber seit Geburt so krank und gehunfähig gewesen sei, wie es in dem Artikel heiße, dafür gab er als Grund seines Wissens an, er habe es so von seiner Mutter, die ihn geboren habe, gehört. Befragt, ob er irgendwann einmal oder an einem Tage vor seiner Befreiung, soweit er zurückdenken könne, unbehindert frei allein hätte gehen können, antwortete er: nein. Gefragt, ob er Kuren gemacht, Medizin oder Bäder während seiner Krankheit angewendet habe, antwortete er: ja, und seine Mutter habe vielerlei Medizin, Einreibungen, Verordnungen, Packungen angewandt, sie habe ihn auf einem Esel in ein Bad gebracht. Gefragt, ob diese Medizinen, Heilmittel und das Bad ihm irgendwie genützt hätten, antwortete er: nichts. Gefragt, ob er seine Krankheit ununterbrochen oder zeitweilig gehabt habe, antwortete er: ununterbrochen, ohne eine Pause, er sei stets unfähig zu gehen gewesen. Gefragt, ob in der Woche, in der er geheilt wurde, ärztlich an seinen Füßen etwas getan worden sei, antwortete er: nein. Gefragt, ob er an dem Tage seiner Befreiung vor seiner Befreiung ebenso unfähig gewesen sei zu gehen wie an den anderen Tagen und zu den anderen Zeiten davor, antwortete er: ja. Gefragt, ob er zu jener Stunde, da er zu Schwester Klara getragen worden und nach der er befreit worden sei, eine größere Schwierigkeit zu gehen gehabt habe als früher, antwortete er: nein. Gefragt, ob die ganze Fußsohle eingedrückt (incisa) war, antwortete er: nein, sondern nur auf der Seite, und zwar so, daß die beiden Fußsohlen gegenüberstanden.

Gefragt, wohin er gelegt worden sei, als er heil wurde, antwortete er: dorthin, wo in der Kirche vom Heiligen Kreuz das Grab ist, in dem der Leib der Schwester Klara lag und liegt. Gefragt, woher er wisse, daß er plötzlich geheilt sei, antwortete er: er sei von seiner Mutter als Kranker und zu gehen Unfähiger, wie gesagt, ohne vorhergegangene Besserung, an der Stelle und in der Kirche dort, wo der Leib von Schwester Klara ruht, hingesetzt worden.

Die Mutter habe ihn, wie der Zeuge angab, mit einem Gelübde der Fürbitte von Schwester Klara empfohlen. Er sei völlig befreit aufgestanden, nachdem er eine Stunde lang auf dem Grab von Schwester Klara gesessen habe. Gefragt, ob er unmittelbar nach der Heilung frei und allein habe gehen und heimgehen können, wo er doch auf seinen eigenen Füßen nicht habe kommen können, sondern, wie er gesagt habe, hingetragen worden sei, antwortete er: er habe sofort nach dem Wunder und nach dem Sitzen auf dem Grabe gehen können, wie er gesagt habe. Er sagte auch, daß er frei, allein, ohne jemandes Hilfe und ohne Stütze nach Belieben ging und so nach Hause gehen konnte.

Gefragt, ob er danach ganz oder teilweise in dasselbe Leiden zurückgefallen sei, antwortete er: nein. Gefragt, wie viele Jahre seit seiner wunderbaren Heilung verflossen seien, antwortete er: mehr als neun. Gefragt, ob seine verdrehten Füße am selben Tage und in derselben Stunde des Wunders gerade gerichtet worden seien, antwortete er: ja. Gefragt, ob seine Fußsohlen, die nach oben gerichtet gewesen waren, in ihre gehörige Stellung, wie es dem allgemeinen Lauf der Natur entspricht, gebracht worden seien, antwortete er: ja, sofort, wie er vom Grabe Schwester Klaras herunterstieg, sah und spürte er, daß seine Füße richtig

waren, wie sie die andern Menschen haben, und wie er sie jetzt und richtig hat.
Und hier ließen auf Ersuchen des Herrn Berengar (damals Generalvikar von Spoleto), des Prozeßbeauftragten, die Herren Untersuchungsrichter und die anderen Herren, den Zeugen seine Füße freimachen, und sie sahen mit ihren eigenen Augen die Füße des Zeugen, daß sie in ihren Gelenken und Fußsohlen, in ihrem ganzen Gefüge und wie sie sich zu dem Unterschenkelknochen verhielten, dem allgemeinen Lauf der Natur entsprachen. Und die genannten Untersuchungsrichter sahen den Zeugen auf seinen Füßen hin- und hergehen, ohne irgendwelche Stütze und in jeder Richtung, so wie andere gesunde Menschen."[77)]

■ Zeugenaussage des Notar Ciappus Spoletonis, wohnhaft in der St. Andreas-Pfarrei in Spoleto. Er hat den Geheilten früher nicht gekannt und auch die Wunderheilung persönlich nicht miterlebt. Er habe aber an den geheilten Füßen auf Grund des früheren Klumpfußes noch die Schwielen auf dem Fußrücken gesehen:

„An einem Tage, an dem er über ein großes Wunder gehört habe, habe er selbst einen gewissen Knaben gesehen, der an seinen Füßen geheilt worden war. Den Füßen sah man an, daß sie früher ihm seitwärts gestanden hatten und daß er entsprechend aufgetreten habe, oft hat er ihn in jenem Jahre dahergehen sehen, wie dieser für das Kloster bestimmte Besorgungen verrichtete. Er sagte auch, daß Ciptus selbst, als er auf dem Grabe saß, wie auch die vielen Leute mit ihm, Gott und die hl. Klara um ein Wunder an ihm baten. Später sei er immer gesund gewesen.
Gefragt, wie lange er ihn verkrüppelt gesehen, antwortete er: von Geburt an und jedesmal immer, wenn er ihn in all den vielen Jahren und Monaten seines Lebens sah. Auf die Frage, wie lange er ihn gesund gesehen habe, antwortete er: fast ein ganzes Jahr nach der Heilung, nicht länger, weil er dann nach Rom gegangen sei."[78)]

■ Zeugenaussage eines gewissen Thomasius aus Montefalco, der das Heilungswunder am Grab der verstorbenen Äbtissin Klara in seiner Heimatstadt erlebt hat: Ich habe Ceptus (= Ciccus) Speranza „an ein und demselben Tag verkrüppelt und geheilt gesehen".

„Er habe viele, viele Jahre einen gewissen Knaben Ceptus, den Sohn

Speranzas, gekannt, dessen Füße verdreht waren, nämlich die Fußsohlen waren bei ihm nach oben gewandt und der Fußrücken statt der Sohle nach unten, so daß er kaum aufrecht gehen konnte, und wenn es ihm gelang, sich etwas aufzurichten, so ging er sehr schlecht.
Der Zeuge befand sich in der Klosterkirche und sah den Knaben mit solcherweise verkrüppelten Füßen auf dem Grabe der hl. Klara sitzen, und eine kleine Stunde später sah er diesen Ceptus umhergehen und seine Füße richtig haben, wie die eines Gesunden. Wohl sagte der Zeuge, als man Ceptus vom Grabe heruntergenommen habe, hätten ihm die Füße beim Gehen sehr weh getan, weil seine Fußsohlen noch allzu zart waren und nicht hart, weil er diese vorher noch nie auf die Erde gesetzt hatte, sondern nur die Oberseite der Füße war schwielig, wie damals jeder sah.
Gefragt, ob er den genannten Ceptus mit verkrüppelten Füßen, wie er gesagt habe, an demselben Tage, wo er geheilt worden sei, gesehen habe, antwortete er: er habe ihn an ein und demselben Tage verkrüppelt und geheilt gesehen."[79)]

■ Zeugenaussage eines gewissen Petrus, wohnhaft in der St. Andreas-Pfarrei in Spoleto. Er hat bei wiederholten Besuchen in Montefalco den etwa 10- oder 12jährigen Ceptus (= Ciccus) viele Male mit seinen beiden verkrüppelten Füßen gesehen. Sehr anschaulich schildert er als vereidigter Zeuge die Doppelheilung auf die Fürbitte der (damals noch nicht heiliggesprochenen) Klara von Montefalco und zwar bereits in deren Todesjahr 1308.

„Er kenne einen Jungen mit Namen Ciccus in Montefalco, im Alter von zehn oder zwölf Jahren, den er zwei Jahre lang viele, viele Male krank an beiden Füßen gesehen habe. Dieser konnte nur nach vorn gebeugt und mit Krücken gehen. Er ging auf dem Fußrücken beider Füße und trat damit auf den Boden, wobei die Fußsohlen sichtbar waren, so daß er völlig unfähig war, frei zu gehen.
Er sagte, nach dem Tode von Schwester Klara, in ihrem Todesjahr, habe er ihn in der Klosterkirche Ciccus auf dem Grabe von Schwester Klara eine Zeitlang sitzen gesehen. Dann entstand ein gewaltiges Geschrei, und es hieß, einer seiner Füße sei gerade geworden und so hergestellt, wie der Fuß eines gesunden Menschen sein muß. Dann drängte er, der Zeuge, sich nach vorn durch, und er kam nahe an Ciccus heran, und er sah den einen Fuß gerade gerichtet und in der richtigen Form wie bei einem gesunden Menschen. Dann wurde er von dem Grab abgenommen

und in der Kirche aufgestellt, damit die Leute ihn und den gerichteten Fuß und das Wunder, das an ihm geschehen war, sähen.
Dann sah der Zeuge, wie die Leute aus Frömmigkeit den Ciccus wieder auf das Grab setzten, damit Gott auf die Fürbitte der hl. Klara ein weiteres Wunder an dem anderen Fuße wirken möge. Die Menge der Leute war groß, viele Kerzen waren angezündet, es wurde viel gebetet und zu Gott und zur hl. Klara gerufen, daß ihm die Gesundheit auch des anderen Fußes geschenkt werde. Und nachdem er so eine Zeitlang gestanden, sah und hörte er wieder einen Tumult.
Die Leute sagten, Ciccus sei auch an dem anderen Fuße heil geworden, und er sah, wie jener vom Grabe heruntergenommen wurde und daß der andere Fuß heil und hergestellt und in die rechte und natürliche Form gebracht war. Er sah, wie die Leute ihn umhergehen ließen, und wie er in gerader Haltung ging und richtig seine Füße auf den Boden setzte, daß er aber nicht fest auf seinen Füßen auftrat, weil die Fußsohle, mit der er früher nie den Boden berührt hatte, nicht abgehärtet, sondern zart war, und er sah, wie er dann allein, ohne andere Hilfe als die Gottes, die Kirche verließ, und er sah, wie er die Krücken wegwarf und sie in der Kirche zurückließ.
Befragt nach Jahr, Monat und Tag, antwortete er wie oben, und sagte, es seien schon zehn oder rund zehn Jahre her, an Tag und Monat erinnert er sich nicht mehr. Befragt, wer zugegen gewesen sei, antwortete er, Herr Gentile, der verstorbene Herr Hugolino, Magister Angelo von Montefalco und viele andere, an die er keine Erinnerung mehr hat. Befragt, wo das geschehen sei, antwortete er, in der Kirche des besagten Klosters. Befragt, wie lange Zeit er ihn habe so krank gesehen, antwortete er, wie oben, oftmals während zweier Jahre."[80)]

■ Zeugenaussage des Priesters Nicola, Rektor der S. Silvester-Kirche in Montefalco. Unter Eid bekräftigte er das persönliche Erlebnis des Heilungswunders. Er habe am Tag der Heilung in der Klosterkirche der Augustinerinnen in unmittelbarer Nähe des Grabes der 1308 verstorbenen Äbtissin gestanden und Ceptus auf seine geheilten Füße gestellt.

„Er habe Speranzas Sohn Ciptus aus Montefalco, der verdrehte Füße hatte und auf seinen Fußrücken ging mit den Fußsohlen nach oben, auf dem Grabe der hl. Klara gesehen und ihn hochgezogen, als die Leute sagten, er sei befreit worden, und er sah ihn auf dem Grabe mit geraden und hergestellten Füßen."[81)]

Das Rätsel der Herzverwundung (1582)

Teresa von Avila

Die spanische Karmelitin und Mystikerin Teresa von Avila (1515–1582) berichtet im 30. Kapitel ihrer 1560/62 niedergeschriebenen Autobiographie „Libro de la Vida“ (von ihr wiederholt „Libro de las misericordias del Senor“ = Buch der Erbarmungen Gottes genannt) von einem mystischen Erlebnis, das Gian Lorenzo Bernini (1598–1680) in einer berühmten Plastik (heute in der Conorarokapelle – 4. Kapelle links – der römischen Kirche Santa Maria delle Vittoria an der Piazza S. Bernardo) in barocker Pose imposant nachgestaltet hat. Er hat sich dabei an den Text der teresianischen Aufzeichnung gehalten:

„Ich sah ganz nah, neben mir zur Linken, einen Engel in leiblicher Gestalt. Er war nicht groß, sondern eher zierlich und unaussprechlich schön. Sein Gesicht glühte wie von Feuer, als wäre er der höchste Engel, die alle aus Feuerflammen zu bestehen scheinen.
In seinen Händen sah ich einen langen, aus Gold gefertigten Pfeil, an dessen Spitze ein kleines Feuer zu leuchten schien. Es war mir, als durchbohrte er mit diesem Pfeil tief mein Herz und bohrte ihn tiefer

hinein in mein Innerstes. Als der Engel den Pfeil wieder herauszog, kam es mir vor, als ziehe er ein Stück meines innersten Herzens mit heraus und als stünde ich ganz in Flammen, so groß war die Liebe zu Gott, die mich durchströmte.
Der Schmerz (beim Herausziehen des Pfeiles) war so gewaltig, daß ich aufstöhnte. Und doch: Die Süßigkeit dieses maßlosen Schmerzes war so selig, daß ich nie und nimmer wünschte, er möge aufhören – und daß die Seele nur in Gott sich zufrieden geben kann.
Es ist dies kein körperlicher Schmerz, sondern er ist geistig, obwohl der Körper an ihm unaufhörlich und sogar in hohem Maße teilhat. Es ist eine so süße Liebkosung zwischen der Seele und Gott, daß ich (Gottes) Güte anflehe, sie jene wenigstens verspüren zu lassen, die denken sollten, daß ich lüge."

Hat sich dieses schriftlich festgehaltene mystische Erlebnis nur in der Psyche der großen Teresa von Avila ereignet, das lediglich in einer heftig-großartigen Sprache nachempfunden und gedeutet wurde? Ist Teresa wirklich physiologisch eine Herzverwundung „zugestoßen"?

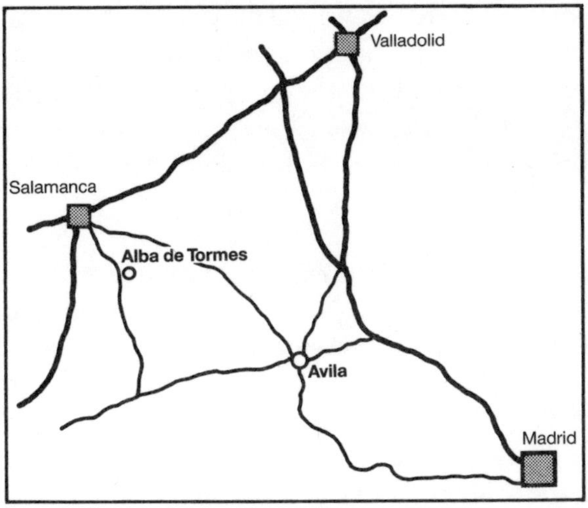

Geographische Skizze: Teresa von Avila starb am 4. Oktober 1582 in dem heute über 4000 Einwohner zählenden Städtchen Alba de Tormes in der Nähe von Salamanca/León. Sie hat in dem von ihr 1571 gegründeten Kloster des Convento de Carmetitas Descalzas unter dem Hauptaltar der Klosterkirche ihre letzte Ruhestätte erhalten.

Diese durchaus berechtigten Fragen lassen sich nicht beantworten, ohne den nüchternen, medizinischen Befund über das Herz Teresas zur Kenntnis genommen zu haben, das wenige Tage nach ihrem Tod (am Abend des 4. Oktober 1582) aus ihrer Brust herausgenommen wurde und heute noch unversehrt in einem Kristallgefäß in der Klosterkirche des Convento de Carmelitas Descalzas (Kloster der unbeschuhten Karmelitinnen) im spanischen Alba de Tormes zur Verehrung gezeigt wird.

Über den heutigen Zustand und medizinischen Befund des Herzens der Karmelitin Teresa von Avila schreibt der Herausgeber der teresianischen Werke:

> „Noch jetzt sind an dem unverwesten Herzen der heiligen Theresia, das im Kloster der unbeschuhten Karmelitinnen zu Alba de Tormes in einem sehr kostbaren Reliquiarium aufbewahrt wird, die Zeichen der durch den Engel bewirkten Verwundung, die nicht bloß eine geistige, sondern zugleich auch eine körperliche war, zu schauen. Man sieht nämlich an diesem Herzen ganz deutlich außer mehreren kleinen Öffnungen, die wohl von verschiedenen Verwundungen herrühren mögen, eine große Wunde, die wenigstens fünf Zentimeter lang und sehr tief ist und an den Rändern mehrere Brandmale erkennen läßt. Das Kristallgefäß, worin dieses Herz verschlossen wurde, ist schon einigemal zersprungen, und es entströmen ihm wunderliebliche Wohlgerüche, die heute noch durchdringend sind."[82)]

Angesichts dieser Fakten – fünf Zentimeter lange und drei Zentimeter breite Narbe einer Herzwunde, die von einem Messerstich stammen könnte und deren Wundränder wie durch glühendes Eisen verkohlt sind –, die nicht erst dem nach dem Tod heraussezierten Herzen Teresas zugefügt wurden, stehen Medizin wie Mystik vor einem Bündel ungelöster Fragen: Wie sind Teresa diese Verwundungen während ihres Lebens zugestoßen? Wie konnte sie trotz dieser tödlichen Wunden weiterleben? Wie ist die erstaunliche Übereinstimmung zwischen ihrer eigenhändigen Niederschrift des mystischen Erlebnisses und dem Befund des nach dem Tod heraussezierten Herzens zu erklären?

Totenerweckung des 14-jährigen Hieronymus Genin (1623)

Franz von Sales

Die Zeugenberichte führen ins französische Savoyen, das südlich vom Genfer See liegt. Der reißende, zur Schneeschmelze im Frühjahr oft überquellende Gebirgsfluß Fier, der in die Rhone mündet, ist dem etwa 14-jährigen Hieronymus Genin im Beisein seines Bruders Franz Genin in der Nähe des Dorfes Ornay zum Todesverhängnis geworden.

In den nachfolgenden Zeugenaussagen werden neben den Brüdern und damaligen Gymnasiasten Hieronymus und Franz Genin, gebürtig aus der Pfarrei Saint-Hélène-du Lac in der Diözese Maurienne noch als Hauptpersonen erwähnt bzw. kommen als Zeugen zur Sprache: Pfarrer Claudius Puthod von Les Ollières (im Gebiet von Genf) und sein Vikar Claudius Crozet, der gefürchtete Lateinlehrer; außerdem Herr Alexander Raphin aus dem Nachbardorf Ornay, der als Rettungstaucher bei der Suche des Ertrunkenen behilflich war.
Das Unglück ereignete sich beim Überschreiten des Flusses Fier am 30.

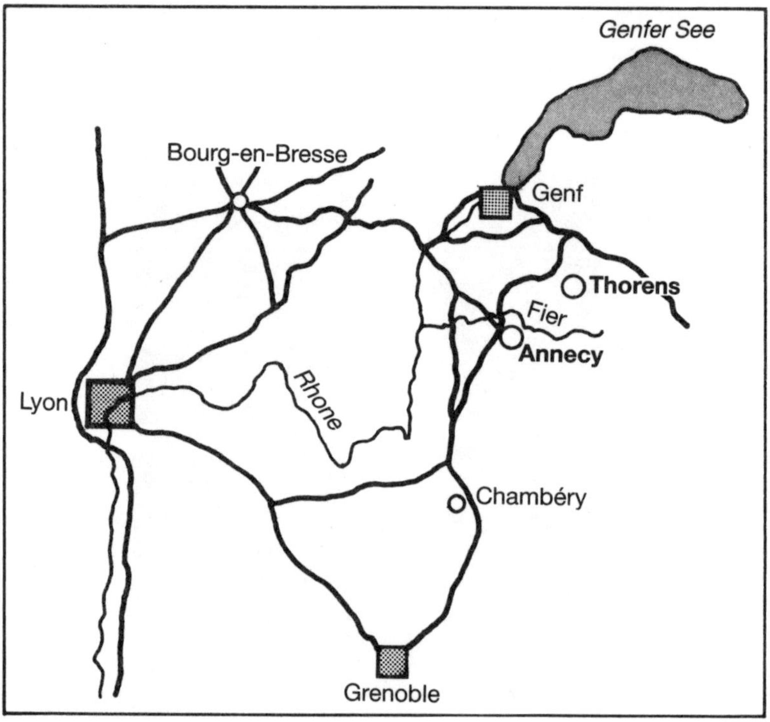

April 1623. Die Totenerweckung vollzog sich am späten Vormittag des folgenden Tages, des 1. Mai 1623. Das Wunder ereignete sich auf Fürbitte des (damals) seligen Bischofs von Genf Franz von Sales, der ein savoyardischer Heimatsohn war (geboren am 21. April 1561 auf Schloß Sales bei Thorens, gestorben am 28. Dezember 1622 in Lyon) und seine letzte Ruhestätte in Annecy erhalten hat.
Das Wunder der Totenerweckung wurde nach gründlicher Untersuchung für die Heiligsprechung anerkannt und in der Kanonisationsbulle (1665) des Papstes Alexander VII. (1655/67) ausdrücklich erwähnt. An den Heiligsprechungsfeierlichkeiten in Annecy (Mai 1665) nahm auch der auferweckte Hieronymus Genin teil. Er wurde später Priester und wirkte in seiner Heimatdiözese Maurienne als Pfarrer von La Rochette wie auch als Richter am kirchlichen Gericht.[83)]

■ Zeugenaussage des Bruders des Auferweckten, Herrn Franz Genin, Steuereinnehmer und Amtsschreiber von Saint Hélène-du-Lac in der Diözese St. Jean de Maurienne/Savoyen:

„Im Jahre 1623 wohnten mein Bruder Hieronymus und ich bei Herrn Claudius Puthod, Pfarrer von Les Ollières im Gebiet von Genf, Diözese Genf. Unsere Eltern hatten uns dort in Pension gegeben, damit wir unter Anleitung des Herrn Claudius Crozet, des Vikars von Herrn Puthod, Latein lernen sollten.

Am letzten Tage des Monats April im Jahre 1623 war mein Bruder schwer von dem Herrn Claudius Crozet gezüchtigt worden, weil er seine Lektionen nicht gut gelernt hatte. Darauf faßten mein Bruder und ich den Entschluß, zu unseren Eltern zurückzukehren. Am gleichen Tage, ohne irgend jemand unser Vorhaben mitzuteilen, gingen wir am frühen Morgen los und kamen an den Fluß Fier, der von Les Ollières ungefähr drei kleine Meilen entfernt ist.

Wir fanden den Fluß außerordentlich angeschwollen von dem Schnee, der einige Tage vorher reichlich gefallen war. Und da wir ihn auf drei Planken überschreiten mußten, die in keiner Weise aneinander befestigt waren, zögerten wir darüberzugehen, aus Furcht für unser Leben. Aber die Angst, wieder in die Hände des Herrn Crozet zu fallen, ließ uns diese Furcht überwinden. Jedoch, bevor wir es wagten, fühlten wir uns angetrieben, uns der Fürbitte des ehrwürdigen Dieners Gottes Franz von Sales zu empfehlen, und nachdem wir uns hingekniet hatten, machten wir das Gelübde, wir würden, wenn wir unter seinem Schutze über den Fluß kämen, sein Grab besuchen und die Messe in der Kirche der Heimsuchung hören, in der sein Leib ruht.

Nach diesem Gelübde wollte mein Bruder, welcher der ältere war, als erster hinübergehen, und er sagte mir, ich solle es unter keinen Umständen wagen hinüberzugehen, bis er nicht auf dem anderen Ufer sei. Er befürchtete, durch die Bewegung der schwankenden Bretter könnten der eine oder andere oder sogar wir beide zusammen in den Fluß fallen. Ich blieb also am Ufer, während er fast bis zur Mitte des Flusses gelangte, wo er schwindlig wurde und daneben trat und mit dem Gesicht auf die Bretter fiel und mit lauter Stimme rief: ‚Seliger Franz von Sales, rette mich!‘ Ich hörte dies sehr genau. Ich eilte zwei oder drei Schritte auf die Bretter, um zu versuchen, meinem Bruder zu Hilfe zu kommen, soweit mein Alter und meine Kräfte es mir erlauben mochten. Aber vergebens! Denn im gleichen Augenblick fiel mein Bruder in den Fluß. Ich selbst war so erschrocken über seinen Fall, daß ich selbst auch auf die Bretter fiel, und ich war ebenfalls in Gefahr, das Leben zu verlieren. Da ich aber ziemlich nahe am Ufer war, rutschte ich, nachdem ich mehrere Male

den Diener Gottes angerufen hatte, indem ich schrie: ‚Seliger Franz von Sales, rette mich', auf dem Bauche bis zum Ufer, von dem ich hergekommen war, und nachdem ich mich aufgerichtet hatte, betrachtete ich den Lauf des Flusses, ob ich meinen Bruder sähe. Ich lief sogar das Ufer entlang ungefähr zweihundert Schritte, weinte und rief: ‚Mein Bruder, mein Bruder!' Aber ich konnte nichts anderes sehen als meinen Hut, der auf dem Wasser schwamm, und der war schon sehr weit von mir weg.
Da ich sah, daß Weinen nichts nützte, kehrte ich nach Les Ollières zurück, um Herrn Puthod unser Unglück zu melden. Wie ich nun durch das Dorf Ornay ging, fragten mich einige Leute, die mich weinen sahen, nach dem Grunde meiner Tränen. Als ich es ihnen erzählt hatte, eilten sie an das Ufer des Flusses, während ich nach Les Ollières ging. Da ich weder Herrn Puthod noch Herrn Crozet fand, mußte ich bis zum Nachbardorf weitergehen, um Hilfe zu holen und zu bestellen, man möchte den genannten Herren Puthod und Crozet Bescheid von dem Unglück geben, das meinem Bruder zugestoßen sei, wenn sie wieder zurückkämen.
Darauf kehrte ich wieder an den Fluß zurück. Ich fand dort mehr als dreißig Personen. Mehrere sagten mir, *sie suchten schon über drei Stunden,* ohne meinen Bruder entdecken zu können. Einige Zeit später sah ich einen gewissen Alexander Raphin kommen, begleitet von seinem Sohn und mehreren anderen aus dem Dorfe Ornay. Man sagte mir, er sei der beste Taucher in der ganzen Gegend. Er pflegte zu tauchen und die Leichen der Ertrunkenen aus dem Fluß zu holen. Er habe schon eine ganze Anzahl solcher ans Land gebracht. Ich bat ihn unter heißen Tränen, meinen armen Bruder zu suchen, und ich versprach ihm, der Herr Pfarrer von Les Ollières, bei dem ich in Pension sei, werde es ihm reichlich wiedergutmachen.
Mehrere von den Anwesenden baten ihn ebenfalls darum. Er versprach, es zu tun, und fragte mich, an welcher Stelle mein Bruder hineingefallen sei. Nachdem er sie sich genau angesehen und die Tiefe gemessen hatte, zog er sich aus und sprang ins Wasser, wo er *eine gute Viertelstunde,* indem er immer wieder an die Oberfläche kam, um Luft zu schöpfen, tauchte. Da er nichts fand, stieg er aus dem Wasser, wobei er sagte, daß er nicht länger darin habe bleiben können.
Nachdem er sich wieder angezogen und ein wenig Wein genommen hatte, wollte er gehen. Aber ich weinte so sehr, und diejenigen, die dabeistanden, baten ihn so dringend, daß er versprach, von neuem zu tau-

chen und nicht eher zu gehen, als bis er die Leiche meines Bruders gefunden habe. So sprang er, *nachdem er sich lange ausgeruht hatte,* an derselben Stelle wiederum ins Wasser und suchte nach allen Seiten. Dann ging er ein großes Stück weiter hinunter, ohne Erfolg, und gezwungen, aus dem Wasser zu steigen und seine Kleider wieder anzuziehen, sagte er von neuem, das Wasser sei zu kalt, als daß er noch länger suchen könne. Dann gingen alle, die herbeigekommen waren, mit dem Herrn Raphin den Fluß hinunter und hielten Ausschau, wo etwa der Körper festgehalten sein könnte.
Schließlich, *nach einer Stunde Suchen ungefähr,* stießen sie in dem Dreh einer Krümmung des Flusses auf einen außergewöhnlich tiefen Kolk. Und der Herr Raphin und die anderen meinten, daß er vielleicht in diesem Wasserloch festliege. Darum entkleidete er sich wieder, und, nachdem er sehr lange getaucht hatte, kam er wieder hoch und rief: ‚Ich habe ihn gefunden!' Dann stieg er aus dem Wasser und sagte, er könne nicht mehr, er müsse sich erst erholen, dann werde er nochmals tauchen und ihn bergen. Das tat er, er brachte ihn an einem Arme hoch unter sehr großer Anstrengung. Der Sohn des genannten Raphin stürzte sich ins Wasser, um seinem Vater zu helfen, und stieß den Körper vor sich her. Sobald er aus dem Wasser war, legte man ihn auf die Erde. Ich sah ihn so aufgedunsen und häßlich, daß er nicht mehr zu erkennen war. Die Anwesenden alle, weil sie ihn bewegungslos, ganz zerstoßen und blau sahen, sagten, er sei tot. Dann nahm ihn sich der Herr Raphin auf die Schulter und trug ihn in das Dorf Ornay und legte ihn in einer Scheune auf die Erde. Da aber der Herr Pfarrer von Ville gekommen war und ihn lange betastet hatte und keinerlei Bewegung feststellte, sagte er laut: ‚Er ist tot, daran kann man nicht zweifeln. Trotzdem, weil er bei Herrn Pfarrer von Les Ollières wohnt, kann man ihn nicht beerdigen, bevor dieser benachrichtigt ist und über das Begräbnis verfügt hat.'
Infolgedessen wartete man bis zum folgenden Tag. Inzwischen ließ Herr Pfarrer schon auf dem Kirchhof das Grab ausheben an der von ihm bezeichneten Stelle. Er fragte mich, ob es lange her sei, daß mein Bruder Hieronymus gebeichtet habe. Ich antwortete ihm, ich hätte gesehen, wie er am letzten Karsamstag bei Herrn Pfarrer von Les Ollières beichtete. Mittlerweile war dieser Pfarrer selbst angekommen, und als er diesen armen Leichnam sah, kniete er sich hin und betete sehr lange. Als er sich dann erhob, ging er auf mich zu und sagte mir diese Worte: ‚Wenn du und dein Bruder gehorsamer gewesen wäret, würden du und ich we-

niger Leid haben.‘ Er sagte mir, ich solle mit ihm zu Herrn Pfarrer von Ville gehen, und bat diesen Herrn Pfarrer um den Trost, am nächsten Morgen das Beerdigungsamt halten zu dürfen. Dieser war einverstanden und lud uns zum Abendessen ein.
Während der Mahlzeit ließen sie sich von mir alle Einzelheiten des Unglücks erzählen. Ich erwähnte ihnen in besonderer Weise das Gelübde, das mein Bruder und ich dem Diener Gottes gemacht hatten. Darauf versicherte Herr Puthod, er habe sich, während er bei der Leiche betete, angetrieben gefühlt, Gott zu bitten, auf die Verdienste seines Dieners Franz von Sales diesem jungen Menschen, der seiner Obhut anvertraut worden war, das Leben wiederzugeben, und daß, wenn die göttliche Güte sein Gebet erhören würde, er gelobt habe, an neun Tagen nacheinander in der Kirche, in welcher der Leib des Dieners Gottes ruht, die hl. Messe zu lesen. Gegen Ende des Abendessens kam ein gewisser Stephan Gonet aus Annecy und wollte Herrn Pfarrer von Ville fragen, ob er etwas nach Annecy mitzunehmen habe. Herr Puthod, der Pfarrer von Les Ollières, kannte den Herrn Gonet und erzählte ihm die Bedrängnis, in der er sich befand, und von den Gelübden, die mein Bruder und ich und später er dem Diener Gottes gemacht hätten. Dann bat er ihn, er möge, wenn er nach Annecy gekommen sei, noch bevor er in sein eigenes Haus trete, so freundlich sein und die genannten Gelübde am Grabe des Dieners Gottes darbringen. Der Herr Gonet versprach es, er fügte sogar hinzu, er werde eine Messe in dieser Meinung lesen lassen.
Nach dem Abendtisch gingen die beiden Pfarrer in die Scheune, in welcher der Leichnam lag. Sie ließen Weihwasser bringen und beteten die Totenvigil. Ich ging mit ihnen und wollte bleiben und die ganze Nacht bei meinem armen Bruder wachen. Aber der Herr Puthod wollte es mir nicht erlauben. Er brachte mich ins Haus des Pfarrers von Ville zurück, wo ich schlief und erst ziemlich spät aufstand wegen meiner großen Müdigkeit. Sobald ich aufgestanden war, kehrte ich mit Herrn Puthod in die Scheune zurück. Ich fand die Leiche meines Bruders noch unförmiger und häßlicher als am Vorabend. Herr Puthod betete sehr lange und ging dann.
Eine Stunde später kam er zurück mit dem Herrn Pfarrer von Ville. Sie hatten Rochett und Stola angelegt und kamen mit Kreuz und Weihwasser, um die Leiche zur Beerdigung abzuholen. Jedoch in dem Augenblick, wie man sie in einen Sarg legen wollte (nach der Gewohnheit jener Gegend, wo man die Leichen von Ertrunkenen erst dann in den

Sarg legt, wenn man sie zur Beerdigung heraustragen will), erhob mein Bruder einen Arm. Ich hörte ihn klagen und diese Worte sprechen: ‚O seliger Franz von Sales!' Über diese Worte waren alle Anwesenden derart entsetzt, daß die einen davonliefen, andere in Ohnmacht fielen und die mutigsten riefen: ‚Ein Wunder, ein Wunder!'
Die beiden Herren Pfarrer faßten meinen Bruder an der Hand und hoben ihn hoch. Er war nun nicht mehr häßlich und unförmig, wie einen Augenblick vorher, sondern hatte sein gewöhnliches Gesicht. Als Herr Puthod ihn fragte, ob er ihn kenne, gab er diese Worte zur Antwort: ‚Ich kenne den seligen Franz von Sales, er ist mir erschienen und hat mir seinen Segen gegeben.'
Man ließ Wein bringen. Er wusch sich Sand aus dem Mund, den Augen, Ohren, der Nase. Man gab ihm ein Hemd. Man konnte feststellen, daß er an mehreren Stellen zerstoßen war. Mit geliehenem Zeug kleidete man ihn an. Seine eigene Kleidung war ganz naß und voller Schmutz. Danach erzählte er, wie ihm im Augenblick, in dem er erweckt wurde, der Diener Gottes in bischöflichem Gewand erschien, so wie er auf unsern Bildern gemalt ist, und habe ihm seinen Segen gegeben. Er habe ein strahlendes Antlitz gehabt und ihn sanft und gütig angeschaut. Darauf zogen wir uns mit dem Herrn Puthod nach Les Ollières zurück. Als wir angekommen waren, strömte alles zur Kirche, wo Herr Puthod das Tedeum anstimmte. Vom Abend dieses Tages an aß und trank mein Bruder wie gewöhnlich. Wahr ist, daß er in der Nacht über heftige Schmerzen an den Schenkeln, den Armen und Füßen klagte, und der Herr Puthod und ich sahen die Verletzungen an seinen Gliedern. Die Schmerzen dauerten bis zu dem Tage, an dem Herr Puthod uns nach Annecy brachte, um unsere Gelübde am Grabe des Dieners Gottes einzulösen (4. Mai). Als wir in die Kirche der Heimsuchung gekommen waren, ließ Herr Puthod meinen Bruder sich auf das Grab des Dieners Gottes legen. Nachdem er ungefähr eine halbe Viertelstunde darauf gelegen hatte, erhob er sich mit ungewöhnlichem Schwung, indem er sagte, die heftigen Schmerzen, an denen er vorher gelitten hatte, seien mit einem Schlage weg.
Herr Puthod ließ eines der Hosenbeine hochziehen, und wir fanden, daß alle seine Verletzungen geheilt waren. Als wir in den Gasthof zurückgekehrt waren und Herr Puthod ihn sich entkleiden ließ, stellten wir fest, daß ihm keine Spur von all seinen blutunterlaufenen Stellen geblieben war. Sein Körper war genauso gesund und unverletzt wie vor dem Sturz.

Wir blieben in dieser Stadt die ganzen neun Tage. Wir hörten dort die neun Messen, die Herr Puthod in der Kirche feierte. Nach dieser Novene kehrten wir sehr getröstet nach Les Ollières zurück. Die Erinnerung an das Wunder ist meinem Geist so tief eingeprägt geblieben, daß kein Tag vergeht, an dem ich Gott nicht dafür danke und mich der Fürbitte seines Dieners empfehle."[84)]

■ Zeugenaussage des H. H. Kanonikus Claudius Puthod bei der Vorladung in Annecy, im Jahr des Wunders der Totenerweckung von Les Ollières:

„Am 29. April kehrte ich aus dieser Stadt Annecy in mein Pfarrhaus von Les Ollières zurück ... Hieronymus und Franz Genin, die beiden jungen Schüler waren ungefähr 13 bis 14 Jahre alt, gebürtig aus der Pfarrei Sainte-Hélène-du-Lac in der Diözese Maurienne. Ihre Eltern hatten sie bei mir in Pension gegeben, damit sie unter Anleitung des Herrn Crozet die lateinische Sprache erlernen sollten ...

Am folgenden Morgen, dem 30. April, brach ich kurz vor Beginn des Tages auf, um nach Thorens zu gehen, das ungefähr eine Meile von meiner Pfarrei entfernt liegt. Ich kehrte am gleichen Tag nach Les Ollières zurück, wo ich gegen 5 Uhr nachmittags ankam. Da stürzte der Küster der Pfarrei, namens Bénestier, auf mich zu und sagte mir, kurz nachdem ich nach Thorens gegangen sei, habe mein Vikar, Herr Crozet, den jungen Hieronymus Genin so heftig geschlagen, weil er nicht gut gelernt und seinen Aufsatz nicht gut geschrieben habe, daß Hieronymus und sein Bruder Franz, als Herr Crozet gegangen war, um einen Nachbarpfarrer zu besuchen, sich, ohne etwas zu sagen, auf- und davongemacht hätten, und daß, als sie über den Fluß Fier gehen wollten, in der Nähe des Dorfes Ornay, Hieronymus hineingefallen und ertrunken sei, ohne daß sein Bruder ihm habe helfen können. Den Küster hatte von dem Unglück Franz selbst in Kenntnis gesetzt, der nach Les Ollières gekommen war, um mich und meinen Vikar zu unterrichten. Da er aber weder den einen noch den andern fand, war er mit mehreren meiner Pfarrkinder zurückgegangen, um seinen Bruder in dem Fluß zu suchen, und war noch nicht wieder zurückgekommen.
Diese Nachricht überraschte mich aufs äußerste und zwang mich, sofort, ohne erst ins Pfarrhaus zu treten, nach Ornay zu eilen, wo ich

gegen 6 Uhr abends ankam. Ich ging in eine Scheune, wo, wie man mir sagte, ich die Leiche des Hieronymus finden würde, die man kurz zuvor aus der Tiefe des Wassers gezogen hatte. Ich sah ihn wirklich lang auf dem Boden liegen und fand ihn so verunstaltet, daß ich ihn, wenn ich von dem Unglück nicht gewußt hätte, durchaus nicht wiedererkannt haben würde.

Ich sah auch Franz Genin, der bei dem Leichnam weinte. Als er mich sah, fiel er mir an die Brust und sagte: ‚Ach, Herr, mein Bruder ist tot!'

Ich wurde zur gleichen Zeit innerlich stark angeregt, Gott und seinem Diener Franz von Sales zu versprechen, daß ich, wenn es der göttlichen Güte gefallen würde, zur Verherrlichung dieses seines wahren Dieners diesem Leichnam das Leben wiederzugeben, neun Tage in dieser Stadt Annecy bleiben würde, um an ihnen neun Messen in der Heimsuchungskirche zu feiern, wo sein Leib ruht. Ich machte dieses Gelübde in der Scheune, nachdem ich ein De profundis (= Ps 129) für die Seelenruhe des Jünglings gebetet hatte.

Darauf ging ich hinaus und zum Pfarrhaus der Pfarrei Ville, um dem Herrn Pfarrer einen Besuch zu machen, der mich zum Abendessen und für die Nacht einlud. Nach dem Essen beteten wir zusammen in der Scheune bei der Leiche das Totenoffizium. Die Nacht war schon gefallen. Dann kehrten wir zurück, um zu schlafen. Am folgenden Morgen kehrte ich gegen 6 Uhr in die Scheune zurück. Ich fand dort den Herrn Franz Genin und wies ihn an, sich noch schlafen zu legen bis zur Beerdigung seines Bruders. Ich blieb in dieser Scheune ungefähr zwei Stunden, in denen ich mein Brevier betete und mein oben berichtetes Gelübde erneuerte. Von dort ging ich in die Pfarrkirche, wo ich bei der heiligen Messe diente, die der Herr Pfarrer dort für den Verstorbenen zelebrierte. Danach beichtete ich bei ihm, und, da er mir erlaubt hatte, das Sterbeamt zu halten und die Beerdigung vorzunehmen, bereitete ich mich auf die heilige Messe vor. Dann gingen wir in Rochett und Stola mit dem Kreuz voraus, um die Leiche abzuholen. Mehrere Personen, die wir in der Scheune fanden, sagten uns, daß man es in der Nähe der Leiche nicht mehr aushalten könne, so übel rieche sie.

Sobald wir die Scheune (nach der Einsegnung der Leiche) unter dem Gesange der gewöhnlichen Psalmen verlassen hatten, hörte ich einen wirren Lärm, der von den 30 oder 40 Personen dieser Pfarrei herkam, die sich zur Teilnahme an dem Begräbnis versammelt hatten. Wir mußten stehenbleiben und hinter uns schauen. Da sah ich diese versammel-

ten Gläubigen, die einen auf den Knien, andere die Arme zum Himmel erhoben, die meisten schrien: ‚Ihr Herren, herbei! Der Tote ist auferweckt!‘ Ich kehrte in die Scheune zurück und ging sogleich auf den Körper zu, dessen Gesicht schon von einem der Beistehenden freigemacht war. Ich war erstaunt aufs äußerste, diesen jungen Mann voller Leben zu sehen. Sein Gesicht war so wie vor seinem Tode, die Augen offen, die Stimme ziemlich fest, besonders als ich ihn fragte, ob er mich nicht kenne. Er antwortete mir: ‚Ich kenne den seligen Franz von Sales, durch den ich auferweckt bin; und ich kenne auch Sie, Herr Pfarrer.‘ Als ich ihn auf seinen Füßen stehen sah und wie er zu gehen anfing, da packte mich, ich gestehe es, ein solcher Schrecken, daß ich mich nicht auf den Füßen halten konnte. Ich mußte mich also auf die Knie fallen lassen. Mehrere der Anwesenden lagen ebenfalls da, das Gesicht zur Erde. Ich kann darüber nichts anderes sagen als nur diese Worte des Evangelisten: Stupor apprehendit omnes (Entsetzen packte alle; Lk 5,26).
Nachdem ich mich endlich ein wenig von meinem Staunen erholt hatte, hörte ich Hieronymus Genin um Wasser bitten, um sich seinen Mund zu waschen, weil er, wie er sagte, voll von Sand sei. Man brachte ihm Wein, womit er sich den Mund, die Augen und Ohren wusch. Man ließ ihn ein anderes Hemd anziehen, und ich bemerkte, daß er an mehreren Stellen, auf den Schenkeln, den Füßen und Armen, blutunterlaufene Stellen hatte. Er beklagte sich auch wirklich über Schmerzen, die er fühlte. Man zog ihm Kleider an, die einer der Nachbarn ihm lieh. Die seinen waren noch naß und schmutzbedeckt. Ich gab dem genannten Alexander Raphin zwei Vierteltaler als Entgelt für die Mühen, die er, wie er und mehrere andere mir sagten, sich *ungefähr vier Stunden* an dem Fluß gegeben hatte.
Der Herr Pfarrer von Ville drängte uns sehr freundlich, bei ihm zum Essen zu bleiben. Aber die Eile, die ich hatte, den Auferweckten in meine Pfarrkirche zu bringen, um dort Gott zu danken für dieses große Wunder und um es meinen Pfarrkindern zu verkünden, ließen mich die Einladung nicht annehmen. Ich verabschiedete mich von ihm und der ganzen Gesellschaft, indem ich allen für die Liebe dankte, die sie Hieronymus Genin erwiesen hatten. Franz, sein Bruder, und ich kehrten zu Fuß nach Les Ollières zurück.
Das erste, was wir taten, war, wir gingen in die Kirche, wo ich mit der Glocke läutete, um meine Pfarrkinder zusammenzurufen. Mein Vikar, Herr Crozet, war einer der ersten, der kam. Ihm folgten manche andere,

denen ich das Wunder erzählte. Ich ermahnte sie, so gut ich konnte, den Diener Gottes Franz von Sales zu verehren, auf dessen Verdienste dieses Wunder gewirkt worden war. Dann stimmte ich das Tedeum an, das zur Danksagung gesungen wurde. Danach gingen wir ins Pfarrhaus, wo Hieronymus aß und trank wie sonst auch. In der folgenden Nacht fühlte er stärker die Schmerzen, welche ihm die verletzten Stellen verursachten, mit denen seine Schenkel, Füße und Arme bedeckt waren. Das hinderte ihn jedoch nicht, am andern Morgen aufzustehen und an seine gewohnte Arbeit zu gehen. Ich vergaß zu sagen, daß ich niemals gehört habe, daß Hieronymus, nachdem er aus dem Fluß gezogen war, Wasser ausgestoßen oder gebrochen hätte.
Am 4. Mai des genannten Jahres 1623 machten die Brüder Hieronymus und Franz Genin und ich uns gegen 5 Uhr morgens auf den Weg, um uns zur Erfüllung unserer Gelübde in diese Stadt Annecy zu begeben, zum Grabe des Dieners Gottes Franz von Sales.
Wir kamen dort gegen 9 Uhr morgens an. Ich feierte die hl. Messe, die erste der neun, die ich versprochen hatte, dort zu feiern. Ich reichte in ihr Hieronymus und Franz Genin die hl. Kommunion, und sofort, nachdem ich in der Sakristei meine Danksagung beendet hatte, ließ ich Hieronymus sich mit seiner ganzen Länge auf das Grab des Dieners Gottes hinlegen. Er blieb so ungefähr eine halbe Viertelstunde, währenddessen ich mit seinem Bruder Franz auf den Knien blieb. Am Ende dieser Zeit erhob er sich mit einem ungewöhnlichen Schwung, indem er uns genau diese Worte sagte: ‚Durch die Barmherzigkeit unseres Herrn sind meine Schmerzen plötzlich verschwunden.' Aus diesem Grunde wollte ich seine Füße, seine Schenkel, seine Arme nachsehen, die ich an diesem selben Tage, bevor wir von Les Ollières fortgingen, noch ganz schwarz und blau gesehen hatte. Darum ließ ich ihn eines seiner Hosenbeine hochziehen, und ich sah, daß sein Fuß ohne jede schwarze und verletzte Stelle war.
Ich dankte Gott für diese Gnade. Und als wir in den Gasthof zurückgekehrt waren, untersuchte ich nochmals seinen ganzen Körper, und ich fand ihn ebenso gesund wie vor dem Sturz in den Fluß.
Wir blieben in Annecy die ganzen neun Tage, an denen ich die gelobten neun Messen zelebrierte. Danach kehrten wir nach Les Ollières zurück, wo die beiden Brüder bis zum Michaelifest blieben. Zu diesem Zeitpunkt ließen ihre Eltern sie abholen, um sie auf das Kolleg von Chambéry zu schicken."[85]

Plötzliche Heilung eines von Geburt an taubstummen Mädchens (1624)

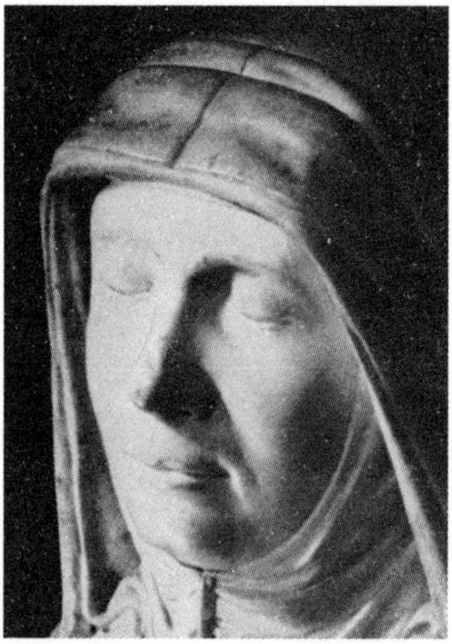

Maria von der Menschwerdung

Die Geschichte dieser Heilung im 17. Jahrhundert spielt sich im Raum von Paris ab. Neben Paris, dem Wohnsitz der Eltern des taubstummen Mädchens, kam dem nordwestlich von Paris gelegenen Städtchen Pontoise eine besondere Bedeutung zu. Nur nebenbei sei erwähnt, daß Pontoise und seine Umgebung im 19. Jahrhundert von berühmten Malern wie Camille Pissaro (1830–1903), Paul Cézanne (1839–1906) wie auch Vincent van Gogh (1853–1890) wiederholt aufgesucht und in weltweit bekannt gewordenen Gemälden festgehalten wurde.

Im Städtchen Pontoise, berühmt durch die Kathedrale Saint-Maclou, der ersten gotischen Kirche der Ile-de France, wie durch die Kirche Notre-Dame, war im dortigen Karmel die Grabstätte der Karmelitin Maria von der Menschwerdung (geboren am 22. Februar 1566, gestorben am 18. April 1618 im Karmel von Pontoise) Ziel vieler Pilger.
Nachdem das von Geburt an taubstumme Mädchen Anna le Signe von verschiedenen, in Paris praktizierenden Ärzten wie Dr. Heronard, Dr. Reguier und dem Professor für Chirurgie, Dr. Robert Vyette, wiederholt

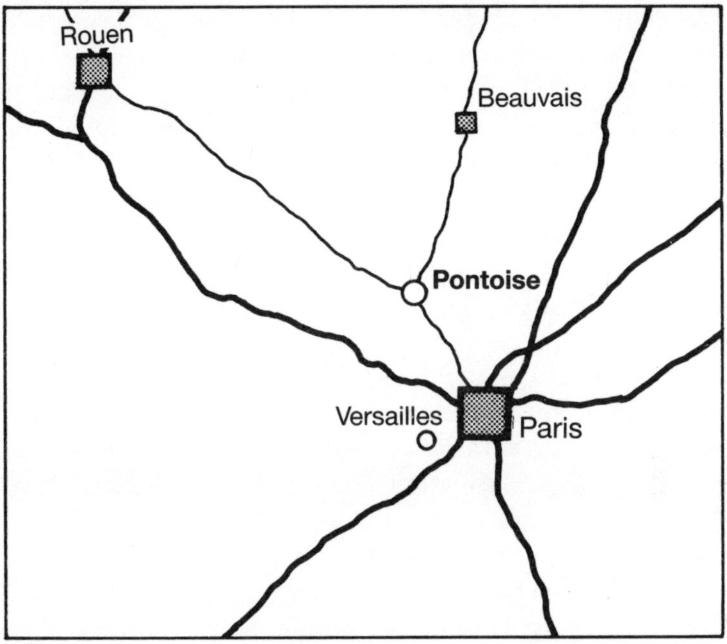

untersucht worden war und eine Heilungsmöglichkeit als unmöglich festgestellt wurde, war es die Großmutter, die eine Initiative des Glaubens ergriff. Diese Großmutter, Frau Maria l'Anglois, begann zusammen mit ihrem Enkelkind im September 1624 am Grab der verstorbenen Karmelitin Maria von der Menschwerdung im Karmel von Pontoise eine Novene um Fürsprache für ihr taubstummes, bereits über siebenjähriges Enkelkind. Was sich noch vor Abschluß dieses neuntägigen Betens ereignete, ist den folgenden Zeugenaussagen zu entnehmen.[86)]

Diese Zeugenaussagen unter Eid wurden während des Apostolischen Prozesses (in Pontoise) im Jahr 1630 und (in Paris) 1631 abgegeben und schriftlich festgehalten. Sie wurden in die Akten der Seligsprechung aufgenommen und gedruckt in der Positio super miraculis (Romae 1790, S. 1–10). Bei der Seligsprechung 1791 wurde die plötzliche Heilung des von Geburt an taubstummen Mädchens Anna le Signe als Wunder anerkannt.

■ Zeugenaussage der Großmutter des geheilten, taubstummen Mädchens, Frau Maria l'Anglois, etwa 63 Jahre alt, während des Apostolischen Prozesses in Pontoise am 2. August 1630:

„Unser Herr hat auf die Fürbitte der sel. Maria von der Menschwerdung, Ordensfrau in diesem Karmelitinnenkloster [von Pontoise], bei meiner Enkelin Anna le Signe, Tochter meines Sohnes Nikolaus le Signe und seiner Gattin Susanna Cuvernon, ein großes Wunder gewirkt. Dieses mein Enkelkind war sieben Jahre alt geworden, ohne auch nur das geringste zu hören oder zu sprechen. Sie war derart taub geboren, daß sie keinerlei Lärm, der bei ihr gemacht wurde, hörte, nicht einmal Paukenschläge oder Büchsenschüsse oder sonstiges, wie laut es auch war, sie hörte einfach gar nichts. Wir taten alles, was in unserer Macht stand, um diesem Übel abzuhelfen.
Da meine Enkelin in Paris lebte, wurde sie von dem Herrn Heronard, einem berühmten Arzt, untersucht, und einem Wundarzt, Herrn Reguier, die erklärten, nachdem sie die Zunge untersucht hatten, das Übel läge nicht bei der Zunge, die Zunge habe kein Zungenbändchen*, man müsse Geduld haben, ein Heilmittel gebe es nicht.
Man sprach damals sehr gut von der sel. Maria von der Menschwerdung, die für eine Heilige gehalten wurde. Ich füge hinzu, daß mein Sohn Anton le Signe, der jetzt Priester ist, damals Sakristan an der Kirche dieses Karmels war, und oft erzählte er mir von Wunderbarem an dem Grabe dieser Seligen, und dann berichtete er mir, daß ein armer Mann, der in dem Haupthospital dieser Stadt lag und dem wegen einer bösartigen Geschwulst, die er an einem Schenkel hatte, das Bein amputiert werden sollte, nach Anrufung der Schwester Maria von der Menschwerdung geheilt worden sei. Dies bewog mich, da ich sah, wie unsere kleine Anna schon sieben Jahre alt geworden war, ohne daß sie einen Ton gehört oder ein einziges Wort gesprochen hatte oder wenigstens etwas, was mit einem artikulierten Worte Ähnlichkeit gehabt hätte, daß ich meine Zuflucht zum Gebet nahm und zu den Verdiensten von Schwester Maria von der Menschwerdung. Ich hatte die Zuversicht, unser Herr würde auf ihre Fürbitte diesem angeborenen Leiden abhelfen.

In dieser Meinung betete ich im Monat September des Jahres 1624. Ich empfahl das Kind der sel. Maria von der Menschwerdung und hielt eine Novene ihr zu Ehren. Ich begann sie an einem Freitag in der Kirche dieses Karmels. Nach einigen Tagen erhörte unser Herr mein Gebet, und zwei oder drei Tage vor Ende meiner Novene fand sich unser Kind geheilt von seinem Leiden, und ganz mit einem Male hatte es das Gehör erhalten, es verstand mit großer Klarheit, was man ihm sagte, und fing zur selben Zeit an zu sprechen, indem es Brot verlangte, seinen Vater, mich, seine Brüder und Schwestern und anderes nannte, und von da an hat es weiter immer gut gehört und gesprochen, wie es das auch zur Zeit tut. Dieses große Wunder an meiner Enkelin ließ mich sofort darauf eine Novene zur Danksagung halten. Alles das, was ich über die Heilung meines Enkelkindes Anna le Signe gesagt habe, wird die ganze Nachbarschaft bestätigen als etwas Allbekanntes, das ein jeder selbst gesehen hat."[87)]

■ Zeugenaussage des Professors der Chirurgie, Dr. Robert Vyette, etwa 74 Jahre alt, während des Apostolischen Prozesses in Pontoise am 7. August 1630:

„Ich kenne sehr gut Anna le Signe, Tochter von Nikolaus le Signe und von Susanna Cuvernon, weil ich der nächste Nachbar des verstorbenen Vaters von Nikolaus le Signe gewesen bin und sehr vertraut war mit seiner Familie. Außerdem habe ich die Mutter von Nikolaus le Signe, Maria l'Anglois, als sie Witwe geworden war, geheiratet. Darum bin ich bestens darüber im Bilde, daß Anna le Signe taub geboren worden ist und daß sie bis zum Alter von etwa siebeneinhalb Jahren nicht gehört und nicht gesprochen hat. Ihre Taubheit war so groß, daß sie auch das allerstärkste Geräusch nicht hörte.
Ich weiß, daß ihre Eltern in Paris mit ihr zu verschiedenen Ärzten und Wundärzten gegangen sind, um zu sehen, ob es für sie eine Hilfe gebe. Auch ich wurde geholt, um sie zu untersuchen. Ich habe ihre Zunge untersucht und gesehen, daß die Stummheit nicht von der Zunge her kommen könne, sondern nur von der Taubheit. Denn die Zunge war sehr gut gebildet und ohne Zungenbändchen. Darum habe ich wie alle anderen, die sie untersucht haben, nie geglaubt, daß es gegen ihre Krankheit ein Heilmittel gebe.
Gegen den September des Jahres 1624 brachten die Eltern ihre Tochter Anna von Paris in diese Stadt Pontoise, um sie der sel. Maria von der Menschwerdung zu empfehlen. Die genannte Maria l'Anglois, die damals noch nicht meine Gattin war, hat mir viele Male erzählt, wie sie eine Novene in dieser Kirche gelobt habe, und ich selbst habe sie ihre Novene halten gesehen, daß Gott auf die Verdienste und Gebete der sel. Schwester Maria von der Menschwerdung ihrer Enkelin Anna die Gabe zu hören und zu sprechen gewähren möge. Sie nahm das Kind während der Novene mit in die Kirche und ließ es dabei sein. Sie hielt mehrere Tage

ihre Novene, bis zwei oder drei Tage vor Schluß Anna ganz plötzlich in einem Augenblick von Gott die Fähigkeit zu hören und zu sprechen empfing.
Anna rief mit Namen Vater und Mutter, ihre Brüder und Schwestern und antwortete auf das, was ihr gesagt wurde.
Von da an hat sie stets gut gehört und gesprochen wie auch jetzt noch.
Nach meiner Meinung handelt es sich um ein wirkliches Wunder, weil das Kind taub geboren war, und da findet sich nichts, was uns glauben lassen könnte, die Natur habe nach so langer Zeit in einem Augenblick diesen Defekt beheben können, zumal weder bei dem Geschehen noch vorher irgend etwas sich abgespielt hat, wodurch das natürliche Hindernis beseitigt worden wäre."[88]

■ Zeugenaussage des Herrn Jakob Gruel, 45 Jahre alt, der im Hause der Großmutter des geheilten Mädchens, Frau Maria l'Anglois, wohnte, während des Apostolischen Prozesses in Pontoise am 7. August 1630:

„Im Laufe der zwei Jahre, die ich in dem Anwesen von Maria l'Anglois wohnte, die in erster Ehe mit Peter le Signe vermählt war, – es sind jetzt vier oder fünf Jahre her – wirkte Gott ein großes Wunder bei Anna le Signe, Tochter des Kupferschmiedes Nikolaus le Signe in Paris. Dieses kleine Mädchen hielt sich bei ihrer Großmutter l'Anglois auf, deren Wohnung an meine stieß.

Das Mädchen war sieben Jahre alt geworden, hörte aber und sprach gar nichts. Es war in so großer Taubheit geboren, daß keinerlei Lärm, auch wenn er nah bei ihren Ohren gemacht wurde, sie irgendwie bewegte. Die Großmutter, die dieses Leid beständig vor Augen hatte, ertrug es mit Ungeduld. Sie kam auf den Gedanken, das Erbarmen Gottes zu erflehen durch die Fürbitte der sel. Schwester Maria von der Menschwerdung. Sie hielt eine Novene bei ihrem Grabe, und diese war noch nicht beendet, da hörte Anna le Signe das, was man ihr sagte, sie fing an zu sprechen und um Brot zu bitten, während sie vorher durch Zeichen zu verstehen gab, was sie haben wollte. Und von da an hat sie immer gehört und gesprochen wie auch heute noch."[89]

■ Zeugenaussage der Frau Peretta Tavernier, Witwe des Herrn Robert Cournau, etwa 60 Jahre alt, während des Apostolischen Prozesses in

Pontoise am 7. August 1630 (sie weist ausdrücklich darauf hin, daß sie das erkrankte wie das geheilte Enkelkind ihrer Nachbarin, Frau Maria l'Anglois wiederholt gesehen und gehört hat):

„Seit langem bin ich Nachbarin von Frau Maria l'Anglois. Ich habe bei ihr wohnen gesehen ihr Enkelkind Anna le Signe, das bis zum Alter von sieben und mehr Jahren niemals ein Wort gesprochen hat, taub von Geburt an war und sich mit Zeichen verständigen mußte. Das war allgemein bekannt.
Die Großmutter ließ beim Grabe der sel. Schwester Maria von der Menschwerdung eine Novene halten hier in dieser Kirche, damit es Gott gefallen möge, mit dem Auge seines Erbarmens und seiner Barmherzigkeit auf Anna zu schauen, die in der Gefahr war, unglücklich zu werden und ihr Leben zu verfluchen, wenn sie taub und stumm bleiben würde. Die Großmutter hatte die Novene noch nicht beendet, als Anna zu sprechen anfing, um Brot bat und viele andere französische Worte aussprach, in dem Maße, wie sie sie vorgesprochen hörte.
Das ist ein ganz großes Wunder, besonders deshalb, weil Anna plötzlich und ohne daran zu denken, das geschenkt bekam, was ihr die Natur bei der Geburt versagt hatte. Dieses Geschehnis ist, neben zahllosen anderen Wundern, jedermann wohlbekannt, und wie ich halten darum alle Einwohner dieser Stadt und der Umgebung ohne Ausnahme die selige Maria von der Menschwerdung für eine große Heilige."[90]

■ Zeugenaussage der Mutter des geheilten Kindes, Frau Susanna Cuvernon, etwa 36 Jahre alt, während des Apostolischen Prozesses in Paris am 9. Januar 1631:

„Meine Tochter ist in einer so großen Taubheit geboren, daß sie auch von dem stärksten Lärm vor ihren Ohren gar nichts hörte. Wir ließen sie von vielen Ärzten und Wundärzten untersuchen, ich führte sie auch nach S. Cosmas, wo die Wundärzte von Paris zusammenzukommen pflegen, um alle möglichen Kranken, die ihnen dort vorgestellt werden, zu beurteilen. Die Zunge war als gesund, unverletzt, wohlgebildet und zungenbandlos befunden, auch die anderen zum Hören und Sprechen erforderlichen Teile des Kopfes wurden untersucht. Man wußte mir keinen anderen Rat zu geben, als Geduld zu haben, indem man sagte, die Mädchen sprächen zu viel.

Gegen September des Jahres 1624 besuchte uns meine Schwiegermutter. Sie nahm unsere Tochter mit nach Pontoise, begann dort sofort eine Novene und führte Anna auch mit zur Messe. An der Novene fehlten noch drei Tage, da empfing meine Tochter ganz plötzlich von Gott die Gnade, daß sie hören und sprechen konnte und Vater und Mutter sagen und die Namen ihrer Schwestern aussprechen und um Brot bitten und das nachsprechen konnte, was ihr vorgesagt wurde, was uns darauf unsere Mutter und andere staunend berichteten und was wir selbst bei der Rückkehr unserer Tochter als völlig wahr feststellten.
Für alle, die sie gekannt haben und von der Wiege an kennen, ist das ein ganz großes und wahres Wunder. Denn meine Tochter ist mit dieser Taubheit geboren, und nichts kann mich dahin bringen zu glauben, daß die Natur in einem Augenblick nach so langer Zeit diese Krankheit hätte heilen können."[91]

■ Zeugenaussage des Vaters der geheilten Tochter, Herrn Nikolaus le Signe, 46 Jahre alt, während des Apostolischen Prozesses in Paris am 11. Januar 1631:

„Meine Tochter Anna hat bis zum Alter von acht oder ungefähr acht Jahren in keiner Weise hören und sprechen können. Der lauteste Lärm vor ihren Ohren wurde von ihr überhaupt nicht empfunden. Es wurde bei ihr von vielen Ärzten und Wundärzten dieser Stadt alles untersucht, was für eine Heilung in Betracht kam. Es fehlte ihr nur das Zungenbändchen.
Wir gaben gegen September 1624 unsere Tochter meiner Mutter, Frau Maria l'Anglois, zu einer Novene in der Kirche nach Pontoise mit. Am fünften oder sechsten Tag fing meine Tochter, wie uns sofort meine Mutter schrieb, plötzlich an zu hören und auch zu sprechen, indem sie Brot verlangte und viele andere Worte aussprach. Wenige Tage nach der Novene ließ ich sie zurückbringen nach Paris in mein Haus, und ich erkannte und stellte fest, daß wahr war, was meine Mutter uns geschrieben hatte, und es ist vollkommen richtig, daß sie spricht nach Belieben und sehr gut hört, was ihr gesagt wird, und sie ist mit den gleichen Arbeiten beschäftigt wie die anderen Mädchen ihres Alters und Standes."[92]

Plötzliche Heilung einer verdorrten Hand (1626)

Stanislaw Kostka

Der Bericht über das Heilungswunder führt nach Polen. Es werden genannt die Städte in Südpolen Przemysl (wo der Apostolische Prozeß durchgeführt wurde) und Jaroslaw.
In der Jesuitenkirche von Jaroslaw wurde damals der mit 18 Jahren verstorbene, polnische Jesuitennovize Stanislaw Kostka (geboren am 28. Oktober 1550 in Rostakova/Masowien, gestorben am 15. August 1568 in Rom) in vielen Nöten und Bedrängnissen um seine Fürsprache angerufen.
Das Grab des 1670 selig- und 1726 heiliggesprochenen Stanislaw Kostka befindet sich in der römischen Kirche Sant' Andrea al Quirinale, wo in der Seitenkapelle links vom Hochaltar seine Reliquien aufbewahrt werden. Durch die Sakristei kommt man in das Sterbezimmer des polnischen Heiligen Stanislaw Kostka.
Der plötzlich geheilte Matthias Textor (unklar ist, ob „Textor" in den kirchlichen Akten als Familienname oder als Berufsbezeichnung „Weber" zu verstehen sei) wohnte mit seiner Frau Agnes in dem Dorf Niewronic, etwa 7 km von Jaroslaw entfernt. Die Zeugenaussagen über

das plötzliche Heilungswunder, das sich am Weihnachtstag, 25. Dezember 1626, ereignete, sind den römischen Kanonisationsakten (Positio super miraculis. Romae 1677, 22–23) entnommen.[93)]

■ Zeugenaussage des geheilten Matthias (Textor), wohnhaft in Niewronic, während des Apostolischen Prozesses in Przemysl, die auch in die römischen Kanonisationsakten aufgenommen wurde und sich dort im „Summarium" finden:

„Im Jahre 1626 wurde meine rechte Hand – ich weiß nicht wodurch – so krank, daß ich sie nicht mehr leicht in meinem Handwerk gebrauchen konnte. Ich konnte sie weder zusammenziehen noch bewegen oder mit ihr das heilige Kreuzzeichen machen. Es kam mir vor, als ob ich ein sehr schweres, nutzloses Gewicht an ihr trüge. Als ich einmal den Rat von Wundärzten und anderen befolgte und etwas anwandte, hatte ich an ihr die größten Qualen auszustehen, und ich glaubte schon, es werde mir nichts anderes als zu betteln übrigbleiben.
Als ich aber einmal in der Stadt Jaroslaw in einem Gasthaus eingekehrt war, traf ich zwei Frauen, von denen die eine über die Krankheit ihres Sohnes klagte. Dieser sagte die andere: ‚Sieh zu, daß du zum sel. Stanislaus Zuflucht nimmst, mach für den kranken Sohn ein Gelübde, und er wird wieder gesund werden. Denn einer Nachbarin von mir hat dieses Mittel geholfen, und ihr Kind, das zuvor krank war, ist gesund geworden.'
Was ich da gehört hatte, bewahrte ich fest in meinem Herzen und Gedächtnis. Und ich beschloß, zu demselben Patron meine Zuflucht zu nehmen und ihm ein Gelübde zu machen wegen meiner kranken Hand. Es fügte Gott, daß ich am Weihnachtstage die Kirche der Jesuiten in Jaroslaw besuchte. Ich hatte kaum die Kirche betreten, da ging ein Priester zum Altar des Seligen zur Feier des hl. Meßopfers. Ich hörte die Messe an und versprach, zwei Messen an demselben Altar des sel. Stanislaus zelebrieren zu lassen, wenn etwa die Unbrauchbarkeit meiner Hand aufhören würde. Ich Armer empfahl flehentlich und ergeben diese Sache dem sel. Stanislaus. Nach der Messe ging ich ins Mittelschiff der Kirche, die Predigt hatte angefangen, und ich vergaß die Hand völlig, während ich auf die Predigt gut aufmerkte.
Als der heiligste Name Jesus ausgesprochen wurde, fuhr ich mit meiner Hand zu meinem Käppchen, um es abzunehmen. Da erst merkte ich,

daß die Hand geheilt ist, so daß ich das Käppchen abnehmen und anderes mit ihr tun kann.
An jenem gleichen Weihnachtstage komme ich nach Hause zurück und siehe, beim Essen sieht meine Frau Agnes, daß ich mit meiner zuvor kranken Hand das Brot brechen und unbehindert die Speisen nehmen kann, was vorher unmöglich war. Erstaunt fragt sie: ‚Was ist das, daß du deine kranke Hand so gut gebrauchen kannst?' Ich antwortete: ‚Der allmächtige Gott hat auf die Fürbitte des sel. Stanislaus Kostka meiner kranken Hand geholfen und sie wieder gesund gemacht.' Ich glaube ganz fest, daß es auf keine andere Weise geschehen ist."[94)]

■ Zeugenaussage der Frau Agnes des Geheilten Herrn Matthias (Textor), wohnhaft in Niewronic, während des Apostolischen Prozesses in Przemysl:

„Ich bin sehr genau darüber im Bilde, daß meinem Mann Matthias Textor im Jahre 1626 seine rechte Hand vollständig verdorrte und unbrauchbar wurde, daß sie ihm Schmerzen, mir aber gewaltiges Leid eintrug, so daß er glaubte, betteln zu müssen, um für sich und die Kinder zu sorgen.
Und siehe da, am Weihnachtstage kommt er aus der Kirche zurück und sitzt bei Tisch, bricht mit seiner rechten Hand das Brot. Ich sehe, daß sie wieder gesund ist. Verwundert frage ich ihn, wer und was seine Hand gesund gemacht habe. Er antwortete, er habe ein Gelübde gemacht, zum sel. Stanislaus gebetet und die Heilung seiner Hand erlangt. Mit dieser Hand, die er vorher nicht einmal bewegen konnte, vermag er nun alle Tätigkeiten seines Handwerks auszuführen, dank der Gnade Gottes und der Hilfe des sel. Stanislaus, den mein Mann und ich wie auch die Kinder mit besonderer Frömmigkeit verehren. Er arbeitet mit ihr und schafft mit ihr zu unserer großen Freude und verdient so den Lebensunterhalt."[95)]

■ Zeugenaussage des Jesuitenpaters Paul Zaborowski, der in der Jesuitenkirche in Jaroslaw tätig war und den Geheilten Herrn Matthias (Textor) auf dessen Bitte über den bereits eröffneten Prozeß für die Seligsprechung von Stanislaw Kostka und über den zuständigen kirchlichen Richter für seine Aussage informiert hat:

„Matthias Textor aus Niewronic – dieses Dorf liegt von Jaroslaw eine polnische Meile (6,48 km) entfernt – kam zu mir, als er in einer Predigt gehört hatte, der Prozeß für den sel. Stanislaus werde eröffnet, und berichtete, wie seine verdorrte Hand, die zu nichts mehr nütze war, auf die Fürbitte des sel. Stanislaus wieder hergestellt worden sei. Er habe ihm zu Ehren ein Gelübde gemacht nach dem Beispiel zweier Frauen, die miteinander über den sel. Stanislaus Kostka gesprochen und gesagt hätten, daß jene, die zu ihm in den verschiedensten Krankheiten ihre Zuflucht nähmen, auf seine Fürbitte Heilung und Gesundheit erhielten.
Der Geheilte bat, ich möchte ihm die Richter angeben, vor denen er über diese Heilung, die er erlangt habe, Zeugnis ablegen könne."[96]

Amputiertes Bein – nachgewachsen (1640)

Unter dem Stichwort „Wunder von Calanda" ist eine sensationell-schokkierende Wunderheilung überliefert, die sich im 17. Jahrhundert in dem spanischen Calanda (in der Nähe von Saragossa) an Miguel Juan Pellicer ereignet hat, dem drei Jahre vorher das rechte Bein amputiert worden war. Dieser Fall erregte verständlicherweise in Spanien wie auch in Frankreich größtes Aufsehen. Die außergewöhnlich große Zahl von fast hundert Publikationen aus der Hand medizinischer Fachleute belegt das außergewöhnliche Interesse, das diese Wunderheilung ausgelöst hat und sicherlich auch heute für Diskussionsstoff sorgt.

Der zusammenfassende Bericht der deutschen Fassung stammt von Georg Siegmund.[97)] In ihm ist eingearbeitet das 533 umfassende Monumentalwerk von L. A. Naval (El Milagro de Calanda an Nivel Historico. Estudio critico de los documentos que lo atestiguan. El ambiente al la época. Zaragoza 1972) mit den Aussagen sämtlicher Augenzeugen, insbesondere aller Ärzte; in diesem Werk sind außerdem viele Abbildungen und Faksimiledrucke alter Urkunden sowie der gesamte kanonische Prozeßbericht in lateinischer und spanischer Sprache wiedergegeben.

„Im Jahre 1637 amputierte ein Arzt, Professor Diego Millaruela vom Stadt-Hospital in Saragossa einem verunglückten jungen Mann namens Miguel Juan Pellicer das rechte Bein, das von seinem ersten Assistenten Lorenzo Garcia auf dem Hospital-Friedhof in Gegenwart mehrerer Zeugen vergraben wurde. Nach der Amputation war der Krüppel auf Betteln angewiesen, da er keine Arbeit mehr finden konnte. Am 26. März 1640 kehrte er von einer Bettelfahrt sehr ermüdet nach Hause zu seinen Eltern zurück. Als seine Mutter des Nachts nach ihm sah, bemerkte sie zu ihrem Erschrecken, daß er wieder zwei Füße hatte.

Der Heilung folgte eine lange Untersuchung. Der zuständige Bischof ordnete eine kanonische Untersuchung an, die bis April 1641 tagte. Sämtliche Augenzeugen, insbesondere alle Ärzte, die mit dem Fall Pellicer befaßt waren, wurden vernommen. Das Dokumentarwerk Navals mit einem Umfang von 533 Seiten enthält viele Abbildungen und Faksimiledrucke alter Urkunden sowie eine vollständige Kopie des Prozesses mit seinem Urteil. Der Prozeßbericht ist lateinisch und spanisch wiedergegeben.

Aus dem Prozeßbericht geben wir hier nur einige – verkürzte – Sätze in Übersetzung wieder. Darin heißt es: ‚Es steht fest, daß dem Miguel Juan Pellicer das rechte Bein amputiert und auf dem Hospital-Friedhof beigesetzt wurde ... Aus den Aussagen von fünf Zeugen steht fest, daß noch eine Stunde vor dem Wundergeschehen einige Zeugen die Amputationsnarbe betastet haben. Weiter steht fest, daß beide Eltern den noch schlafenden Miguel mit zwei Beinen gefunden haben, daß sehr rasch ein dritter Zeuge hinzukam. Noch im Bett berichtete der Erwachte von einem Traum, er sei in der Wallfahrtskapelle von Pilar gewesen, wo der Amputationsstumpf gesalbt worden sei; er glaubte, es sei die selige Jungfrau Maria, die ihm das getan habe. Bald darauf kamen andere Zeugen hinzu. Aus den Aussagen vieler Zeugen steht die Identität des Geheilten mit dem Krüppel zuvor fest, wie auch aus besonderen Merkmalen die Identität des ersetzten Beines mit dem alten amputierten feststeht.' Die Sentenz betont besonders die moralische und religiöse Integrität des Geheilten, wie seine besondere Verehrung der Wallfahrtsmadonna von Pilar in Saragossa.

Schließlich heißt es im lateinischen Text: ‚Ex quibus constat in praesenti reperiri omnia illa, quae ad naturam et essentiam *veri miraculi* requiruntur. Est enim a Deo factum precibus Beatae Virginis de Pilari, cui ex corde dictus Michael Johannes se commendavit, et est super ordinem totius naturae creatae; cum ipsa crus abscissum et amputatum restituere non valeat' (S. 523). Zu deutsch: ‚Aus all dem ergibt sich nun, daß hier *alle jene Merkmale, die zur Natur und dem Wesen eines Wunders gehören,* zu finden sind. Es ist von Gott geschehen auf die Fürbitte der Seligen Jungfrau von Pilar, der sich der genannte Michael Johannes von Herzen empfohlen hatte. Es übersteigt die ganze Ordnung der geschaffenen Natur, da sie ein amputiertes Bein nicht wiederherzustellen vermag.'

Noch heute werden die Originaldokumente im erzbischöflichen Archiv von Saragossa aufbewahrt."[98)]

In dem Wunderbericht von Calanda wird auf die Fürbitte Marias hingewiesen, die in der benachbarten Stadt Saragossa (Zaragoza) seit Jahrhunderten eine außergewöhnlich große Verehrung genoß. Saragossa, die alte Residenzstadt Aragoniens, liegt in der fruchtbaren Ebene des Ebro-Flusses. Unter seinen vielen Kirchen kommt seit ältester Zeit der mit zahlreichen Kuppeln und vier hohen Ecktürmen ausgestatteten Kathedrale Nuestra Senora del Pilar, einer dreischiffigen Kirche mit rechtecki-

gem Grundriß, eine einzigartige Bedeutung zu. Dieses Gotteshaus wurde nach der Überlieferung errichtet an der Stelle, die durch eine Säule (pilar = Säule) gekennzeichnet worden war, an der der Apostel Jakobus im Jahr 40 n. Chr. eine Marienerscheinung hatte. Die Wallfahrtskapelle Santa Capilla zeigt eine gotische Alabasterstatue der Virgen del Pilar.

Heilung eines Kindes mit zwei Zungen (1654)

Franz von Sales

In dem Dorf Courbet (Pfarrei Gruffy in der Diözese Genf) erlebten die Bauerseheleute, Herr Jakob Richard und seine Frau Johanna, geborene Ploutier, bei der Geburt ihres Sohnes Johannes Klaudius am 1. Mai 1653 eine bittere Überraschung. Das neugeborene Kind hatte zwei Zungen. Es hatte deshalb größte Schwierigkeiten beim Schlucken. Weil aber die zweite Zunge immer größer wurde, drohte das Kind zu ersticken. In ihrer Not wandten sich die Eltern an zwei damals berühmte Operateure, Dr. Hyazinth und Dr. Darbanne, die sie mit ihrem Kind in Annecy aufsuchten. Beide Ärzte wagten nach eingehender Untersuchung des Kindes keine Operation, weil sie das Kind nicht in fast sichere Lebensgefahr bringen wollten.[99)]
Die Wunderheilung ereignete sich in Annecy und zwar am gleichen Tag, an dem die Eltern mit ihrem kranken Kind vorher die beiden Ärzte aufgesucht hatten – am 9. September 1654 gegen 11 Uhr im Heimsuchungskloster der Salesianerinnen. Dabei spielte ein Stückchen Holz eine ganz außergewöhnliche Rolle, das von dem Sarg stammte, in dem der in Lyon am 28. Dezember 1622 verstorbene Bischof Franz von Sales nach An-

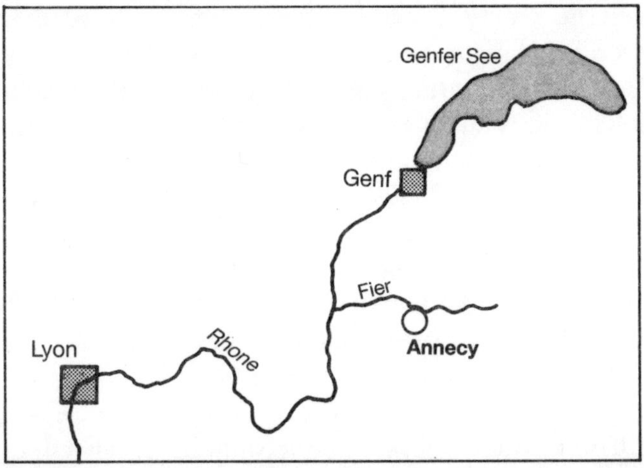

necy überführt, dort am 22. Januar 1623 feierlich empfangen und in der Klosterkirche der Salesianerinnen beigesetzt wurde. Zur Klärung der damaligen kirchenrechtlichen Situation: zur Zeit des Wunders gehörten schweizerische und französische Gebiete zum Bistum Genf; seit 1535 residierten Bischof und Domkapitel von Genf in Annecy (das erst 1822 als französisches Bistum errichtet wurde).

Die Zeugenaussagen dieses Heilungswunders sind unter Eid in dem Apostolischen Prozeß für die Seligsprechung für Franz von Sales am 28. Dezember 1661 gemacht, schriftlich protokolliert und für dessen Heiligsprechung am 19. April 1665 nochmals geprüft worden. Diese Protokolle gehören zu jenen 796 Bände umfassenden Kanonisationsakten, die der französische Kaiser Napoleon I. von der Ritenkongregation in Rom in die Nationalbibliothek nach Paris überführen ließ, wo sie heute noch unter Nummer H 912 registriert sind.

■ Zeugenaussage des Vaters des geheilten Kindes, Herrn Jakob Richard, im Apostolischen Prozeß, der Augenzeuge des Wunders in Annecy am 9. September 1654 war:

„Am 1. Mai 1653 schenkte Gott mir ein Kind, das den Namen Johannes Klaudius erhielt. Bald nach der Entbindung, als die schlimmsten Schmerzen vorüber waren, wollte meine Frau Johanna, geb. Ploutier, ihm die Brust geben. Da konnte der Ärmste nur mit großer Mühe und

Schwierigkeit die Brustwarze bekommen, und er konnte nicht das zum Leben Notwendige saugen. Sie wollte wissen, warum es nicht ging, und sie öffnete Johannes Klaudius den Mund. Das tat auch in meiner Gegenwart die Hebamme Klaudia Travers, und wir stellten fest, daß er eine zweite Zunge hatte, nämlich unter der gewöhnlichen Zunge noch eine andere, die nach Form und Gestalt wie die erste war, nur daß sie nicht ganz so groß war. Dies war die Ursache für unglaubliche und überaus große Schwierigkeiten beim Saugen. Am meisten war zu beklagen, daß diese zweite Zunge von der Geburt an täglich wuchs und so groß wurde, daß jeder befürchtete, sie werde im Laufe der Zeit ihm den Schlund völlig verstopfen.

In diesem Zustand blieb das Kind bis zum 7. September 1654. An diesem Tage kam ein berühmter Operateur, mit Namen Herr Hyazinth, in unser Dorf Courbet, Pfarrei Gruffy. Er wohnte bei Franz Richard, dem Schloßherrn unserer Pfarrkirche von Gruffy. Und weil dieser Operateur im Rufe stand, Krankheiten zu heilen, von denen die anderen Ärzte keine Ahnung hatten, brachten wir, meine Frau und ich, unser Kind zu ihm, um es ihm zu zeigen und ihn zu bitten, die zweite Zunge wegzumachen, um zu verhindern, daß es eines Tages an ihr ersticke. Der Herr Hyazinth untersuchte sorgfältig das Bübchen in Gegenwart des Schloßherrn Franz Richard und vieler anderer Personen, deren Namen ich nicht mehr weiß. Nachdem er sich die zweite Zunge genau angesehen hatte, sagte er, eine solche Operation sei etwas so Außerordentliches, daß er sie nicht wage ohne Konsultation seines Kollegen, des Herrn Darbanne. Ich solle das Kind nach Annecy bringen, wo sie beide besser überlegen und ihr Mögliches tun könnten, um die Zunge wegzuschneiden oder sonstwie zu beseitigen.

Am 9. des gleichen Monats trugen meine Frau und ich das Kind nach Annecy, begleitet von meinem Schwager Jakob Ploutier, dem Bruder meiner Frau. Wir suchten die beiden Meisteroperateure auf in ihrer Wohnung in der Nähe des Johannesbrunnens, wo sie einen Raum gemietet hatten. In unserer und einiger anderer Gegenwart, die wegen Krankheiten aus anderen Dörfern ringsum gekommen waren und die ich nicht kenne, hatten die beiden Operateure den Mund des Kindes untersucht, und nachdem sie miteinander überlegt hatten, sagten sie zu meiner Frau und mir, sie könnten die Behandlung dieses Kindes nicht auf sich nehmen. Sie hätten wegen des gegenwärtigen Ablaßfestes in Annecy an diesem Morgen gebeichtet, sie wollten uns nichts vortäuschen und sagen, sie könnten unsern Sohn heilen, um uns unser Geld aus der Tasche zu ziehen. Sie fänden diese Krankheit unheilbar, weil diese Zunge sich an einer so zarten und empfindlichen Stelle befände, daß es unmöglich sei, in sie zu schneiden, ohne den Kleinen in Lebensgefahr zu bringen, sie wüßten keine andere Hilfe, als zu Gott die Zuflucht zu nehmen. Und die suchten meine Frau und ich.

Als wir das Haus dieser Operateure verließen, fühlten wir uns beide in gleicher Weise angetrieben, unser Kind zum Grabe des Dieners Gottes Franz von Sales zu bringen. Denn es hieß überall, Gott höre nicht auf, dort immer wieder Wunder zu wirken, und es wurde auch erzählt, drei Tage zuvor sei eine Frau in den See gefallen an einer Stelle, wo man noch nie in der Tiefe den Grund gefunden habe, und sie sei wunderbar vor dem Tode bewahrt worden durch das Versprechen, das ihr Mann dem Diener Gottes Franz von Sales machte in dem Augenblick, als sie in den See stürzte. Wir gingen also zusammen mit großem Vertrauen auf die Verdienste und die Fürbitte dieses Dieners Gottes in die Kirche des Heimsuchungsklosters. Wir hörten dort gegen 10 Uhr die Messe in der Kapelle der Unschuldigen Kinder, wo er begraben liegt, und wir brachten mit großem Vertrauen unser Kind an sein Grab.

Gegen 11 Uhr baten wir, die Mutter Oberin dieses Klosters der Heimsuchung zu sprechen. Wir legten ihr das Elend dieses Kindes dar, und sie selbst sah die zwei Zungen, die es in seinem Munde hatte, und wir baten sie um eine Sache, die dem Diener Gottes gehört hatte, denn wir hofften, daß bei einer Berührung damit Gott mein Kind von dem Hindernis sowie der Gefahr, sehr bald sterben zu müssen, befreien würde. Die Mutter Oberin gab meiner Frau ein Stückchen von dem Sarg, in dem der Leichnam des Dieners Gottes von Lyon überführt worden war.

Meine Frau nahm es mit großem Vertrauen und steckte es in den Mund unseres Jungen. Sogleich schmolz diese zweite Zunge dahin, ohne daß auch nur ein Schatten davon übrigblieb. Wir sahen es, als das Kind das Stückchen Holz zurückgegeben hatte. Wir öffneten den Mund, und die Oberin und einige andere Schwestern, die zugegen waren, sahen es auch, ferner mein Schwager Jakob Ploutier und der Patenonkel Anton Roland, die mit uns gegangen waren.

Von diesem Augenblick an hat unser Kind diese Beschwerde nicht mehr gehabt, und auch heute noch erfreut es sich bester Gesundheit. Alles, was ich über dieses große Wunder ausgesagt habe, ist überall und jedermann bekannt."[100)]

■ Zeugenaussage der Mutter des geheilten Kindes, Frau Johanna, geborene Ploutier, die das Stück Holz vom Sarg des (heiligen) Bischofs Franz von Sales in den Mund ihres Kindes gelegt hatte:

„... Ich legte in den Mund meines armen Kleinen das Stückchen Holz, und im selben Augenblick verschwand die überflüssige Zunge, die ihn so quälte und bedrohte, daß er in Kürze ersticken würde und nichts mehr schlucken könne. Es blieb keine Spur mehr von ihr zurück, es war, wie wenn er diese zweite Zunge überhaupt nicht gehabt hätte. Ich sah es, als ich ihm den Mund öffnete, um das Stück Holz zurückzugeben. Mein Mann sah es ebenfalls und mein Bruder Jakob Ploutier und die Mutter Oberin, sowie einige weitere Schwestern, die bei ihr waren."[101)]

■ Zeugenaussage des Onkels (Bruder der Mutter) des geheilten Kindes, des Schmiedes Jakob Ploutier, der mit den Eltern nach Annecy gekommen und dort Augenzeuge des Heilungswunders war:

„Als meine Schwester die Reliquie bekommen hatte, steckte sie diese dem Kind mit großem Vertrauen in den Mund, und wir waren sehr erstaunt und erfreut, als im selben Augenblick, wie das Holz die zweite Zunge berührt hatte, diese wegschmolz und verschwand und keinerlei Spur zurückließ, wie wenn sie niemals dagewesen wäre. Mein Schwager, meine Schwester, Anton Roland und die Ordensfrauen sahen es sehr gut, und auch ich sah es, und wir alle sagten Gott und seinem Diener Dank. Bei der Rückkehr sprachen wir bei unserm Schloßherrn, dem Herrn Franz Richard, vor, der ebenfalls sich das Kind anschaute und staunte."[102)]

■ Zeugenaussage des Schloßherrn von Courbet, Herrn Franz Richard, der die doppelte Zunge des Kindes wiederholt gesehen hat. Er war auch bei der Untersuchung durch Dr. Hyazinth am 7. September 1654 anwesend, der erklärte, das Kind werde bei einer Operation unfehlbar sterben. Er hat am Morgen des 9. September 1654 die Eltern mit dem kranken Kind noch gesehen. Am gleichen Tag, gegen 5 Uhr nachmittag, begegnete er den von Annecy zurückkehrenden Eltern mit dem geheilten Kind, die ihm das geheilte Kind gezeigt hatten:

„Ich habe das mit meinen eigenen Augen gesehen. Als sie unser Dorf

Courbet verließen, hatte der Kleine die beiden Zungen, die ihn mehr denn je quälten, und bei der Rückkehr aus Annecy hatte er nur mehr seine richtige Zunge, so wie wenn es nie anders gewesen wäre. Das haben auch meine Frau und alle in meinem Hause gesehen und alle Bewohner von Courbet."[103]

Totenerweckung eines zweieinhalbjährigen Buben (1678)

Andreas Avellino

An einem 5. August des Jahres 1678 stürzte der zweieinhalbjährige Sohn Scipio der Eheleute Salvatore d'Arleo und Giulia di Giura, von einem über 19 m hohen Felsen in der de-la-Manca-Straße in dem Städtchen Castronuovo. Er lag tot auf der Straße – mit deformiertem, siebtem Halswirbel (rotta la noce) und der Halswirbelsäule wie mit eingedrückter Stirn (havia franto e livido la fronte). In ihrer Not legte die Mutter das tote Kind auf den Altar der Kapelle, die zu Ehren des am 10. November 1608 in Neapel gestorbenen, 1624 seliggesprochenen (1712 heiliggesprochenen) Andreas Avellino errichtet ist, der seit 1556 der Weltpriestergemeinschaft der Theatiner angehörte und als Patron gegen jähen Tod angerufen wurde.

Durch die Fürbitte des (damals) seligen Andreas Avellino wurde am 5. August 1678 dem toten Kind unter gleichzeitiger Abheilung der massiven Kopfverletzung plötzlich das Leben wieder geschenkt. Eine Totenerwekkung im 17. Jahrhundert!

In den Zeugenaussagen wird von drei Kirchen der Stadt Castronuovo,

im Umfeld von Neapel gelegen, berichtet: von der Mutterkirche (= Pfarrkirche), von der Marienkirche Santa Maria della Stella und von der Kapelle des seligen Andreas Avellino, die in dem Elternhaus dieses Seligen (geboren 1521 in Castronuovo) errichtet worden war. Der 5. August war für alle Bewohner von Castronuovo ein hoher marianischer Festtag, der in der Kirche Santa Maria della Stella feierlich begangen wurde. Viele auswärtige Besucher kamen an diesem Festtag zu ihren Verwandten und Bekannten nach Castronuovo.
Wilhelm Schamoni[104)] hat die angeführten Texte und Zeugenaussagen aus dem Lateinischen übersetzt und zwar aus Band H 654 der in der Nationalbibliothek in Paris vorhandenen Kanonisationsakten (Positio super dubio an et de quibus miraculis constet ... post indultam dicto Beato venerationem. Romae 1695, Seite 43 bis 57).

■ Zeugenaussage der Frau Isabella de Amelia (40 Jahre alt) aus Rotondo in der Diözese Cassano:

„Wenn ihr mich fragt, ob ich ein Wunder wisse, das der selige Andreas nach seiner Seligsprechung gewirkt hat, so weiß ich eines, das er vor meinen Füßen gewirkt hat. Am 5. August waren es zwei Jahre, und es geschah so: Am Morgen dieses Tages ging ich mit meiner Tochter Maria von Neapel gegen neun oder zehn Uhr zu einer Besorgung. Und als wir bei einem Felsen an der de-la-Manca-Straße waren, sah ich von diesem Felsen ein Söhnchen von Salvatore d'Arleo und Giulia di Giura fallen, die in der Nähe meines Hauses in unserer Gemeinde Castronuovo wohnen. Das Kind fiel erst auf einen Vorsprung in der halben Höhe des Felsens, und dann stürzte es weiter nach unten. Die ganze Höhe des Felsens kann neun Ruten etwa betragen. Als ich diesen Sturz sah, eilte ich mit meiner Tochter hinunter zu der Stelle, wo der Kleine lag, und wir fanden ihn tot, er konnte noch keine drei Jahre haben und hieß Scipio. Als ich ihn so tot fand, hob ich ihn in die Arme und schickte meine Tochter hin, Mama Giulia zu rufen, sie möchte kommen und ihren Sohn nehmen, der abgestürzt und tot sei. Unterdessen stellte ich fest, daß der Kleine den Knöchel des Nackens gebrochen und die Stirn eingedrückt (la fronte allacciata) hatte. Dann kam die Mama und wollte ihren Sohn, aber wir wollten sie ihn nicht so schnell sehen lassen, aber weil sie sich die Haare ausriß und darauf bestand, gaben wir ihn ihr. Denn es waren viele Frauen herbeigeeilt. Es kam dann eine andere Frau in Giulias

Haus, wo der Kleine hingebracht worden war, und sagte: ‚Giulia, Giulia, sieh, da ist in einer Straße ein Arzt, zeig ihn ihm.‘ Und Giulia brachte ihn dorthin, und auch ich ging mit anderen Frauen mit, die bei ihr waren, und als wir bei dem Arzt angekommen waren, der Herr Abelle heißt, fühlte er ihm die Pulse, besah er den Nacken und die Stirn und sagte: ‚Meine Tochter, dieser Sohn ist nicht mehr für dich, bring ihn weg von hier, denn er ist tot.‘ Denn er sah, daß ihm der Halsknochen aus dem Nacken gekommen war. Wir brachten ihn dann in das Haus zurück."[105]

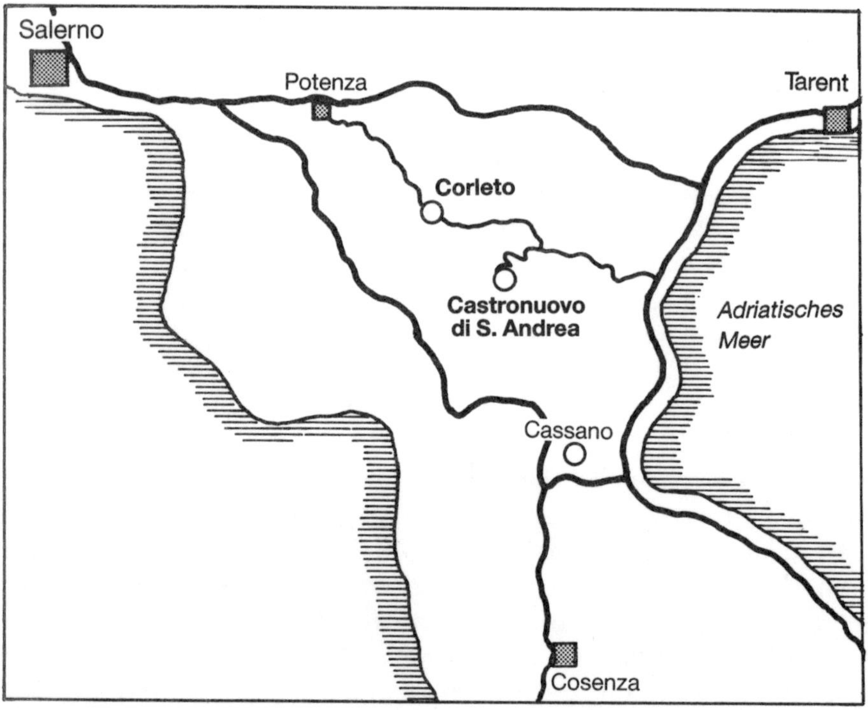

Das kleine, wildromantische Städtchen Castronuovo, nur über enge und kurvenreiche Straßen zu erreichen, trägt heute den Namen Castronuovo di S. Andrea nach dem dort geborenen und 1712 heiliggesprochenen Heimatsohn Andreas Avellino (1521–1608). Die Landschaft ist geprägt durch den über 2000 m hohen Kalabrischen Apenin, dessen Urgestein aus Granit und Schiefer bei der Errichtung von Häusern und Brücken reichlich verwendet wird.

■ Zeugenaussage des Arztes Dr. Abelle de Jacobo (etwa 35 Jahre alt) aus Rotondo in der Diözese Cassano. Er war am 5. August 1678 in der Stadt Castronuovo. Er hat unmittelbar nach dem Unglück das abgestürzte Kind gesehen, untersucht und für tot erklärt. Er hat am gleichen Tag gegen 17 Uhr in der Kapelle des seligen Andreas Avellino in Castronuovo das Wunder der Totenerweckung erlebt.

„... eine Frau namens Giulia di Giura mit anderen Frauen brachte weinend einen kleinen toten Knaben in ihren Armen und bat mich, ihm zu helfen, denn die Frau wähnte, daß ihr Sohn nicht tot sei. Ich untersuchte ihm die Pulse und fand, daß er ohne Puls, ohne Wärme, ohne Empfindung, ohne Bewegung war, daß er kein Zeichen von Lebenstätigkeit abgab, ich stellte auch eine große Quetschung (contusione) auf der Stirn und eine Verrenkung (dislocatione) von Halswirbeln fest, so daß das Gehirn wegen der Quetschung und der Verrenkung der Halswirbel derart litt, daß es keinen Einfluß ausüben konnte auf den Körper, und beim Aufhören dieses animalischen Einflusses war es natürlicherweise unmöglich, daß das Kind leben konnte. Und nachdem ich alles dies festgestellt hatte, erklärte ich das Kind für gestorben und tot und sagte ihr, sie hätte gehen sollen und es beerdigen.“[106)]

(Zeugenaussage über seine Erlebnisse gegen 17 Uhr des gleichen Tages) „Als ich auf der Piazza stand, sah ich aus der Oberstadt zur Piazza in der Richtung auf die Mutterkirche eine Menge Leute weinend und wehklagend herunterkommen, und als sie bei der Kapelle des Seligen Andreas, die früher sein Haus gewesen ist, angekommen waren, traten sie in diese Kapelle, und ich ging aus Neugier auch hinein. In der Kapelle sah ich auf dem Altar lang ausgestreckt denselben Knaben liegen, dessen Tod ich am Morgen festgestellt hatte und die Mutter zog, weinend mit anderen Frauen, ihre Zunge über den Boden und rief: Seliger Andreas, gib mir lebend meinen Sohn wieder, und als sie so beim Altar angelangt war, sah ich mit meinen eigenen Augen, daß dieser Knabe sich plötzlich lebend erhob und mit seinen eigenen Händen eine der Kerzen ergriff, die vor dem Bilde des Seligen brannten, und selig hielt er die Augen geheftet auf den Seligen, und da kamen auch schon die Priester und andere Leute herbeigeeilt, und sie fingen an, zum Preise des Seligen Andreas den Hymnus Iste confessor und das Tedeum zu singen, weil er dieses Kind auferweckt hatte, und ich und alle hielten das für ein wirkliches Wunder.“[107)]

■ Zeugenaussage der Mutter des abgestürzten, toten und zum Leben erweckten Kindes, Frau Giulia di Giura (22 Jahre alt):

Sie berichtete, wie sie am frühen Morgen des Festtages ihren zweieinhalb Jahre alten Sohn Scipio angezogen habe, der dann zum Spielen mit anderen Kindern fortgegangen sei, und wie sie ihn dann wiederbekommen habe mit zerbrochener und unterlaufener Stirn (havia franto e livido la fronte) und mit gebrochenem Halsknöchel (rotta la noce). Als der Arzt Abelle ihm die Pulse gefühlt hätte, die nicht mehr gingen, die Stirn sah und den Nacken, wo der Knöchel sich versetzt hatte, sagte er zu ihr: Dieses Kindchen ist nicht mehr für dich, es ist tot, geh und begrab es.
„Ich ging nach Hause, weinend und voller Schmerz, und ich hielt ihn im Hause, er war tot, er bewegte sich nicht, atmete nicht und war ganz kalt bis zur Vesper. In dieser Zeit tat ich nichts anderes als weinen und wehklagen. Zur Stunde der Vesper brachte ich ihn nach Santa Maria della Stella, und tot wie ich ihn hingebracht hatte, nahm ich ihn auch wieder mit, und der Erzpriester sagte mir: ‚Geh, bring ihn zur Mutterkirche, wir wollen ihn beerdigen.‘ Und so ging ich mit den anderen Frauen zur Mutterkirche, und als wir bei der Kapelle des Seligen Andreas waren, die unter dem Palast des Herrn Barons liegt – sie war offen –, sagte mir ein Notar aus Corleto, seinen Namen weiß ich nicht, der war in der Kapelle und sagte mir: ‚Junge Frau, bring dieses Kindchen hinein, denn der Selige Andreas wird dir die Gnade erweisen.‘
So ging ich mit den anderen Frauen hinein und legte den Kleinen, tot wie er war, lang auf den Altar. Dann ging ich zur Tür der Kapelle zurück, und mit der Zunge den Boden leckend, rutschte ich auf den Knien zum Altare hin und sagte immer wieder: Seliger Andreas, erwecke mir dieses Kind, tu mir diese Gnade, und wie ich so an den Altar des Seligen Andreas kam, sah ich, wie mein Sohn sich auf dem Altare aufrichtete, sich eine Kerze von dem Leuchter nahm, die da brannte, und sich zum Bilde des Seligen Andreas wandte und zu lachen und zu scherzen anfing zu dem Seligen hin, und sofort wurde es ruchbar in dem Orte, und viele, viele Leute kamen mit den Priestern, und sie begannen verschiedene Gebete zu Ehren des Seligen Andreas zu singen, und ich nahm mir meinen Sohn von dem Altare und betrachtete ihn von allen Seiten und sah, daß seine Stirn nicht mehr gebrochen und blau war, und der Knöchel des Halses war wieder in seiner richtigen Lage, und er war völlig gesund, und er fing an, auf seinen Füßen auf dem Boden zu gehen, und ich trug

ihn nach Hause, immerzu dankend und den Seligen Andreas preisend, der mir meinen Sohn auferweckt hatte, der tot gewesen war, neun oder zehn Stunden lang.
Und von allen wurde dies als ein Wunder betrachtet, weil er tot war, und einer der tot ist, kommt nicht wieder zum Leben. Und dies geschah, wie ich gesagt habe, am 5. August vor zwei Jahren in der Kapelle des Seligen Andreas zu Castronuovo. Und es waren zugegen der Notar aus Corleto, meine Mama, mein Mann und andere, an die ich mich nicht erinnern kann, denn ich war damals ganz außer mir. Was ich ausgesagt habe, ist ganz wahr, denn ich habe es mit meinen eigenen Augen gesehen und mit der Hand berührt, und mein Sohn wurde völlig gesund erweckt, und Ew. Gnaden können es selbst sehen, denn es ist dieser, den ich hier bei mir habe."[108]

■ Zeugenaussage des Notars Antonelli de Luca (60 Jahre alt) aus Corleto. Er war am 5. August 1678 zu Besuch in Castronuovo und hörte gegen 16 Uhr von dem Arzt Dr. Abelle de Jacobo von dem Unglückstod des zweieinhalbjährigen Kindes Scipio Arleo, der sich am Morgen des gleichen Tages ereignet hatte.

„Eine Stunde später befand ich mich in der Kapelle des Seligen Andreas (die er sich von dem Diener Josef des Barons hatte öffnen lassen), und da kamen viele Frauen vorbei, die das Kind zu Grabe trugen. Ich und dieser Josef, der bei mir stand, sagten den Frauen, sie sollten mit dem Kleinen in die Kapelle gehen und den Seligen Andreas um die Gnade bitten, daß er ihn wieder auferwecke, und so traten sie in die Kapelle und legten das Kind auf den Altar; ich sah, daß es tot war, ohne jedes Zeichen von Leben. Und die Frauen weinten und flehten um Gnade. Da sah ich, nach einer halben Viertelstunde, wie sich das Kind auf dem Altar aufrichtete, mit seinen Händen eine der angezündeten Kerzen nahm und mit lachendem Gesicht die Augen auf die Statue des Seligen heftete." Auf Frage antwortete der Zeuge: „Der Knabe erhob sich, indem er sich auf den Altar setzte."[109]

Wunderbare Verlängerung des rechten Beines (1710)

Johanna Franziska von Chantal

Zur angeborenen Behinderung von Angelika Morel, die schließlich zu einer Beinkürzung bis zu zwölf Zentimeter und zu einem Fehlen der Ferse wie der Kniescheibe führte, stellte der Chefarzt einer Fachklinik für Orthopädie fest:

„Die Krankheit, die bei der 15jährigen Angelika Morel geschildert ist, muß eine angeborene Mißbildung des ganzen rechten Beines gewesen sein, nicht allein eine angeborene Hüftgelenksluxation. Bei dieser Krankheit kommt es nicht zu Beinverkürzungen bis zu 12 cm, und auch das Fehlen der Ferse und der Kniescheibe sprechen dafür, daß hier eine weitergehende Mißbildung des gesamten Beines bestanden haben muß. Wahrscheinlich hat es sich um einen angeborenen partiellen Oberschenkeldefekt mit angeborener Kniestrecksteife und einem erheblichen Spitzfuß gehandelt. (Das Fehlen der Ferse bei sonst erhaltenem Fuß ist eine außerordentlich seltene Mißbildung. Ich möchte daher annehmen, daß das Fehlen der Ferse nur vorgetäuscht ist durch einen maximalen Spitzfuß.) Daß eine solche Mißbildung des Beines in acht Tagen zur Norm sich auswächst, ist wirklich ein Wunder."[110]

Angelika Morel trat dem Orden von der Heimsuchung Mariens bei, der in Zusammenarbeit mit dem heiligen Bischof von Gent, Franz von Sales (geboren am 21. August 1567 bei Thorens, gestorben am 28. Dezember 1622 in Lyon), von der heiligen Johanna Franziska von Chantal (geboren am 18. Januar 1572 in Dijon, gestorben am 13. Dezember 1641 in Moulins) gegründet worden war. Die wunderbare Verlängerung des rechten Beines erfolgte im Heimsuchungskloster der Stadt Avallon und zwar auf Fürbitte der Ordensgründerin Johanna Franziska von Chantal im 15. Lebensjahr von Angelika Morel am 16. März 1710.

Sämtliche Zeugenaussagen sind in die Kanonisationsakten der heiliggesprochenen Johanna Franziska von Chantal aufgenommen. Der Text wurde von Wilhelm Schamoni aus der Positio super miraculis (Romae

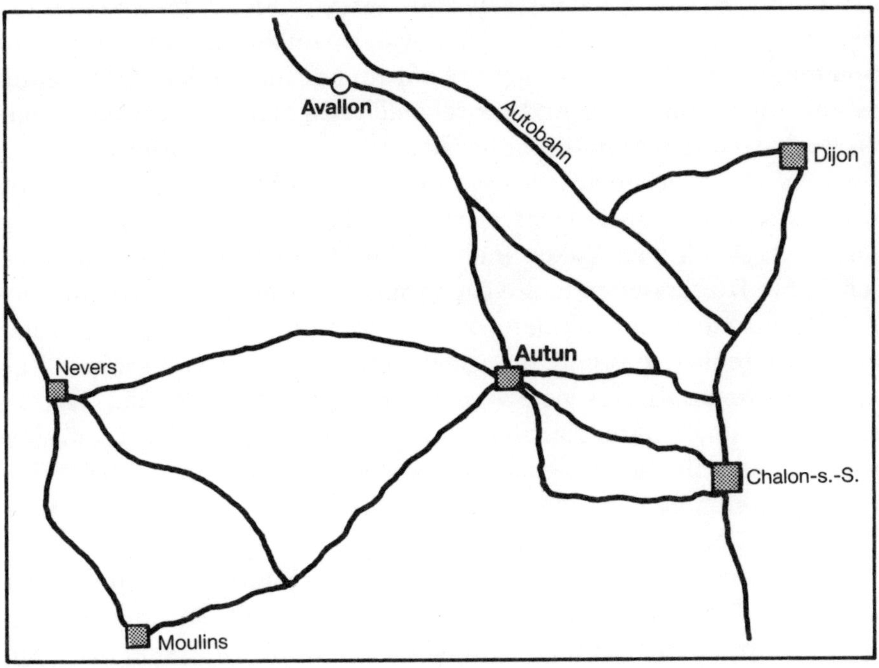

Die französische Stadt Avallon mit dem Heimsuchungskloster der Salesianerinnen liegt in der Diözese Autun (= das römische Augustudunum). Politisch gehört es zum Departement 71 Saone-et-Loire. Der Apostolische Prozeß (1728) über die Heilung der Schwester Gabriela Angelika Morel mußte in dem zuständigen Bistum Autun durchgeführt werden.

1744, Seite 1–10) übersetzt; er gibt die wichtigsten Zeugenaussagen des vorausgegangenen Apostolischen Prozesses von Autun 1728 wieder.

■ Zeugenaussage der Geheilten, Schwester Gabriela Angelika Morel, 34 Jahre alt, Profeßschwester des Heimsuchungsklosters in der Stadt Avallon:

„Ihr Vater und ihre Mutter hätten schon, als sie geboren wurde, erkannt, daß sie im höchsten Maße hinken würde. Von dem Augenblick an, wo sie sich ihrer selbst bewußt geworden sei, sei sie sich auch ihrer Krankheit bewußt geworden. Diese habe ihre Eltern unaufhörlich beschäftigt, weil sie nicht wußten, was sie mit dieser ihrer Tochter anfangen sollten.
Denn ihr rechter Fuß war derart mißgestaltet, daß man überhaupt nichts von einer Ferse sehen konnte. Das Bein war kürzer als das linke, und zwar war es in der frühen Jugend etwa vier Finger breit kürzer als das linke, und als sie ausgewachsen war, ungefähr eine halbe Spanne [Spanne = etwa 24 cm]. Sie konnte darum nur mit großer Anstrengung gehen, unter Schmerzen, und sie war bald erschöpft. Man mußte ihr den Absatz des rechten Schuhes höher machen, um den Naturfehler auszugleichen. Die Kniescheibe des rechten Knies fehlte völlig, und dieses Bein wurde sehr viel schlechter als das linke ernährt, so daß es mager war im Vergleich zum linken und weniger natürliche Wärme empfing. Der rechte Hüftknochen fehlte ganz [mancava onninamente l'anca destra]. Wenn sie sich hinkniete, konnte sie nur auf dem linken Knie knien, das rechte schwebte ohne Stütze in der Luft, wenn sie kein Kissen oder Buch darunter legte. Wegen ihres großen Verlangens, Ordensfrau zu werden, bemühte sie sich sehr, dieses Leiden zu verbergen. Aber trotz aller Gewalt, die sie sich antat, konnte sie nicht länger als eine Viertelstunde knien bleiben ohne beträchtliche Schwierigkeiten, trotz aller Hilfsmittel, deren sie sich bediente.
Da ihre Krankheit angeboren war, hielten ihre Eltern sie für unheilbar. Sie haben darum niemals die Kunst der Ärzte und Chirurgen in Anspruch genommen. Sie litt die schärfsten Schmerzen und sehr oft, wenn sie auch nur ein wenig hatte gehen oder spazierengehen wollen. Zweimal war sie als Zögling bei den Ursulinen der Stadt Noyers gewesen, und zweimal haben die Ordensfrauen sich versammelt, um über ihre Aufnahme in das Kloster zu beraten, aber wegen ihrer schweren Krankheit und Verunstaltung hielt man sie für ungeeignet einzutreten. Da der

Orden von der Heimsuchung Mariens gegründet ist auch für Kränkliche, wurde sie ins Noviziat aufgenommen. Da aber ihre Krankheit sehr schwer war und als unheilbar erschien, fand sie große Schwierigkeiten, um zur Gelübdeablegung zugelassen zu werden.
In dieser Lage glaubte sie, nur zur Allmacht Gottes und zur Fürbitte seiner Heiligen ihre Zuflucht nehmen zu können, vor allem zu der von Mutter de Chantal. Auf deren Fürbitte hatte sie ihr ganzes Vertrauen gesetzt. Ihre Novizenmeisterin hatte sie angeregt, eine Novene zu Mutter de Chantal vor ihrem Bild im Schlafsaal zu halten. Und auch das Beispiel einer Ordensfrau hatte sie bewogen, die sagte, sie sei durch ihre Fürbitte von Kopfschmerzen befreit worden. Darauf machte sie eine erste Novene, aber mit sehr wenig Vertrauen. Da sie das Beispiel der eben erwähnten Schwester vor Augen hatte, begann sie eine zweite Novene, jetzt mit festem Vertrauen, erhört zu werden in ihrer Bitte. Sie wandte sich in ihrem Gebet mit diesen Worten an die ehrw. Mutter de Chantal: Meine liebe Mutter, wenn du willst, daß ich mich über das Glück freuen soll, eine deiner Töchter zu sein, und wenn du mich für würdig hältst, dem Herrn in deinem Orden zu dienen, dann erlange mir die Heilung von der Krankheit, die das verhindert. Sonst werde ich glauben, daß du mich nicht als eine deiner Töchter haben willst. Diese Worte wiederholte sie oft aus dem großen Verlangen, das sie hatte, in diesen heiligen Orden einzutreten.
Im Laufe ihrer zweiten Novene fühlte sie, wie ihr krankes Bein sehr langsam länger wurde unter sehr heftigen Schmerzen, die bis zum Herzen gingen und größer waren als gewöhnlich. Aber dann fand sie sich völlig geheilt, und zur Zeit geht es ihr um so besser, je mehr sie arbeitet, so daß sie es auf den Knien aushalten kann, auch wenn sie drei Stunden kniet, ohne irgendeinen Schmerz. Nach ihrer Heilung konnte sie mit Leichtigkeit alle klösterlichen Übungen mitmachen und alle Obliegenheiten erfüllen wie andere Ordensfrauen. Zur Zeit ist sie Krankenpflegerin, was eines der anstrengendsten Ämter ist ...
Auf verschiedene Fragen antwortete die Zeugin: Zu Beginn der zweiten Novene gab es bei ihr eine beträchtliche Änderung, so sehr, daß sie, als sie am Sonntag kommunizieren wollte und sich dazu hinkniete, erkannte, indem sie sich auf das eine wie auf das andere Knie stützte, die Gleichheit sei erreicht. Sie schrieb das der Hilfe der Dienerin Gottes zu, und sie fand sich am Ende der Novene vollkommen geheilt, ohne irgendein Heilmittel und ohne Krisen. Alle Glieder rechts fanden sich in voll-

kommener Gleichheit mit denen auf der linken Seite. Die Ferse, die am rechten Fuß gefehlt hatte, war da, ebenso auch die sogenannte Kniescheibe. Das eine wie das andere Bein wurde gleich gut ernährt, sie konnte gehen ohne Schmerzen, und dies hat angehalten bis heute. Nur, wenn sie nicht darauf acht gibt, kann es geschehen, daß sie aus alter Gewohnheit mit etwas geneigtem Körper geht. Nach diesem Wunder wurde ihr keine Schwierigkeit mehr gemacht, in den Orden aufgenommen zu werden.
Sehr früh schon war sie sich von sich aus und durch das Leid ihrer Eltern ihrer so schweren Krankheit bewußt: daß das rechte Bein beträchtlich kürzer als das linke war, ohne Ferse, ohne Kniescheibe, ohne Hüftknochen, so wie sie alle gekannt haben vor ihrer Heilung. Die Schmerzen wuchsen im Lauf der Jahre und waren so groß, daß sie nicht ohne äußerste Anstrengung und heftige Schmerzen knien konnte, sie konnte nur ganz leichte Arbeiten im Sitzen verrichten, und im Sitzen kam sie nur mit der Fußspitze auf den Boden usw. Das ganze rechte Bein erhielt weniger Nahrung als das linke, war folglich weniger ernährt, weniger kräftig, schwieriger warm zu bekommen, besonders im Winter. Die Krankheit verschlimmerte sich bis zum 16. März 1710, in ihrem 15. Lebensjahr, als sie von Gott ihre wunderbare Heilung erlangte, was überall in Avalon bekannt ist."[111]

■ Zeugenaussage von Schwester Johanna Charlotte, 53 Jahre alt, Profeßschwester des Heimsuchungsklosters in der Stadt Avallon:

„Sie kennt sehr gut die Schwester Angelika Morel, Professin des Heimsuchungsklosters von Avallon, seit diese im Alter von 14 bis 15 Jahren in das Kloster kam. Sie hat sie in höchstem Maße hinken gesehen. An ihrem rechten Fuß hat sie keine Ferse gehabt, das hat sie [die Zeugin] mit eigenen Augen gesehen. Das rechte Bein war sehr viel kürzer als das linke, ungefähr eine halbe Spanne, es hieß auch, daß ihr der dem Knie vorgelagerte Knochen, die sogenannte Kniescheibe, fehle und daß der rechte Schenkel weniger stark war als der linke. Sie hinkte in sehr unschöner Weise, tief, sehr tief sich dabei beugend, hatte auch nachts größte Schmerzen, die sie nicht schlafen ließen. Die Schmerzen wuchsen mit den Jahren, und sie waren sehr, sehr groß, wenn sie längere Zeit gehen mußte, aber auch schon, wenn sie sich an ihre gewöhnlichen Beschäftigungen begab oder sich mit einer etwas anstrengenderen Arbeit

beschäftigte. Sie konnte nur sehr leichte Arbeiten verrichten und mußte dabei sitzen. Sie konnte sich nicht richtig auf ihren einen Fuß stützen, mit dessen Spitze sie nur den Boden berühren konnte. Sie half sich mit einem Schuh, der höher war als der andere, um die Kürze des rechten Beines auszugleichen, und es war in der Kommunität bekannt, daß sie ein Kissen oder sonst etwas unter das kranke Knie legte.
Als die Schwester Morel sich an dem Sonntag der [zweiten] Novene hinkniete, um die hl. Kommunion zu empfangen, fand sie, daß ihre beiden Knie gleich waren, und am Ende der Novene fand sie sich vollkommen geheilt, und sie hat seitdem keinerlei Schmerzen mehr gehabt, wie sie es wiederholt der Zeugin versichert hat. Die Heilung ist so vollkommen gewesen, daß sie seit vier oder fünf Jahren die Kranken im Krankenflügel bedient und das mühevollste Amt des Klosters Tag und Nacht ausübt.
Auf Fragen: Schwester Morel ist durch ein Wunder geheilt, und sie ist völlig, ganz und vollkommen geheilt worden. Aber diese Heilung geschah nicht in einem Augenblick und auf einmal, sondern fortschreitend während der Zeit, als sie ihre Novene hielt, und da insbesondere während des hl. Meßopfers. Sie ist nicht wieder in diese Krankheit zurückgefallen, obwohl sie andere gehabt hat.
Die Ärzte und Chirurgen, die sie nach der Heilung untersucht haben, haben keinen Augenblick gezögert zu erklären, daß sie vollkommen geheilt sei. Nach der Heilung hatte die Zeugin in Gegenwart des jetzt verstorbenen Vaters der Schwester Morel und ihres Onkels mit eigenen Augen gesehen, daß die Beine gleich lang waren und daß die Gliedmaßen sich so entsprachen [rechts und links], wie sie sich entsprechen müssen. Man hatte sie eigens auf einen Tisch steigen lassen, um sie zu messen. Zeugin hat sie nach der Heilung so gehen gesehen, wie sie jetzt geht und wie es andere gesehen haben.“[112)]

■ Zeugenaussage von Schwester Maria Margereta Gueniard, 46 Jahre alt, Profeßschwester des Heimsuchungsklosters in der Stadt Avallon:

„Sie kenne verschiedene Einzelheiten des Wunders, das in ihrem Kloster an der Schwester Morel geschehen sei. Sie habe diese gekannt, seit Schwester Morel im Kloster war und Postulantin war. Sie habe sie sogar besser gekannt als jede andere, weil Zeugin damals Novizenmeisterin war. Damals hinkte die Schwester Morel schwer. Ihr Herr Vater und die anderen, die sie diesem Kloster vorstellten, sagten, daß sie mit dieser Krankheit auf die Welt gekommen sei.

Während ihres Postulates gab Zeugin ihr den Gedanken ein, zu Mutter de Chantal zu beten, um durch ihre Fürbitte die Heilung ihrer Krankheit zu erlangen. In dieser Meinung begann sie zu beten und begann eine Novene vor einem Bild der Stifterin, das sich in ihrem Schlafsaal befindet. Vor dieser Novene ging die Schwester Morel unter so großen Schwierigkeiten, und sie war derart behindert, daß sie nicht knien konnte ohne Hilfe eines Kissens unter ihrem rechten Knie, das nicht so weit reichte wie das linke, die Zeugin hatte ihr das Kissen besorgt. Wenn die Schwester ging, trat sie nur mit der Spitze des rechten Fußes auf. Im Laufe ihrer Novene ging sie zur hl. Kommunion, und sie stellte dabei fest, daß ihr rechtes Knie jetzt weiter reichte. Sie vertraute dies der Zeugin an, und diese hat dann beide Beine gemessen, um sich zu überzeugen, ob sie gleich lang seien. Sie fand sie fast vollkommen gleich, es fehlte nur die Breite etwa eines Fingers an dem rechten Bein, während vorher dieses kranke ungefähr eine halbe Spanne kürzer gewesen war als das andere. Um sich hoch zu halten, bediente sich Schwester Morel eines Schuhes, der höher als der andere war. Dieser erhöhte Schuh wurde nach dem Wunder dem Schuster zurückgeschickt, damit er ihn dem anderen gleich machen sollte. Am Ende der Novene hatte sie die Schwester Morel, als sie beide allein waren, sich ausstrecken lassen. Da erkannte sie die völlige Gleichheit beider Beine. Nach dieser Feststellung teilten die Zeugin und die Schwester Morel die Sache der Mutter Oberin mit und darauf der Kommunität. Das verursachte eine große Freude."[113)]

■ Zeugenaussage von Schwester Franziska Katharina Minar, 54 Jahre alt, Profeßschwester des Heimsuchungsklosters in der Stadt Avallon:

„... hat sagen gehört, die Schwester Morel habe keine Ferse an ihrem rechten Fuß, sie hat den rechten Schuh gesehen, den sie anzog, der anders war als der linke. Sie hat ebenfalls sagen gehört, daß bei der Schwester das eine Bein ungefähr eine halbe Spanne kürzer sei als das andere. Daher hinkte sie in einer Weise, daß jeder Mitleid haben mußte, und Zeugin hat sie so gesehen bis zu ihrer Heilung."[114)]

Heilung von Lepra (1723)

Die Geschichte dieser Heilung führt nach Indien. In der überaus erfolgreichen, indischen Mission des 17. Jahrhunderts, vor allem in der Madurai-Mission Südostindien, war neben dem italienischen Jesuitenpater Robert (1577–1656) sein in Lissabon am 1. März 1647 geborener Mitbruder Johannes de Britto wegen seines Martyriums am 4. Februar 1693 in Oriur allen Christen ein Beispiel der Glaubens- und Kirchentreue (1852 selig-, 1947 heiliggesprochen). Südostindien war damals ein politisch heißes Terrain. Die christliche Mission gerade im Madurai-Gebiet war durch innerkirchliche Spannungen der Missionsorden (Jesuiten, Franziskaner, Dominikaner) wegen der von Robert de Nobili praktizierten Anpassung (Akkommodation) an die Kleidung, an das Brauchtum und in die Lehrmethode der Inder äußerst belastet.[115)]

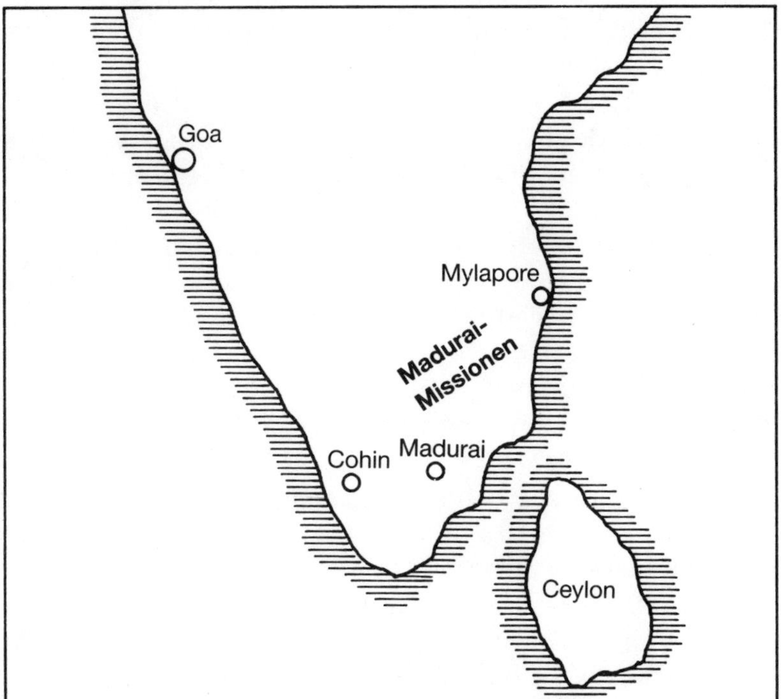

Nach dem überaus grausamen Martyrium des portugiesischen Jesuitenmissionars wurde sehr bald schon der Hügel der Hinrichtungsstätte zu einer vielbesuchten Wallfahrtsstätte, die auch in diesem Bericht über eine Heilung von Lepra eine Rolle spielt.
In dem Heilungsbericht werden erwähnt die zehnjährige Tochter Johanna der Eheleute Philagius und Philagia, die 1723 von einer sehr üblen Form des Aussatzes (pessimum leprae genus) befallen wurde. Nach sechsmonatiger Behandlung brachen die beiden Ärzte Dr. Philagius aus dem Stamm (Kaste) Palla, wohnhaft in der südindischen Stadt Raimangallam, wie auch der andere Arzt Dr. Marrava Giganaden (in den Protokollen wird er auch Xeganaden bzw. Geganaden genannt) die Behandlung als ergebnislos ab.
Zusammen mit den beiden Frauen aus dem gemeinsamen Wohnort Raimangallam, Frau Margareta und Frau Bona, brachte die Großmutter Johanna ihr an Lepra hoffnungslos erkranktes Enkelkind zum Hügel des Martyriums des portugiesischen Jesuiten Johannes de Britto. Die Zeugenaussagen sind dem Apostolischen Prozeß (Summarium super Martyrio) entnommen, der bereits 1726 (drei Jahre nach der Wunderheilung) in Mylapore (Madras) begann. Diese Akten sind später in den Seligsprechungsprozeß aufgenommen worden.[116)]

■ Zeugenaussage des behandelnden Arztes Dr. Philagius, Chirurg aus dem Stamm Palla in der Stadt Raimengallam, 58 Jahre alt:

„Im Jahre 1723 wurde ich von einem gewissen Philagius, einem Palla, gerufen, ich möchte seine damals zehnjährige Tochter Johanna, die an einer sehr üblen Art von Aussatz litt, besuchen. Ich kam und sah nicht nur, daß die Hautfarbe verdorben war, sondern daß auch alle Finger und Zehen faulten, eiterten und stanken. Ich erklärte, daß Medikamente kaum nützen würden, aber dennoch fing ich an, alles zu tun, was meine ärztliche Kunst vermochte. Da ich sah, daß alles unnütz war, zog ich einen anderen Chirurgen namens Jeganaden, aus dem Stamme Marrava, hinzu. Wir überlegten gemeinsam und haben sechs Monate lang alles versucht. In dieser Zeit wurde die Krankheit von Tag zu Tag schlimmer. Schon waren die faulenden Nägel abgefallen, schon hatten alle Finger und Zehen angefangen, kürzer zu werden, und der Geruch war schon so grauenhaft, daß man sich dem Mädchen nicht mehr nähern konnte. Darum gaben wir beide alle Hoffnungen auf und gingen nicht

mehr zu ihm hin. Darauf wurde lange Zeit überhaupt kein Heilmittel mehr angewandt.
Da faßte Johanna, die Großmutter des Mädchens, einen heilsamen Plan und trug die Kranke zu der Marterstätte des ehrw. P. Johannes de Britto. Dort hat sie lange gebetet und kehrte am selben Tag nach Hause zurück. Da ich in derselben Stadt wie sie wohne, sah ich sie bei ihrer Rückkehr. Das Mädchen, das vorher die Füße nicht auf den Boden aufsetzen konnte, stand an diesem Tage auf seinen Füßen und ging ein wenig umher. In vier Tagen aber waren, ohne daß irgendein Heilmittel in dieser Zeit angewandt worden wäre, die schwärenden Wunden völlig geheilt, wuchsen Nägel, Fleisch, Sehnen und Haut, und alles Kranke war verschwunden, und das Mädchen erschien gesund, und kein Anzeichen von dieser Krankheit ist, auch später nicht, wieder aufgetaucht.
Auf Grund meiner medizinischen Kenntnisse urteile und schwöre ich, daß dieses ein sicheres und großes Wunder ist."[117]

■ Zeugenaussage der 61jährigen Großmutter des geheilten Enkelkindes, Frau Johanna aus dem Stamm Palla, wohnhaft in der Stadt Raimengallam:

„Mein Enkelkind Johanna, von meiner Tochter Philagia und ihrem Gatten Philagius, wurde im Jahre 1723 von einer ganz üblen Art von Aussatz angesteckt. Ihre Hautfarbe war nämlich nicht nur verdorben, sondern auch alle ihre Finger und Zehen schwärten und faulten und flossen von einem fauligen Eiter und verbreiteten einen schrecklichen Geruch. Schon waren die faulenden Nägel abgefallen, und schon wurden alle Finger und Nägel kürzer.
Wir befürchteten, nach nicht langer Zeit würden, wie man das hierzulande vielfach sehen kann, die Finger und Zehen gänzlich von der Krankheit weggefressen sein, und es würden nur noch die Stümpfe von Füßen und Händen übrig bleiben. Zwei Ärzte, der eine mit Namen Philagius, ein Palla, der andere ein Marrava namens Giganaden, wandten sechs Monate lang alle erdenkbaren Heilmittel an, aber ohne jeden Erfolg. Die Schwären wurden immer schlimmer, so daß niemand mehr nahe an das Haus zu kommen wagte, weil jeder durch den schrecklichen Geruch von ihm ferngehalten wurde. Die Chirurgen gaben alle Hoffnung auf und blieben fort.
Nach langer Zeit, in der überhaupt kein Heilmittel mehr angewandt

wurde, nahm ich, weil ich von aller Menschenhilfe verlassen war, meine Zuflucht zur Hilfe Gottes, und mit Unterstützung von Margareta und Bona, beide aus dem Stamme Palla, trug ich meine Enkelin, die zehn Jahre alt war und mit ihren Füßen nicht auf den Boden auftreten konnte, zu der Stelle, wo der ehrw. P. de Britto gemartert worden war, und dort haben wir Almosen und Fasten versprochen und lange gebetet. Und an demselben Tage ließ schon die Gewalt der Krankheit etwas nach, und als wir nach Hause zurückkehrten, ging das Mädchen ein gutes und nicht unbeschwerliches Stück des Weges. Und schließlich waren am vierten Tage ohne Anwendung irgendwelcher Medizin die Geschwüre völlig geheilt und Fleisch, Sehnen, Haut und Nägel gewachsen, und man sah, daß ihm nichts fehlte, und es war vollständig und vollkommen geheilt, wie Ihr es jetzt selbst hier sehen könnt. Und niemals erschien in ihr wieder eine Spur von Krankheit.
Daß dieses ein ganz hervorragendes Wunder gewesen ist, steht für alle fest. Wenn dieses kein Wunder war, weiß ich nicht, was ein Wunder sein soll."[118)]

■ Zeugenaussage des Herrn Andreas, Katechist in der Stadt Cattacuddi, 66 Jahre alt, der das geheilte Mädchen Johanna erkrankt wie geheilt wiederholt gesehen hat:

„In der Gegend, die mir als Wanderkatechisten und für den Katechismusunterricht anvertraut ist, liegt eine Stadt mit Namen Raimangallam. Hier war ein zehnjähriges Mädchen Johanna aus dem Stamme Palla, Tochter eines gewissen Philagius und seiner Frau Philagia, von einer ganz üblen Aussatzart befallen worden.
Als ich einmal dort war, sah ich, daß alle Finger und Zehen des Mädchens schwärten und faulten, eiterten und stanken. Ich sah, daß die verfaulten Nägel schon abgefallen waren und daß alle Finger und Zehen schon anfingen, kürzer zu werden. Manche, sage ich, habe ich mit ähnlicher Krankheit behaftet gesehen, niemand, der durch ärztliche Hilfe wieder gesund wurde.
Zwei Ärzte, der eine der Palla Philagius, der andere ein Marrava mit Namen Xegnaden, wandten sechs Monate alles an, was sie ersinnen konnten, es nützte aber nichts. Schließlich kamen sie aber nicht mehr, weil sie, wie sie mir sagten, alle Hoffnung aufgegeben hatten. Danach wurde lange Zeit überhaupt kein Heilmittel mehr angewandt, und die

Fäulnis wurde immer schlimmer. Als ich das Mädchen wiederum besuchte, umgab es ein so furchtbarer Geruch, daß ich kaum mich ihm nähern konnte, die anderen wagten nicht einmal, nahe an das Haus heranzukommen, wo es wohnte.
Dann nahm seine Großmutter Johanna ihre Zuflucht zur Hilfe Gottes und trug, zusammen mit Margareta und Bona, beide aus dem Stamme Palla, das kranke Mädchen zu der Marterstätte des ehrw. P. Johannes de Britto. Ich habe sie zwar nicht dorthin begleitet. Ich weiß aber dennoch mit Sicherheit, daß sie dorthin gegangen sind. Ich habe aber das Mädchen sofort gesehen, wie sie nach Hause zurückkehrten. Während es vorher nicht einmal den Fuß auf die Erde setzen konnte, sah ich es jetzt schon etwas umhergehen. Innerhalb von vier Tagen waren, ohne Anwendung eines Medikamentes in dieser Zeit, die Geschwüre völlig geheilt, wuchsen Fleisch, Haut und Nägel, und fehlte nichts mehr an der natürlichen Vollkommenheit der Finger und der Zehen, wie ich selbst gesehen habe. Auch sehr viele Heiden, die sehr gut diese üble Krankheitsart kannten, welche das Mädchen befallen hatte, waren höchst verwundert, wie sie es nachher durch die Fürbitte des ehrw. P. Johannes de Britto geheilt sahen.
Ich selbst auch habe, um den Heiden die Herrlichkeit und Wahrheit unserer Religion zu zeigen, ihnen dieses ihnen bestens bekannte Wunder vorgelegt, und sie haben niemals gewagt, es abzuleugnen. Von damals bis heute ist nie wieder ein Anzeichen der Krankheit bei dem Mädchen erschienen."[119)]

■ Zeugenaussage von Frau Margareta aus dem Stamm Palla, wohnhaft in der Stadt Raimangallam, 35 Jahre alt, die das erkrankte Kind zur Stätte der Heilung mitgetragen und dort das Wunder erlebt hatte:

„Im Jahre 1723 wurde in meiner Stadt Johanna, die Tochter eines gewissen Philagius, eines Palla, im Alter von zehn Jahren von einer sehr schlimmen Aussatzart befallen. Die Finger und Zehen alle schwärten und faulten, eiterten und stanken. Alle Nägel waren abgefallen, alle Finger und Zehen wurden kürzer. Zwei Ärzte, der Palla Philagius und der Marrava Gegnadena, hätten während sechs Monaten alle Heilmittel angewandt, die sie wußten, und hatten sie hoffnungslos liegen gelassen. Es wurde darauf kein Heilmittel mehr gebraucht, die Krankheit wurde von

Tag zu Tag schlimmer, und jeder scheute sich, auch nur in die Nähe des Hauses zu kommen, wo sie wohnte.
Da brachten ihre Großmutter, die auch Johanna heißt, und mit ihr ich und eine andere Palla mit Namen Bona das kranke Mädchen zu der Stätte, wo der ehrw. P. Johannes de Britto enthauptet worden ist. Wir versprachen dort einige Almosen und fasteten und beteten lange. Am selben Tage ließ die Gewalt der Krankheit etwas nach und das Mädchen, das vorher nicht auftreten konnte, stand auf seinen Füßen und ging selbst ohne Schwierigkeit ein Stück des Weges. Wir kehrten nach Hause zurück, und innerhalb von vier Tagen, ohne daß ein Heilmittel angewandt worden wäre, waren die Geschwüre völlig geheilt, die Finger und Zehen auf ihren natürlichen Stand zurückgebracht und die Nägel gewachsen, und das Mädchen war vollkommen gesund.
Auch später ist nie ein Zeichen dieser Krankheit wieder bei ihm erschienen. Dieses alles habe nicht nur ich mit meinen eigenen Augen gesehen, sondern auch meine ganze Stadt, und auch die Heiden haben bekannt, das sei ein großes Wunder, und sie lobten den wahren Gott."[120)]

■ Zeugenaussage von Frau Bona, wohnhaft in der Stadt Raimangallam, 25 Jahre alt, die zusammen mit der Großmutter und Frau Margareta das erkrankte Kind zur Hinrichtungsstätte des hochverehrten Jesuitenmärtyrers Johannes de Britto getragen und dort das Heilungswunder erlebt hatte:

„Nahe bei meinem Hause wohnte ein gewisser Palla namens Philagius. Dessen zehnjährige Tochter Johanna wurde im Jahre 1723 von einer sehr üblen Aussatzart befallen. Alle Finger und Zehen schwärten, faulten, eiterten und stanken. Die verfaulten Nägel waren abgefallen, Finger und Zehen wurden schon kürzer. Zwei Ärzte, der Palla Philagius und der Marrava Geganaden, versuchten sechs Monate alles bei ihr und ließen sie dann hoffnungslos liegen. Da von da an keine Heilmittel mehr angewandt wurden, verschlimmerte sich die Krankheit so sehr, daß niemand nicht einmal an das Haus heranzukommen wagte.
Dann trugen ihre Großmutter Johanna, ich und eine andere Palla mit Namen Bona das kranke Mädchen auf unserem Rücken zu der Stelle, wo der ehrw. P. Johannes de Britto für den Glauben gestorben ist. Dort versprachen wir Almosen und Fasten und riefen seine Fürbitte an. Am selben Tage ließen die Schmerzen stark nach. Das Mädchen stand auf sei-

nen Füßen, das vorher nicht vermocht hatte, auf den Boden aufzutreten, und es konnte leicht ein Stück des Weges gehen. Wir kamen nach Hause, und innerhalb von vier Tagen war ohne Anwendung eines Heilmittels das Schwärende plötzlich geheilt, waren die Nägel vollkommen wieder gewachsen und Finger und Zehen wieder auf ihren natürlichen Stand gebracht, und das Mädchen war völlig gesund.
Auch später ist niemals wieder ein Anzeichen dieser Krankheit gesehen worden. Dieses alles habe ich mit meinen eigenen Augen selbst gesehen. Alle haben es gesehen und bekennen, daß dies ein großes Wunder ist, und sind des Staunens voll."[121)]

Plötzliche Heilung von Epilepsie (1738)

Hieronymus Aemiliani

Die Lagunenstadt Venedig ist die Stätte einer außergewöhnlichen Wunderheilung des achtjährigen Knaben Antonius Blanchini, der von Geburt an unter sich verstärkenden epileptischen Anfällen litt. Das genaue Datum des Wunders: 4. Januar 1738.

In den ersten Lebensjahren kamen diese Anfälle im Monat nur vier- oder fünfmal. Nach manchem Anfall blieb der Junge ganz verkrampft, wie halbtot liegen mit Schaum vor dem Mund. Später wurde die Krankheit immer schlimmer. Die epileptischen Anfälle kamen bis zu 60 mal an einem einzigen Tag. Der behandelnde, in Venedig ansässige Arzt Dr. Johannes Josef Angeli, konnte nach Rücksprache mit medizinischen Fachkollegen den Eltern nur mitteilen, daß die Krankheit unheilbar sei.

In ihrer Sorge wandten sich die Eltern an den 1486 in Venedig geborenen und als Landsmann hochverehrten Ordensgründer Girolamo Aemiliani (Miani). Dieser hatte 1532 einen Krankenpflegeorden in Somasca (Lombardei) gegründet. Dort war er an der Pest, die er sich bei der Krankenpflege zugezogen hatte, am 8. Februar 1537 gestorben. Dem Vater des erkrankten Kindes war die Gemeinschaft der „Somasker" deshalb be-

kannt, weil er vor seiner Verheiratung als Laienbruder ihr angehört hatte. An diesen ehrwürdigen Ordensgründer wurden Vater und Mutter des epileptischen Kindes erinnert, weil in Venedig die Heilung einer unheilbar erkrankten Frau Hieronyma Durighello bekannt geworden war. Diese Frau habe neben der Anrufung des hochverehrten Hieronymus Aemiliani auch Wasser getrunken, das aus einer Quelle stammte, die dieser Ordensgründer aus einem Felsen hatte entspringen lassen.
Eigenartig ist in dem Bericht das Gelöbnis der Eltern, ihr Kind solle nach einer Heilung das Ordenskleid der Somasker tragen. Die Hinzufügung „... so lange er hielte“ meint jedoch keinen Ordenseintritt.
Die Zeugenaussagen wurden unter Eid im Apostolischen Prozeß in Venedig 1739 gemacht. Sie sind gedruckt festgehalten in der Positio super miraculis. Romae 1740, 86–138. Hieronymus Aemiliani wurde 1747 selig-, 1767 heiliggesprochen.[122)]

■ Zeugenaussage der Mutter des geheilten Knaben, Frau Franziska Millio Blandini, 42 Jahre alt, wohnhaft in Venedig, im Apostolischen Prozeß in Venedig (1739):

„Die plötzliche Heilung meines jetzt etwa acht Jahre alten Sohnes geschah auf die Fürbitte des Dieners Gottes Hieronymus Miani am Morgen des 4. Januar 1738 bei Tagesanbruch, als er befreit wurde von der Fallsucht, an der er von Geburt an litt.
Dieser mein Sohn Antonius war noch keine vierzig Tage alt, als er Krämpfe bekam, die als Fallsucht beurteilt wurden, in denen er fünf Stunden ununterbrochen wie tot dalag, fast ohne Atem, ganz verdreht und mit Schaum vor dem Mund. Er blieb, wenn er einen Anfall bekam, später in der gleichen Weise während etwa fünf Stunden halbtot, aber nicht jeden Tag, sondern vier-, fünfmal im Monat. Als er größer wurde, wurde auch die Krankheit schlimmer. Als er ein Jahr geworden war, geschahen die Anfälle täglich und später mehrmals am Tage, und je älter er wurde, desto häufiger wurden auch die Anfälle, und sie wurden schrecklicher und heftiger, und er schien dann wie tot zu sein.
Bei den ersten Anfällen wurde der Arzt, Herr Josef Angeli, geholt. Erst als das Kind vier Jahre alt war, verordnete er ihm Heilmittel, aber sie nützten nichts. Die Krankheit wurde vielmehr schlimmer. Ende September 1737 gab der Arzt die Behandlung mit der Begründung auf, die Krankheit sei unheilbar, und er machte uns darauf aufmerksam, daß das Kind

in einem dieser Anfälle tot bleiben könne. Darum war ich dauernd um das Kind und ließ ihm beistehen, weil ich jeden Tag glaubte, daß dies Unglück geschehen werde. Man kann nicht mit Sicherheit sagen, wie oft am Tage er die Krämpfe hatte. Denn sie waren ununterbrochen. Hatte er nach einem Anfall für einige Augenblicke Atem geschöpft, so fiel er schon in den nächsten, und so ging es Tag und Nacht bis zu seiner wunderbaren Heilung. Er war in einer solchen Verfassung, daß man ihn nicht aus dem Bett nehmen konnte, und einige Male, als ich ihm nur ein Hemd anziehen wollte, überkam ihn in meinen Armen ein neuer Anfall.

Als ich hörte, die Frau Hieronyma Durighello im Krankenhaus der Unheilbaren sei durch ein Wunder auf die Fürbitte des Dieners Gottes Hieronymus Miani geheilt worden, und sie besitze noch Wasser aus der Quelle, die der Diener Gottes zu seinen Lebzeiten wunderbarerweise aus einem Felsen hat entspringen lassen, da schöpfte ich das Vertrauen, daß auf seine Fürbitte auch mein Sohn durch ein Wunder die Heilung erlangen würde. Darum veranlaßte ich das Kind und meinen Mann, uns seiner Fürbitte zu empfehlen, und mein Mann und ich gelobten, unser Sohn solle das Ordenskleid des Dieners Gottes tragen, so lange es hielte, wenn er geheilt würde.

Ich besorgte mir etwas von dem Wasser bei der Frau Hieronyma Durighello und ließ es von meinem Söhnchen fromm trinken, nachdem ich ihn Akte des Vertrauens auf die Fürbitte des Dieners Gottes hatte erwekken lassen. Mein Mann, ich und das Kind beteten drei Vaterunser und Ave zu seiner Ehre, bevor wir ihm das Wasser gaben, und wir versprachen, die ganze Familie würde an der Vigil des Todestages des Dieners Gottes Miani fasten bei Wasser und Brot, auch wenn die Vigil auf einen Sonntag fiele, und jeden Tag drei Vaterunser und Ave zu seiner Ehre beten, und wenn es Gott gefallen würde, daß wir seine Heiligsprechung erlebten, gelobten wir, bei seinem Altar eine Silbertafel oder ein Bild zur Erinnerung an das Wunder anzubringen, das wir auf seine Fürbitte in der Heilung unseres Kindes von ihm erhofften. Mein Mann, der als Laienbruder bei den Somaskern eingetreten war, hatte bei seinem Austritt ein Bild des Dieners Gottes mitgebracht. Nachdem wir an diesem 3. Januar 1738 so gebetet und die Gelübde gemacht hatten, ließ er das Kind dieses Bild küssen. Unser Sohn war an diesem Tage weiter krank, wenn auch vielleicht nicht ganz so schlimm. Trotzdem hörten wir Eltern nicht auf zu vertrauen und den ganzen Tag uns der Fürbitte des Dieners Gottes zu empfehlen, und wir wirkten auch auf das Kind ein, daß es das

Vertrauen behielt, die Gesundheit zu erhalten. Anders als sonst schlief der Junge die ganze Nacht.
Am Morgen in aller Frühe wurde er fröhlich wach, er rief, er sei gesund, sein Heiliger, Hieronymus Miani, habe ihn gesund gemacht. Sein Vater hörte ihn als erster rufen, er sei geheilt und wolle aufstehen. Mein Mann sagte ihm, er solle ruhig sein und mich nicht wecken. Darüber wurde ich wach, ich hörte die Freude des Kindes, wir standen freudig auf. Der Junge wollte angezogen werden, er stand auf, fing an durch das Haus zu laufen. Er hatte seine Kräfte wieder, denn wir sahen ihn gehen, springen, spielen, essen und alles tun, was ein gesundes Kind seines Alters tut. Das sahen mein Mann und ich sowie andere Leute, die herbeieilten, um das erstaunliche Wunder zu sehen. Mein Sohn ist weder in eine ähnliche noch in eine andere Krankheit gefallen. Er ist seitdem vollkommen gesund, wie wenn er niemals krank gewesen wäre."[123)]

■ Zeugenaussage des Vaters des geheilten Kindes, Herrn Dominikus Blanchini, aus Treviso stammend, 41 Jahre alt, im Apostolischen Prozeß in Venedig (1739):

„Kaum war mein Sohn geboren, da begannen bei ihm Krämpfe, die seine Mutter wie ich für die gewöhnlichen hielten, wie sie bei Kindern vorkommen. Aber diese Krämpfe wurden im Laufe der Zeit zu einer richtigen Fallsucht oder Epilepsie. Er fiel täglich viele Male halbtot hin mit Schaum vor dem Mund, er wurde blauschwarz, ganz verdreht, war bewußtlos und schien tot zu sein. Die Krankheit befiel ihn unaufhörlich, er wurde blöde, krumm und bucklig und fiel bis zu sechzigmal am Tage hin.
Als er sieben Jahre alt geworden war, mußte er im Bett liegen bleiben, weil er Tag und Nacht die Anfälle hatte. Er magerte aufs äußerste ab, er bestand nur noch aus Haut und Knochen, und wir glaubten immerzu, er würde sterben, weil er nicht aß und keinen Schlaf fand. Er war wie ein Monstrum geworden. Er mußte im Bett liegen bleiben, weil wir fürchteten, er würde beim Fallen sich tödlich verletzen, und weil er so kraftlos geworden war, daß er nicht aufrecht blieb, auch wenn er von mir oder meiner Frau und den andern im Hause gehalten wurde ...
Ich und meine Frau gaben dem Kind ein paar Tropfen von dem Wasser, wir beteten und machten die Gelübde. An diesem 3. Januar 1738 hatte es weiter in gleicher Häufigkeit die gewohnten Anfälle. Wir hörten nicht

auf, den ganzen Tag den Diener Gottes anzurufen und gingen schlafen in dem festen Vertrauen, erhört zu werden. Der Junge schlief diese Nacht durch, ohne aufzuwachen. In aller Frühe rief er mich: ‚Herr Vater, ich bin gesund und will aufstehen, mein Heiliger hat mich geheilt.' Gefragt, welcher Heilige ihn geheilt habe, antwortete er: ‚Der hl. Hieronymus Miani', und er zeigte mit dem Finger auf das Bild des Dieners Gottes, das über meinem Bette hing.
Voll Ungeduld trieb mein Sohn, daß er angezogen würde und daß wir ihn aufstehen ließen. Er wurde angezogen und fing an, fröhlich durch das Haus zu gehen. Er befand sich vollkommen geheilt von allen seinen Krankheiten, nämlich der Epilepsie, den Krämpfen, der Abmagerung, der Verkrüppelung, der Blödheit, und er ist bis zum heutigen Tage vollkommen gesund geblieben."[124)]

■ Zeugenaussage des behandelnden Arztes, Herrn Dr. Johannes Josef Angeli, wohnhaft in Venedig, 33 Jahre alt, im Apostolischen Prozeß in Venedig (1739):

„Die Krankheit hatte der kleine Antonius mit auf die Welt gebracht. Als er in den Windeln lag, hatte er leichte Krämpfe. Als er drei bis vier Jahre alt war, wurden sie zu einer regelrechten schweren und heftigen Epilepsie, er hatte damals täglich 10, 12, 16 Anfälle. Mit dem Älterwerden wurden auch die Anfälle schlimmer nach Schwere und Häufigkeit, er fiel bis zu sechzigmal am Tage, und ich mußte die Eltern als Arzt verpflichten, ihn im Bett zu halten, damit er sich nicht durch die dauernden heftigen Anfälle den Kopf einschlage, und die Anfälle waren so stark, daß das Kind blöde, verkrümmt, zusammengezogen, bucklig und ausgemergelt wurde, daß es nicht essen und sprechen konnte. Ich habe es so bis zu seiner Heilung gesehen. Meine förmliche Behandlung habe ich im September 1737 aufgegeben, da die Krankheit von mir und anderen Sachverständigen als unheilbar angesehen wurde.

Auch die Eltern erkannten, daß man dem Kleinen nicht anders helfen konnte als durch aufmerksame Beobachtung, daß er sich nicht bei einem Anfall tödlich verletzte. Wenn er nicht an der Epilepsie starb, so mußte er an Unterernährung und am Verfall seiner körperlichen und seelischen Kräfte sterben. Am Tage, wo sie die Gelübde machten, erzählten mir die Eltern, das Kind habe fünfzig, sechzig Anfälle täglich. Der Vater, in der Freude über das erlangte Wunder, gab mir sofort darüber Be-

scheid, und einige Tage später brachte er mir den Sohn, bekleidet mit dem Ordensgewand der Somasker, ins Haus, und er wurde von mir genau untersucht, und ich staunte, ihn vollkommen gesund an allen Teilen des Körpers zu sehen. Ich habe mit ihm gesprochen und ihn mit ganz besonderer Aufmerksamkeit sorgfältig untersucht.
Die Heilung des kleinen Antonius ist eine vollkommene, er hat keinen Rückfall gehabt und ist stets gesund geblieben, wenn er sich auch schon mal den Magen verdorben hat, wie das so in diesem Alter vorkommt."[125)]

■ Zeugenaussage des Geistlichen H. H. Johannes Salchi, gebürtig aus Venedig, 55 Jahre alt, der seit mehreren Jahren eine Mietwohnung im Elternhaus des erkrankten Kindes bezogen hatte und daher das erkrankte Kind fast täglich gesehen hatte, im Apostolischen Prozeß in Venedig (1739):

„Vor fünf Jahren bin ich in das Haus gezogen, in dem Dominikus Bianchini wohnt. Von dieser Zeit an bis zu seiner wunderbaren Heilung habe ich gesehen, daß sein Sohn Antonius fallsüchtig war, an allgemeinen Krämpfen litt, die ihn hinfallen ließen, in denen er halbtot und völlig bewußtlos lag, mit Schaum vor dem Mund. Er schien wie tot zu sein, und die Anfälle packten ihn oft am Tage. Und die Mutter war um ihn, weil er sonst in Gefahr war, sich tödlich zu verletzen. Die Krankheit hatte ihn aufs äußerste ausgezehrt, und er mußte im Bett liegen bleiben, sowohl wegen seiner Kraftlosigkeit wie wegen der lebensgefährlichen Verletzungen bei einem Anfall. Er war verblödet, hatte das Rückgrat verkrümmt, war entstellt und ein Anblick zum Erbarmen.
In diesem Zustand habe ich ihn gesehen bis zum Tage seiner wunderbaren Heilung, und ich habe ihn so jeden Tag gesehen. [An demselben Tage, an dem das Kind die paar Tropfen Wasser aus Somasca geschluckt hatte und die Krämpfe weitergingen], habe ich die Eltern ermahnt, in dem Vertrauen nicht zu erlahmen, sondern weiter um die Fürbitte des Dieners Gottes zu beten.
Am Morgen des 4. Januar 1738 fand sich Antonius Bianchini vollkommen geheilt. Er stand auf, hatte alle seine Körperkräfte, ging frei umher, aß und trank sogar Wein, tat und trieb alles, was gesunde Kinder seines Alters tun. Ich weiß das, weil ich den Jungen das an eben diesem Tage vor meinen Augen habe tun sehen, mit fröhlichem Geist und fröhlichem Angesicht, wie wenn er nie etwas gehabt hätte. Am Abend hatte ich ihn an Anfällen im Bett leiden und ohne Kraft gesehen, und von da an habe ich ihn täglich in vollkommener Gesundheit gesehen."[126)]

Heilung eines von den Lenden ab knochenlosen Kindes (1739)

Das Wunder ereignete sich am Osterdienstag des Jahres 1739 in der Kirche von Leonessa (Abruzzen/Italien) vor dem Altar, auf dem in einem Reliquienschrein die Gebeine des (damals) seligen Kapuzinerpaters Josef von Leonessa (geb. 4. Februar 1556, gestorben am 4.2.1612 Amatrice, Diözese Ascoli Piceno) zur Verehrung ausgestellt waren.
Beim Heiligsprechungsprozeß des seligen Kapuzinerpaters Josef von Leonessa in Rom 1743 wurden folgende Zeugenaussagen für die Bestätigung des Wunders an dem zweijährigen Josef Dionisi (geboren im Juli 1737 in Leonessa) vorgelegt, im Summarium der Zeugenaussagen über das erste Wunder (Seite 7–21) der Positio super miraculis festgehalten und auch bei der kanonischen Bestätigung als erstes Wunder anerkannt. Die deutsche Übersetzung stammt von Wilhelm Schamoni.[127)]

■ Zeugenaussage von Frau Klara Cricchi Dionisi, der Mutter des geheilten Kindes:

„Nachdem ich drei gesunde Jungen geboren hatte, brachte ich im Juli 1737 einen vierten Knaben nach neun Monaten zur Welt, der mich, anders als die anderen, zwei Tage bei der Geburt sehr leiden ließ. Nach der Geburt stellten ich wie auch die Hebamme fest, daß der arme Junge in den Füßen keinen Halt hatte. Denn in der unteren Körperhälfte von den Lenden an fühlte man, daß er in den Schenkeln, Beinen, Füßen keine Knochen oder sonst etwas Festes hatte, was gestattet, daß er stehen oder sitzen konnte. Ganz betrübt ließ ich den verstorbenen Herrn Ercolano Ercolani, ersten Wundarzt von Leonessa, holen. Er ließ ihn in der Wiege ausziehen und untersuchte ihn sorgfältig, und nachdem er ihn abgetastet hatte, sagte er mir: ‚Was wollt Ihr, daß ich Eurem Kindchen tun soll? [Sein Name ist Josef.] Seht Ihr nicht, daß seine untere Körperhälfte ohne Knochen ist und ohne Halt und Kraft, so daß er sich nicht in den Schenkeln, Unterschenkeln, Füßen halten kann? Ich kann ihm nichts verordnen, denn da helfen keine Medikamente.‘
Sieben Monate etwa später, nach dem Tode von Ercolani, brachte ich den so verkrüppelten Josef zu dem Herrn Hyazinth Ercolani, dem Sohn des Verstorbenen, der ebenfalls freier Wundarzt war und erst kürzlich

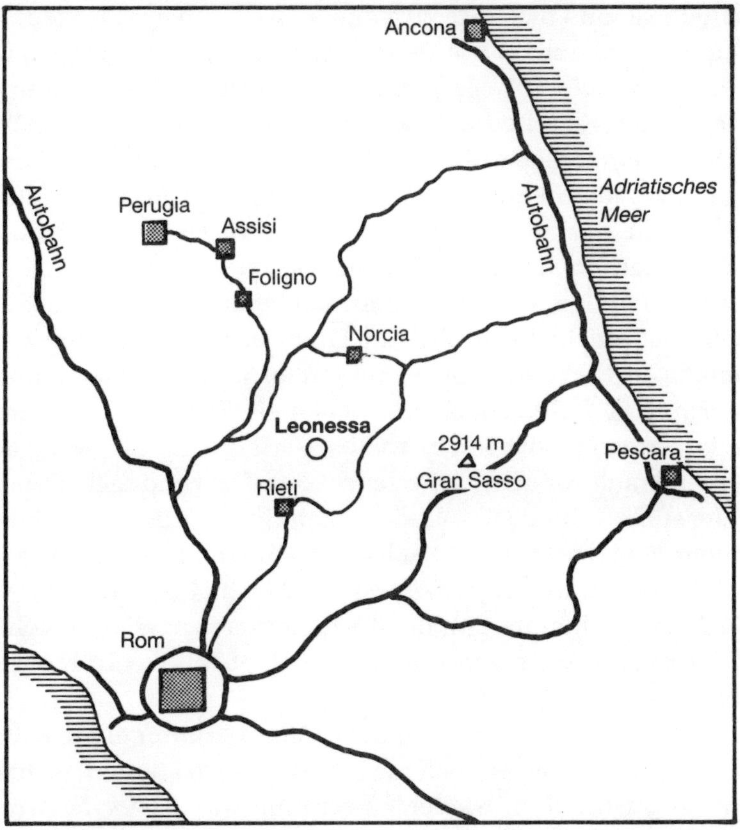

Das in den Abruzzen liegende, 1228 gegründete Städtchen Leonessa ist sehenswert sowohl wegen seiner Gebirgslage wie auch wegen seiner mittelalterlichen Paläste und Häuser. Überrascht ist jeder Besucher der beiden Kirchen von Leonessa: der Klosterkirche S. Francesco mit dem Reliquienschrein des 1746 heiliggesprochenen Heimatsohnes und Kapuzinerpaters Josef von Leonessa (in der Via Ciucci) und der Marienkirche S. Maria del Populo (am Corso S. Giuseppe da Leonessa).

von Monte Reale zurückgekehrt war, damit er ihn untersuche, ob es eine Hilfe gäbe. Dieser Hyazinth ließ ihn, nachdem ich ihn ausgezogen hatte, auf seinem Schoß sitzen, er betastete ihn wieder und wieder. Dann legte er die Hände unter die Lenden, und sofort bog sich das Kind nach beiden Richtungen, zum Kopf und zu den Schenkeln hin, wie wenn es aus Teig gewesen wäre, und er zeigte mir, daß in den Schenkeln, Unterschenkeln und Füßen überhaupt kein Knochen sei oder sonst etwas Festes, das Widerstand leistete. Er lenkte die Glieder, drehte sie zusam-

men, faltete sie und ballte sie zusammen, wie man ein Taschentuch zusammendreht. Er schloß mit den Worten, es sei unmöglich, daß mein Sohn auf natürlichem Wege geheilt werden könne, man könne ihm keine fehlenden Knochen nachwachsen lassen, hierzu sei ein Wunder nötig. Darum empfahl er mir, zum sel. Josef von Leonessa zu beten.
Da fing ich an, diesen Seligen anzurufen, sowohl zu Hause wie auch in der Kirche, in der sein ehrwürdiger Leib verehrt wird. Schließlich konnte ich nicht mehr meiner Traurigkeit und dem Schimpfen meines Mannes widerstehen. Ich nahm mein Kindchen und trug es allein, weil ich mich schämte, in die Kirche zum Grab des Seligen, zu einer Stunde, als niemand dort war, und legte es auf seinen Altar am Ostersonntag und am Ostermontag 1739, jedoch ohne daß mein Flehen erhört wurde. Am dritten Ostertag machte ich es wieder so. Ich legte es wieder auf den Altar, kniete mich vor dem Leibe des sel. Josef hin und sagte ihm: ‚Da ist er, sel. Josef, holt ihn euch tot oder macht ihn mir gesund, ich will ihn nicht mehr länger so haben.‘ Nach diesen Worten ging ich zur Kirchentür in der Absicht, ihn liegen zu lassen. Aber da hörte ich ihn weinen, und aus Angst, es könnte ihm noch Schlimmeres passieren, kehrte ich zurück, kniete mich vor dem Altar hin und flehte mit noch größerer Glut zum sel. Josef.
Da sah ich, wie mein Söhnchen mir vom Altar herunter einen Fuß entgegenstreckte, den er vorher noch nie hatte bewegen können. Da holte ich ihn herunter, faßte ihm, wie ich es gewohnt war, unter die Arme, sah aber sehr gut, daß er auf die Altarstufe richtig die Füße aufsetzte und sich allein aufrecht hielt, indem er sich mit dem einen Händchen an meinem Kleid festhielt. Voller Freude umarmte ich ihn, dankte dem sel. Josef für dieses so große Wunder, eilte nach Hause und zeigte ihn meinem Mann und sagte ihm: ‚Diesem Jungen mußt du Schuhe machen, denn der sel. Josef hat ihn mir heil und gesund gemacht, wie Ihr seht‘, und er weinte mit mir vor Freude.
Mein Mann, der Schuhmacher ist, machte ihm die Schuhe, und von da an ist das Kind immer gegangen, und es geht frei, und es ist schön und stark, wie alle sehen. Am folgenden Tag, Mittwoch in der Osterwoche, nahm ich meinen Sohn Josef mit, und er ging den Weg ohne Hilfe, zu meinem Schwager Johannes Chrysostomus. Der staunte, als er den Jungen sah, wie auch P. Franz Rosi, Franziskanerkonventuale, der zugegen war und ihn öfter als Krüppel gesehen hatte.
Einige Tage später besuchte uns der Herr Hyazinth Ercolani, der Wund-

arzt, der ihn für unheilbar erklärt hatte. Dieser betastete Josef wieder und wieder und stellte fest, daß er alle Knochen, die ihm gefehlt hatten, in den Füßen, den Unter- und Oberschenkeln besaß. Und er sah ihn zu seinem großen Staunen frei daher gehen, und er hielt das für ein wahres und unbezweifelbares Wunder, über das überall in Leonessa und ringsum zur Ehre Gottes und des sel. Josef gesprochen wurde.“[128)]

■ Zeugenaussage von Herrn Markus Dionisi (50 Jahre alt), Vater des geheilten Kindes:

„... die Hebamme habe nach der Geburt ihm gezeigt, daß der Junge an den unteren Gliedmaßen keine Knochen besäße. [Was der Wundarzt Ercolani sen. ihm nach der Untersuchung erklärte, hat oben seine Frau schon gesagt.] Von der Untersuchung bei Ercolani jun. hat seine Frau ihm berichtet, wie sich das Fleisch der unteren Extremitäten, als dieser Wundarzt dem Kinde die Hände unter die Lenden legte, wie ein haltloser Teig nach vorne und zurück gebogen habe und daß er sie wie ein Taschentuch zusammengeballt habe und daß er nichts Festes, nicht einmal eine Anlage zur Bildung von Knochen festgestellt habe. Der Wundarzt habe später auch ihm selbst empfohlen, zum sel. Josef zu beten, was er auch getan habe, aber er sei, vielleicht wegen seiner Sünden, nicht erhört worden. ‚Am Osterdienstag brachte meine Frau den Jungen voller Freude in unser Haus, sie zeigte mir, daß er frank und frei allein gehen konnte, und sagte, ich müsse ihm ein Paar Schühchen machen, was ich tat, und am folgenden Tag wurde er, wobei er auf seinen eigenen Füßen ging, in das Haus meines Bruders Johannes Chrysostomus gebracht, der sich hoch verwunderte.‘“[129)]

■ Zeugenaussage des Wundarztes Dr. Hyazinth Ercolani (30 Jahre alt), Sohn des Dr. Ercolano Ercolani sen. (von dem in den Zeugenaussagen der Mutter wie des Vaters des geheilten Kindes gesprochen wurde):

„Im Februar 1738 brachte mir Klara, Frau von Markus Dionisi, die in meiner Nähe wohnen, ihren Sohn Josef. Die Mutter zog ihn aus, und ich untersuchte ihn aufmerksam. Als ich die Hände unter die Rückenwirbel legte, sah ich, daß die unteren Extremitäten nach vorne und zurück ausschlugen (traboccava) und sich ganz wieder zurückbogen, und beim Biegen und Zurückbiegen fand ich die Schenkel und Unterschenkel in

ihrer Mitte so weich und biegsam ohne den geringsten Widerstand oder Härte, daß ich glaubte, es fehlten in dem einen wie dem andern Oberschenkel die Schenkelknochen und in den beiden Unterschenkeln Schienbein und Wadenbein. Man sah ein reines Kontinuum von Fleisch ohne Knochen, obwohl sie äußerlich angedeutet erschienen und die Gliedmaßen ausgebildet und geformt waren. Als ich ihn auf meinen Knien auf die Füße stellte, sah ich ganz klar, daß er sich auf seinen Füßen, Beinen, Schenkeln nicht halten konnte. Alles ballte sich zusammen zu einer Kugel von Fleisch. Nachdem ich dann sowohl die Füße, wie die Beine und die Schenkel genau abgetastet hatte, ohne irgendwo mit den Händen Widerstand oder irgend etwas Hartes festgestellt zu haben, kam ich zu dem Ergebnis, daß er tatsächlich durch einen Fehler der Natur in diesen Gliedmaßen ohne Knochen sei. Ich erklärte ihn der Mutter für unheilbar, und ohne ein Wunder der göttlichen Allmacht würde er ein Krüppel für immer sein.
Ungefähr zwei Jahre später hieß es in Leonessa, dieser Junge sei vollkommen geheilt. Von frommer Neugier getrieben, ging ich zu den Eltern des Kindes ... Die Mutter zeigte mir ihren geheilten Sohn, und ich sah sehr gut, daß er frei ohne jede Stütze einherging, und ich nahm ihn in den Arm, und ich betastete ihn wieder und wieder und stellte fest, daß er alle Knochen, die ihm gefehlt hatten, besaß, in den Ober- und Unterschenkeln und den Füßen."[130)]

■ Zeugenaussage des Paters Franz Rosi (39 Jahre alt), Franziskanerkonventuale des Klosters in Leonessa:

„Der Sohn Josef des Schuhmachers Markus Dionisi hatte unter den Lenden in den Schenkeln, Beinen und Füßen keine Knochen, wie ich selbst festgestellt habe, als ich eines Tages bei dem Hause des Dionisi vorbeikam. Das liegt bei der Mauer unseres Konventgartens. Ich hörte ihn unten auf der Treppe, wo seine Mutter ihn hingelegt hatte, schreien. Ich nahm ihn in die Arme und sah genau, daß seine untere Körperhälfte nur weiches und formbares Fleisch hatte, das sich drehen und nach jeder Richtung zusammendrücken ließ, ohne daß man von Ober- oder Unterschenkelknochen das geringste spürte, die Beine ließen sich drehen und falten wie ein Taschentuch. Andere Male zeigte ihn mir der Vater, als er aus den Windeln genommen und nackt dalag, und mich packte das Mitleid, wenn ich seine Gliedmaßen da ohne jedes Feste sah, sogar ohne

Sehnen und Knorpel, die wenigstens ein Anfang von Knochenbildung gewesen wären, wie mir später der Herr Wundarzt Hyazinth Ercolani sagte, der ihn auf Bitten der Eltern untersucht hat ... Am Mittwoch in der Osterwoche sagte mir der Guardian meines Klosters, P. Stephan Ramini, der Junge sei vollkommen geheilt durch ein Wunder des sel. Josef. Ich ging sofort in das Haus von Johannes Chrysostomus Dionisi, des leiblichen Onkels väterlicherseits des geheilten Kindes. Ich fand es dort mit seiner Mutter, es trug schon Schuhe und ging frank und frei einher, und neugierig fühlte ich unter seine Lenden und befühlte die Schenkel, Beine, Füße und sah, daß ihm alle nötigen Knochen nachgewachsen waren."[131)]

■ Zeugenaussage des Paters Stephan Ramini (59 Jahre alt), Franziskanerkonventuale des Klosters in Leonessa:

„Der Sohn Josef von Markus und Klara Dionisi war in seiner unteren Körperhälfte verkrüppelt geboren. Es fehlten ihm alle Knochen in den Schenkeln, Beinen, Füßen, so daß er keinen Halt zum Stehen und zum Sitzen hatte, er hatte an diesen Gliedmaßen nur weiches, nachgiebiges Fleisch, das sich hin- und herbiegen und wie ein Taschentuch zusammendrücken ließ, wie ich es selbst mehrere Male probiert habe, da das Haus seiner Eltern unserm Konvent benachbart ist, indem ich ihn in den Arm nahm. Von der armen Mutter habe ich gehört, sie hätte ihn von den Wundärzten Ercolani Vater und Sohn untersuchen lassen, die nicht nur keine Knochen, sondern nicht einmal sonst etwas Festes und Nichtnachgebendes, das nach Sehnen oder Knorpeln aussah, festgestellt hätten ...
Das Wunder erfuhr ich sofort von der Mutter. Sie zeigte mir, wie ihr Sohn frank und frei ging, und ich machte es im Konvent bekannt, wo alle Gott priesen. Darauf ging sofort P. Franz Rosi aus meinem Kloster in das Haus von Johannes Chrysostomus, dem Onkel des Kleinen. Er traf den Jungen zusammen mit seiner Mutter an, und mit seinen Händen erfühlte er die wunderbare Heilung, wie auch später ich bei mehreren Gelegenheiten das Kind gesehen und angefaßt habe, wie es ebenfalls im Hause der Mutter der Herr Wundarzt Hyazinth Ercolani untersucht hat. Und da es heute alle gesund, kräftig und schön sehen ohne eine Spur von der Krankheit, so war und ist das Wunder, sowohl in Leonessa wie auch außerhalb, überall bekannt."[132)]

■ Zeugenaussage des Don Alois Carocci, Kanonikus an der Kollegiat- und Pfarrkirche Santa Maria in Leonessa, der im Juli 1737 den Sohn Josef von Markus und Klara Cricchi Dionisi getauft hat:

„Im Juli 1737 taufte ich in der Kollegiat- und Pfarrkirche von Santa Maria in Leonessa den Sohn Josef von Markus Dionisi. Kurz danach, den genauen Tag weiß ich nicht mehr, besuchte ich die Eltern. Ich fand sie tiefbetrübt, weil sie erkannt hatten, daß die untere Körperhälfte des Kindes verkrüppelt war, wie ich selbst mehrmals beobachtet habe, daß es von den Lenden abwärts an den Schenkeln, Beinen, Füßen nur Fleisch hatte, das nach jeder Richtung sich biegen ließ, das man zusammendrehen und zusammenballen konnte. Es war unmöglich, das geringste Feste mit den Händen festzustellen, nicht einmal Sehnen oder Knorpel. Auch die Wundärzte Ercolani urteilten, das unglückliche Kind besäße überhaupt nicht die Gelenke (Vertebre) unter den Lenden für die Ober- und Unterschenkelknochen und es sei unheilbar, wie mir die Eltern, insbesondere die betrübte Mutter, sagten. Er wurde dem sel. Josef empfohlen, und auch ich gedachte manchmal seiner, wenn ich am Altar des Seligen zelebrierte. Als ich am Mittwoch nach Ostern 1739 das Haus des Markus betrat, sah ich zu meinem Staunen, daß Josef, den sie vorher in einem Korbe verwahrten, mit Schuhen an den Füßen umherging. Ich befühlte ihn und erkannte, daß er alle nötigen Knochen bekommen hatte. Die Mutter erzählte mir dann, daß sie am Osterdienstag, während die ganze Bevölkerung mit der großen Prozession vor die Stadt gezogen sei, den Jungen auf ihren Armen zur Kirche getragen habe, weil sie sich schämte, mit diesem monströsen Kind gesehen zu werden, und ihn mit frommer Zudringlichkeit dem Seligen empfohlen habe.“[133)]

■ Zeugenaussage des Herrn Ludwig Morelli (ungefähr 49 Jahre alt), Spezereiwarenhändler in Leonessa, der als Bekannter der Familie Dionisi bei der Taufe des schwerstbehinderten Kindes Josef den Taufpaten vertreten hat:

„Er hat öfter das Gebrechen des Kleinen gesehen und mit seinen Händen festgestellt, daß da nur eine knochenlose, zusammenballbare Masse von Fleisch war. Er betete auch mit für den Jungen zum sel. Josef. Sobald er von dem Wunder gehört hatte, eilte er hin, um sich mit seinen eigenen Händen von der Tatsache zu überzeugen. Und ich erkannte die vollkommene Heilung des Kindes Josef, und ich pries Gott, der sich immer mehr als wunderbar in seinem Seligen bezeugen will. Die Kunde von diesem Wunder hat sich überall verbreitet. Und der Ruf, daß dies ein Wunder ist, hält sich unerschüttert in der Allgemeinheit, weil er beruht auf der Augensichtlichkeit der Tatsache und gestützt ist durch die Beurteilung ernst zu nehmender und glaubwürdiger, unverdächtiger Personen. Es gibt niemand, der darüber anders gehört hätte."[134)]

Die Wunderheilung des zweijährigen Josef Dionisi in Leonessa bereitet gewiß manchem heutigen Beurteiler Schwierigkeiten wegen der Monstrosität der Knochenlosigkeit (von den Lenden ab), „die nach einer medizinischen Unmöglichkeit aussieht ... Da so viele Zeugen, welche die Wahrheit sagen konnten und wollten, unabhängig voneinander (und unter Eid) die handgreifliche Monstrosität beschworen haben, kann ich nicht umhin, sie als Tatsache hinzunehmen".[135)]

Heilung von Bauch- und Hautwassersucht (1772)

Im geschichtsträchtigen und kunstgeschichtlich überaus bemerkenswerten Gebiet der Marken (Marche) in Mittelitalien hat sich am 5. Mai 1772 ein Wunder an einer 62jährigen, verwitweten Frau Anna Carini Temperanza, aus Monte Rubbiano im Bistum Fermo ereignet.
Die Heilung wird zurückgeführt auf die Anrufung des hochverehrten Kapuzinerbruders Bernhard (Domenici Peroni) von Offida. Dieser verstorbene Kapuzinerbruder wurde im Gebiet der Marken deshalb so hoch verehrt, weil er ein Landsmann aus den Marken war (geboren am 7. November 1604 in Offida, gestorben am 22. August 1694 in Offida).
Auf eine bemerkenswerte Besonderheit dieser Heilung sei aufmerksam gemacht: Neben dem Fürbittgebet wird auch die Erscheinung des angerufenen Kapuzinerbruders Bernhard von Offida in der Nacht der Heilung in der Zeugenaussage der Geheilten genannt und eidlich beschworen.
Die Zeugenaussagen (Sommer 1774) sind den kirchlichen Prozeßprotokollen entnommen, die auch in die Seligsprechungsakten (Positio super miraculis. Romae 1791, 93–111) aufgenommen wurden. Der Kapuziner-

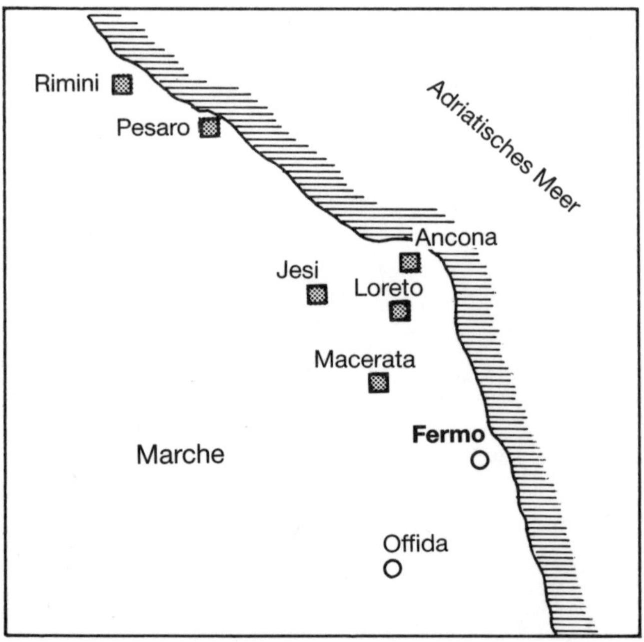

bruder Bernhard von Offida wurde am 25. Mai 1795 seliggesprochen.[136)]

■ Zeugenaussage der Geheilten, Frau Anna Carini Temperanza, aus Monte Rubbiano in der Diözese Fermo, 64 Jahre alt, während des Apostolischen Prozesses am 30. Juni 1774:

„Anfang April 1772, als ich 62 Jahre alt war, fingen meine Füße an, dicker zu werden, und die Anschwellungen verbreiteten sich allmählich über den ganzen Körper, so daß ich mich bald aufgedunsen fand, wie eine [Chianti-]Flasche. Zur Zeit, als die Krankheit mich befiel, war ich von dürrer und ausgemergelter Konstitution. Ich kann nicht sagen, woher mir die Krankheit gekommen ist. Mein ganzer Körper war angeschwollen. Wenn ich den Finger an einer Stelle eindrückte, blieb sie eingedrückt und kehrte erst nach einiger Zeit in ihre natürliche Lage zurück. Ich konnte nicht im Bette liegen, sondern mußte immer darin sitzen mit Stützen im Rücken, ohne daß ich mich je auf eine Seite legen konnte. Ich glaubte immerfort zu sterben, so kraftlos fühlte ich mich, jede kleinste Bewegung machte mir schwere Atemnot. Als der Herr Arzt mich in diesem hoffnungslosen Zustand sah, ordnete er an, daß mir die Sakramente der Buße und des Altars gespendet würden und dann auch die Letzte Ölung.

Während ich so dem Ende meines Lebens zueilte, hörte ich nicht auf, mich aus ganzem Herzen und mit größtem Vertrauen an den ehrw. Bruder Bernhard zu wenden. Seine Bilder [auf Papier, die ihr in Offida verheirateter Sohn ihr mitgebracht hatte] hingen an der Wand zu Häupten meines Bettes. Ich betete die folgenden Worte oder ähnliche: ‚Lieber Pater, befreie mich aus diesen Qualen, ich kann nicht mehr.' Diese Worte wiederholte ich von Zeit zu Zeit, besonders in jener Nacht, in der ich die wunderbare Heilung empfing.

Während ich da, nachdem ich die besagten Worte hervorgebracht hatte, wach war mit offenen Augen und ein Licht nicht weit von meinem Bette brannte, hörte ich, wie ich genau mit diesen Worten gerufen wurde: ‚Kleine Alte, was habt Ihr, daß Ihr so jammert?' Als ich das hörte und meine Augen zu dieser Stimme wendete, sah ich einen sehr alten Kapuzinerbruder mit kahlem Kopf, wenig Haar und weißem Bart. Ich antwortete ihm: ‚Lieber Pater, was soll ich haben, ich möchte etwas Wasser lassen und kann mich nicht bewegen.' Auf diese Worte antwortete er mir wohl dreimal: ‚Kleine Alte, steht auf, denn Ihr habt nichts.' Darum erhob

ich mich ganz voller Vertrauen frei aus dem Bett, ging allein in die Nebenkammer, nahm das Gefäß und erledigte mein Bedürfnis, und nachdem ich soviel, wie ich es während meiner Krankheit gewohnt gewesen war, uriniert hatte und zurück in die andere Kammer gegangen war, legte ich mich ins Bett, ohne jedoch noch den Kapuziner zu sehen. Darauf [wieder aufstehend] löschte ich das Licht aus, das in allen Nächten, seit ich die Sakramente empfangen hatte, brannte.
Als die Dinge so geworden waren, dachte ich über dies so große Übel nach, das ich kurz zuvor gehabt hatte, und daß ich frei hatte gehen und ohne Hilfe eines Menschen mich wieder hatte zu Bett legen können. Da merkte ich plötzlich, daß ich von Gott das Wunder meiner Heilung erlangt hatte durch die Verdienste des Heiligen, dessen vier Bilder an der Wand am Kopfende meines Bettes hingen. Darüber schlief ich ein, wurde bald darauf wieder wach, und als ich meinen Körper befühlte, merkte ich, daß das ganze frühere Angeschwollene verschwunden war. Ich weckte darauf meine Tochter Annuntiata, die bei mir im Bette schlief. Ich sagte ihr, daß ich ganz abgeschwollen sei, und als sie mich befühlte, stellte auch sie dieses so merkwürdige Geschehnis fest. Dann schlief ich wieder ein und schlief erquickend bis zum folgenden Tag, ganz anders als in der Zeit zuvor, in der ich immer wach dalag, ohne je einen Augenblick Schlaf zu finden.

Als ich am Morgen plötzlich erwachte, fand ich mich gesund und frei von allen Leiden, die ich durchgemacht hatte, so daß ich allein aufstehen und mich ankleiden konnte. [Die Tochter war schon Holz sammeln gegangen.] Dann nahm ich den Rocken und fing an zu spinnen. Währenddessen kam wie gewöhnlich meine Nachbarin, eine gewisse Frau Luzia Vanni, um nach mir zu sehen, und sie brachte mir ein wenig Feuer. Als sie mich außer Bett auf einem Stuhl beim Spinnen sah, war sie über dieses Neue aufs höchste überrascht. Denn sie hatte mich am Abend vorher in einer Verfassung gesehen, daß ich stündlich sterben konnte, mit dem Priester am Bett, der mir die Sterbegebete verrichtete.
Nach dem Besuche der Frau Luzia kam der Herr Kaplan, der ebenfalls staunte, als er mich außer Bett und völlig gesund sah, und er staunte umso mehr, als er geglaubt hatte, ich sei schon ins andere Leben hinübergegangen, weil er die Totenglocke der Pfarrkirche hatte läuten hören und es ihm sehr leid getan hatte, daß er nicht, wie er sagte, zur Stelle gewesen sei, um mir im Sterben beizustehen. An demselben Mor-

gen besuchte mich auch meine Landsmännin und Nachbarin, Frau Klara Samponi.
Als ich ihr das nächtliche Gesicht erzählte und den Kapuziner beschrieben hatte, antwortete sie sofort, daß dieser Ordensmann niemand anders sein könnte als der ehrw. Bruder Bernhard von Offida. Und um sich dessen noch mehr zu vergewissern, eilte sie nach Hause und brachte ein Bild auf Papier dieses ehrw. Bruders Bernhard. Und als sie es mir zeigte, erkannte ich sofort an den Gesichtszügen, daß es ein wahres Bild jenes Kapuziners war, den ich in der letzten Nacht gesehen hatte. Nachdem ich dann einen Blick auf die mehrfach besagten Bilder an der Wand meiner Kammer geworfen hatte, sah ich sehr wohl, daß sie Ähnlichkeit haben mit jenem Kapuziner, den ich gesehen hatte ...

Mein Körper war, möchte ich sagen, bis aufs äußerste angeschwollen, ich fürchtete, daß er irgendwo platzen würde. In der Brust fühlte ich furchtbare Not, daß ich nicht atmen konnte, ich hatte keinerlei Kraft mehr. Ich weiß nicht, ob der Arzt mich in den letzten Tagen mehrmals besucht hat, denn ich war da wie von Sinnen. Am Morgen nach der Heilung konnte ich alle gewohnten Arbeiten und Obliegenheiten ohne Beschwerde verrichten wie in der Zeit, als ich vollkommen gesund war. Ich habe an ihm mit allem Appetit und Geschmack eine gute Portion Salat gegessen, der mit etwas Salz und Essig ohne Öl angemacht war, ohne Brot.
Ich habe keinerlei körperliche Ausscheidungen gehabt, weder der Blase noch des Darmes, nicht vor der Heilung und nicht nach der Heilung, außer dem wenigen Urin nach der erzählten Erscheinung, etwa einen Becher voll, auch habe ich nicht geschwitzt.
Nach der wunderbar wiedererlangten Gesundheit habe ich niemals die gleichen oder ähnliche Beschwerden gehabt, sondern bin immer gesund gewesen, so wie ich es jetzt dank der Gnade Gottes bin.“[137)]

■ Zeugenaussage des Pfarrers von Monte Rubbiano, Hochwürden Herrn Philipp Francini, Erzpriester der Kollegiatskirche S. Maria de Litteratis und gleichzeitig Pfarrer von S. Vinzenz und Stephan, 49 Jahre alt, während der Befragung im Apostolischen Prozeß am 27. Juni 1774:

„Am 26.4.1772 wurde ich von Zita Annuntiata, Tochter der Anna Temperanza, gerufen, um die Beichte ihrer Mutter zu hören. Ich schickte dazu den Herrn Kanonikus Don Girolamo Silveri, meinen Kaplan, hin. Am folgenden Morgen brachte ich ihr die Kommunion. Ich fand sie derart angeschwollen, daß sie wie eine gewaltige Masse aussah. Dazu kamen eine ganz große Not in der Brust und Atemschwierigkeiten, ein großer Durst, ein Brand in der Kehle, Brechreiz und Widerwillen gegen jegliche Speise. Sie sagte, sie fühle eine solche Spannung des Unterleibes, daß er ihr bald platzen müsse. Vor der Krankheit bestand sie nur aus Haut und Knochen.

Am 29. April wurde ich eilends wieder gerufen, um der Kranken, wie der Arzt Dr. Vagni bei der Visite befohlen hatte, die Letzte Ölung zu spenden. Ich schickte sofort meinen Kaplan, den genannten Herrn Kanonikus Silveri hin, um sie mit diesem Sakrament zu versehen. Von da an wurde ihr entweder von mir oder meinem Kaplan jeglicher Beistand geleistet bis zu ihrer wunderbaren Heilung.

Am 5. Mai ging ich wieder einmal zu ihr, um ihr zu helfen. Ich fand sie völlig erschöpft, bar jeder Kraft, so daß sie kaum mit leiser Stimme ein paar Worte hervorbringen konnte, die man fast nicht verstand. Ihre Bedrängnis und die Atemnot waren über alle Maßen gewachsen, die Augen lagen tief in den Höhlen, mit dunklen Rändern, das Gesicht leichenhaft mit einer Farbe nach Schwarz hin. Aus diesen Zeichen schloß ich, daß sie nicht bis zum Abend dieses Tages kommen würde. Um die Zeit des Angelus kehrte ich nach Hause zurück, wurde aber sehr bald wieder gerufen, um ihr beizustehen. An meiner Stelle schickte ich den Herrn Kaplan.

Als ich am Morgen des 6. Mai jenes Jahres 1772 mich zum Chordienst in meine Kollegiatskirche begeben hatte, hörte ich die Totenglocke von meiner Pfarrkirche läuten, und da glaubte ich, daß die Kranke schon ins andere Leben hinübergegangen sei. Weil ich Mitleid mit ihrer Tochter Annuntiata hatte, von der ich meinte, sie sei nun nach dem Tode ihrer Mutter verlassen im Hause, ging ich nach dem Chorgebet zu ihr hin. Als ich in das Haus treten wollte, hörte ich, wie die Mutter mit der Tochter und anderen Frauen, an die ich mich jetzt nicht mehr erinnere, zusammen lachten und fröhlich waren.

Als ich dann in das Zimmer der von mir verstorben Gehaltenen trat, sah ich zu meinem höchsten Erstaunen, wie sie voller Heiterkeit auf ihrem Bett saß, mit natürlicher Gesichtsfarbe und ohne den geringsten Schatten ihrer früheren Aufgequollenheit, und als sie mich so überrascht sah, sagte sie zu mir: ‚Bemüht Euch nicht weiter, denn dieses Mal sterbe ich nicht mehr.‘ Sie sagte mir, sie habe in der letzten Nacht Wasser lassen müssen, und da sie ohne Hilfe dazu unfähig gewesen wäre, habe sie versucht, ihre Tochter zu wecken, damit diese ihr das Gefäß hielte und ihr helfe. Aber wie oft sie auch gerufen habe, es sei ihr nicht gelungen, sie zu wecken, obwohl sie bei ihr im selben Bett lag, weil ihre Stimme zu schwach gewesen sei, um sich vernehmlich zu machen, und weil ihr jede Bewegung mit den Händen oder anderen Teilen des Körpers unmöglich gewesen wäre wegen ihrer äußersten Aufgetriebenheit und völligen Kraftlosigkeit. Und als sie dann wehklagte, habe sie gehört, wie sie gerufen wurde: ‚Kleine Alte, was habt Ihr?', und als sie das Auge hinwandte, habe sie einen Kapuziner bei ihrem Bette stehen gesehen."[138)]

■ Zeugenaussage des Arztes Dr. Fortunatus Vagni, der Frau Anna Carini Temperanza behandelt und sie unmittelbar vor wie auch nach ihrer Heilung gesehen hatte, in seiner Vernehmung während des Apostolischen Prozesses (Sommer 1774):

„Um den 24. April wurde ich zu der Witwe Anna Temperanza in Monte Rubbiano gerufen. Ich fand sie zu Bett liegend, angeschwollen von den Füßen bis zum ganzen Bauch, bei leichtem Fieber, Atemnot, zu geringer Harnausscheidung, Verstopfung und Durst. Wie mir die Patientin sagte, hatte sie die Krankheit schon lange. Aus den Symptomen schloß ich, daß es sich um eine Anasarka [= Wassersucht, auch wohl damals insbesondere der Haut] handle. Ich glaube, daß sie verursacht ist durch eine hartnäckige, beständige und schmerzhafte Erkrankung des Magens, an der die Patientin schon lange vorher und während ihrer Krankheit bis zum Schluß gelitten hat. Als ich bei den folgenden Besuchen sah, wie die Krankheit jeden Tag schlimmer wurde und die Wasseransammlungen die ganze Brust und dann auch den ganzen Kopf ergriffen, verlangte ich, daß ihr die Sakramente der Buße und des Altars gespendet würden, da ihr Zustand hoffnungslos geworden war, um so mehr, als sie die von mir verordneten harntreibenden und anderen Mittel nicht nehmen wollte. Als ich um die Mittagszeit des 29. sah, daß die Kranke sich schon in der höchsten Gefahr zu sterben befand, ließ ich ihr die Letzte Ölung geben. Von da an habe ich sie nicht mehr besucht, um so weniger, als ich einige Tage unterwegs auf dem Lande war.
Einige Tage später hörte ich die Totenglocke der Pfarrkirche St. Vinzenz und Stephanus läuten. Als ich mich erkundigte, wer gestorben sei, hörte ich, besagte Anna Temperanza sei ins andere Leben hinübergegangen. Acht oder zehn Tage später, da ich gehört hatte, diese Frau sei doch nicht

gestorben, trieb mich vor allem die Neugier, als ich an ihrem Hause vorbeikam, sie zu besuchen. Ich fand sie beim Herde sitzend, beim Spinnen. Sie war völlig abgeschwollen im Gesicht und am ganzen Körper, tatsächlich frei von allen früheren schlimmen Symptomen. Sie hatte ihre gewöhnliche natürliche Farbe wiedererlangt, war heiteren Angesichts und vollkommen gesund, und ich war im höchsten Maße verwundert, weil dies natürlicherweise nicht sein konnte, zumal sie, wie sie mir sagte, keinerlei Krise [hier = Schweißausbruch] erlebt hatte.
Ich sagte ihr, sie solle Gott danken für eine so außerordentliche Gnade. Ich war außer mir vor Erschütterung. Ich habe die Witwe Anna Temperanza weder von der genannten noch einer ähnlichen Krankheit ergriffen gesehen, sie ist vielmehr bis zum heutigen Tag vollkommen gesund. Denn ich sehe sie gelegentlich, und wir sprechen miteinander und unterhalten uns. Die Heilung ist nicht nur von mir, sondern von allen Ortseinwohnern als übernatürliches Wunder angesehen worden."[139)]

■ Zeugenaussage des Kaplans von Monte Rubbiano, Don Geronimo Silveri, während des Apostolischen Prozesses (Sommer 1774):

„Als er am 26. April der Kranken die Beichte hörte, fand er diese ganz angeschwollen, mit trockenem Husten, in großer Atemnot und Fieber, das er aus dem Puls feststellte, worin er in dreißigjähriger Seelsorge Erfahrungen gesammelt hat. Er hielt darum den Tod für nahe bevorstehend. Er hätte ihr auch gern noch die Wegzehrung gereicht, aber er stand davon ab, als er sah, von welchen Nöten sie gepackt war. Am Abend des 27. April, an welchem Tage sie die Wegzehrung empfangen hatte, ging er wieder hin, weil er befürchtete, sie könne sterben, bevor sie die Letzte Ölung empfangen hätte. Ihr Puls war noch schwächer geworden. Am Abend des 29. fand er sie noch mehr verfallen, bei noch größerer Atemnot und Schwäche, und er war völlig überzeugt, daß der Tod nahe wäre, und er spendete ihr, was auch Dr. Vagni für richtig hielt, die hl. Ölung. Er blieb mehrere Stunden bei ihr, sie drängte dann, daß er sich nicht noch länger bei ihr aufhalten lassen solle. Er warf sich angekleidet aufs Bett, um sofort, wenn er wieder gerufen würde, bei der Sterbenden zu sein. Am folgenden Tag mußte er eine andere Sterbende, wohl im Außenbezirke der Pfarrei, versehen, und er blieb bei ihr bis zum 4. Mai. In der Zwischenzeit wurde Anna Temperanza von dem Erzpriester Francini betreut. Am Abend des 5. Mai wurde er eilends zu dieser gerufen, da sie im

Sterben läge. Puls war fast nicht festzustellen, die Kraftlosigkeit total, die Atemnot so schlimm, daß er glaubte, sie werde jeden Augenblick sterben. Nach Verrichtung der Sterbegebete bat sie einige Zeit später mit fast unhörbarer Stimme und mehr mit Zeichen, er möge gehen. Auch diese Nacht schlief er angekleidet. Als er dann die Totenglocke hörte, war er überzeugt, daß Anna Temperanza gestorben sei. Als er dann aber vernahm, die andere Frau sei gestorben, eilte er sofort hin, fand sie, wie sie ohne Stütze im Rücken auf dem Bette saß, mit heiterem Gesicht und natürlicher Farbe, mit kräftigem Puls und in jeder Beziehung vollkommen gesund."[140)]

Heilung von Epilepsie (1862)

Pfarrer von Ars

Zwei Orte sind in dem Bericht über diese Wunderheilung von besonderer Bedeutung:
Ars, die langjährige Wirkungsstätte des Pfarrers Johannes Maria Vianney (geboren am 8. Mai 1786 in Dardilly, westlich von Lyon; gestorben am 4. August 1859 in Ars, wo die Grabstätte des heiligmäßigen „Pfarrers von Ars" sehr bald schon ein vielbesuchter Mittelpunkt von Betern und Hilfesuchenden wurde) – St. Laurent, der Wohnort der Eltern des am 9. März 1856 geborenen, an Epilepsie erkrankten sechsjährigen Sohnes Leo Roussat.
Die Eltern des erkrankten Kindes besuchten mit Absicht am 1. Mai 1862 das Städtchen Ars, weil dort der Bischof von Belley den Grundstein zu einer neuen Kirche legte. Es war ihr großer Wunsch, der Bischof möge an diesem Tag ihrem kranken Kind den Segen spenden. Das Heilungswunder ereignete sich einen Tag später – am 2. Mai 1862 in St. Laurent.
Im gleichen Jahr noch wurden die Zeugen dieses Heilungswunders in einem Informationsprozeß in Belley vernommen. Im Jahr 1874 wurde ebenfalls in Belley der Apostolische Prozeß durchgeführt. Der „Pfarrer

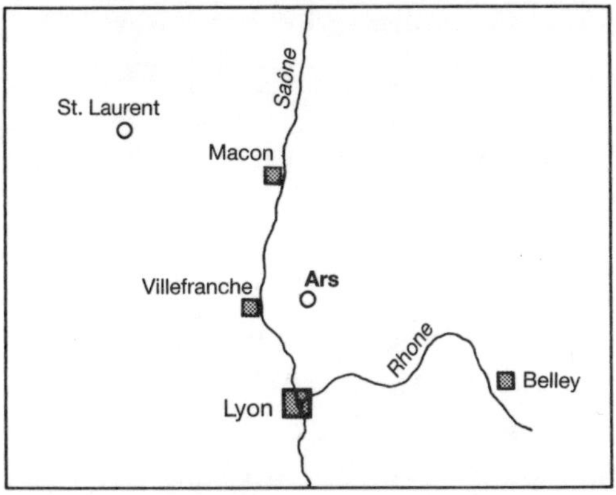

von Ars“ Johannes Maria Vianney wurde 1905 selig-, 1925 heiliggesprochen. Die folgenden Zeugenaussagen sind übersetzt nach der Positio super miraculis. Romae 1897, 30–108.[141)]

■ Zeugenaussage der Mutter des geheilten Kindes, Frau Margarete Roussat, geborene Tournier, 33 Jahre alt, wohnhaft in St. Laurent während des Informativprozesses in Belley (1862):

„Ich bezeuge, daß mein Sohn Leo Roussat, geboren am 9.3.1856, um die Mitte Januar 1862 Nervenanfälle bekam, die anfangs sehr leicht waren, sich langsam verschlimmerten und damit endeten, daß sie seine Glieder starr und kalt machten, besonders auf der rechten Seite. Ich wandte mich an den Dr. Carteron, der in Macon wohnt. Dieser verordnete zuerst wurmabtreibende Mittel, dann das ‚Antiepileptische Elixier von Faillote‘. Als wir sahen, daß unsere Bemühungen keinen Erfolg hatten, beschlossen mein Mann und ich, Leo zu einer medizinischen Berühmtheit in Lyon, dem Dr. Barrier, zu bringen. Dieser verordnete eisenhaltige Medizin und eisenhaltiges Wasser. Diese Mittel waren noch verhängnisvoller. Die Anfälle wurden häufiger und dauerten länger. Mein armer Leo bekam manchmal mehrere in einer Stunde. Im Durchschnitt hatte er sie im Laufe des Tages wie auch in der Nacht 15- bis 20mal. In diesen Anfällen verdrehten sich seine Augen, der Kopf und die Glieder. Es folgte eine Lähmung der Zunge und der rechten Seite, manchmal für länger als eine Viertelstunde. Trostlos begaben wir uns ein zweites Mal zu Dr. Barrier, der uns sagte, wir brauchten nicht wiederzukommen. Drei Tage danach konnte er nicht mehr sprechen und die Glieder nicht mehr bewegen. Die Lähmung war vollständig, besonders auf der rechten Seite. Nur der linke Arm ließ sich noch schwach bewegen ...

Wir kamen (am 1. Mai 1862) gegen Ende der Feierlichkeiten in Ars an. Als S. Exzellenz in das Haus der Missionare ging, erlangte mir der Pfarrer die Erlaubnis, daß ich meinen Sohn zu dem Bischof tragen dürfte. Dieser erkundigte sich nach der Krankheit des Kindes, er nahm Leo in die Arme und segnete ihn, er kniete sich hin, legte ihm die Hände auf und betete einige Augenblicke. ‚Mach das Kreuzzeichen, mein Kind', sagte er. Leo versuchte, es mit der linken Hand zu machen, als der Bischof seine rechte Hand nahm, um es das Kind machen zu lassen. Dann sagte er zu ihm: ‚Geh, mein Kind, du wirst geheilt werden.' Darauf wandte er sich an mich und sagte: ‚Halten Sie eine Novene zu Ehren des Pfarrers von Ars. Ich werde sie mit Ihnen halten.'
Wir begaben uns von den Missionaren zur Kirche, um zu dem Diener Gottes zu beten. Ich ging an das Grab und nahm den rechten Arm meines Sohnes und versuchte, ihn durch das Eisengitter zu bekommen, damit er auf diesem gesegneten Grab ruhen solle. Nach einem kurzen Gebet gingen wir von der Kirche in das Haus des gelähmten Michel. Wir gaben Leo ein Ein-Frank-Stück, das er dem armen Lahmen beim Abschied geben sollte, wenn wir ihn gebeten hätten, sich mit unserer Novene zu vereinen. Wir waren schon erfreut, als wir sahen, daß unser lieber Junge seine kleine Gabe mit der rechten Hand Michel gab.
Unsere Freude war im Gasthof noch viel größer, als wir Leo mit seiner rechten Hand Streichhölzer anzünden und wegwerfen sahen. Sein Vater schalt ihn wegen seiner Unbesonnenheit, aber der Pfarrer lächelte und sagte: ‚Lassen Sie ihn doch ...'
Während des Aufenthaltes in Ars hatte unser Sohn keinen Anfall, auf der Rückfahrt einen leichten. Leo war so schwach, daß er in Belleville, als sein Vater ihn einen Augenblick nicht festhielt, vor Schwäche hinfiel. Wir kamen sehr spät zu Hause wieder an. Die Nacht war eine sehr gute für das Kind.

Am Morgen hatte es vor dem Aufstehen noch zwei einfache, leichte Anfälle. Wir mußten ihn noch anziehen wie sonst, er konnte sich seiner Glieder noch nicht bedienen. Gegen 10 Uhr trugen wir ihn an den Tisch zum Frühstück. Er aß ohne Schwierigkeit und mit Appetit. Dies war das erste Mal, daß er etwas Festes hat nehmen können. Am Ende des Frühstücks gab er mir ein Zeichen, ich möchte ihm die Serviette abnehmen, und im selben Augenblick erhob er sich von seinem Stuhl und fing an zu laufen. Ich eilte hinter ihm her in Angst, er würde fallen. Er lief auf das Büro zu, öffnete es mit der rechten Hand und hob zwei Finger hoch, um seinem Vater zu bedeuten, er möchte sich die beiden Groschen holen, die ihm versprochen waren, sobald er die Tür mit seiner rechten Hand öffnen könne. Dann kam er, nahm mich bei der Hand und zog mich in die Vorratskammer und zeigte mir mit Augen und Händen ein Würstchen, das er dem Pfarrer bringen wollte. Kaum hatte er es in Händen, da nahm er den Schirm, den der Pfarrer hatte stehen lassen, und lief, um beides ins Pfarrhaus zu bringen. Überglücklich und in Tränen ausbrechend, konnte ich nicht glauben, was ich mit meinen Augen sah. Ich stürzte hinter ihm her, immer noch fürchtend, er würde fallen. Ich komme ins Pfarrhaus, der Pfarrer, erschüttert, weint seinerseits Tränen der Dankbarkeit und Freude. Am Abend besuchte uns der Pfarrer, und Leo, der den ganzen Tag nichts anderes getan hat als herumzulaufen, kommt erst dann zurück.“[142)]

■ Zeugenaussage des Vaters des geheilten Kindes, Herrn Roussat, 42 Jahre alt, wohnhaft in St. Laurent, während des Informativprozesses in Belley (1862):

„Bis zum Alter von sechs Jahren befand sich mein Sohn in guter Verfassung und guter Gesundheit. Dann bekam er Anfälle. Diese wurden immer häufiger und verursachten – nachdem er einmal nach einem solchen Anfall zwei Stunden wie tot, kalt und eisig gelegen hatte – eine fast vollständige Lähmung und den Verlust des Sprechvermögens. Arme und Beine hatten keine Kraft mehr, und der Kopf fiel nach rechts und links. Er konnte den Speichel nicht mehr halten, und wir mußten ihn mit flüssigen Speisen füttern, da er sie sich nicht selbst nehmen konnte, und er konnte sie kaum schlucken. Schließlich hatte er 15 oder 20 Anfälle pro Tag, die einige Minuten dauerten, bei Tag und bei Nacht. Die Apotheker, welche die Medizinen des Dr. Carteron bereiteten, sagten, das Kind sei verloren. Wir konsultierten den Dr. Barrier, den Chefarzt des Hospitals in Lyon. Acht Tage nach der ersten Reise nach Lyon erklärte er uns, die Krankheit sei sehr ernst, und wir brauchten nicht zurückzukommen ... Von dem zweiten Besuch in Lyon kehrten wir voller Schmerz zurück. Wir kamen durch Villefranche, das sehr nahe bei Ars liegt. Da sagten ich und meine Frau: ‚Da von der Kunst der Ärzte nichts zu erwarten ist, werden wir gut tun, wenn wir uns an den Pfarrer von Ars wenden.' Wir überlegten den Plan, nach Ars zu gehen. Nach unserer Rückkehr nach St. Laurent wollten wir das sofort tun. Aber auf den Rat unseres Herrn Pfarrers haben wir bis zum 1. Mai gewartet. Wir nahmen eine Kutsche nach Ars. Unterwegs hatte mein Sohn einen einzigen Anfall, während er am Abend vorher sie noch in der gewohnten Anzahl gehabt hatte."[143)]

■ Zeugenaussage des Pfarrers von St. Laurent über die Erkrankung des Kindes, über seine Beteiligung an der Fahrt nach Ars und über das Erlebnis der Wunderheilung in Ars wie in St. Laurent während des Informativprozesses in Belley (1862):

„Während der Karwoche (1862) kamen die Eltern, um mich um Rat zu fragen und mir zuzureden, mit nach Ars zu gehen. Sie baten mich, zu kommen und mir das Kind anzusehen. Ich ging in ihr Haus und fand das Kind in einem solchen Zustand, daß ich sie von ihrem Vorhaben abbrachte, indem ich ihnen erklärte, der Junge würde unterwegs sterben, wenn sie jetzt die Reise unternähmen. Kurz darauf hieß es, der Herr Bischof von Belley würde am 1. Mai den Grundstein zur neuen Kirche in Ars legen. Da ich die Absicht hatte, dazu nach Ars zu gehen, kamen die Eltern und baten, ihnen zu gestatten, mich zu begleiten. Sie begründeten die Bitte damit, daß, wenn das Kind unterwegs stürbe, dann hätten sie wenigstens mich als Tröster bei sich ...
Im Gasthaus (in Ars) erhob er sich mit einemmal vom Essen, und wir bekamen Angst, aber der Vater sagte: ‚Wir wollen ihn machen lassen.' Er fing an zu gehen, wir folgten ihm in den Hof, wo er auf einen Wagen stieg. Er hatte – ich weiß nicht, wie er daran gekommen ist – Streichhölzer in der Hand, und er, der bis dahin nichts mit dieser Hand nehmen konnte, fing an, sie anzuzünden und wegzuwerfen. Wir staunten und stimmten das Tedeum an. Auf der Rückfahrt war der Junge kaum zu halten. Als wir zum Abendessen aus der Kutsche stiegen, lief er umher. Er hatte eine gewisse Unsicherheit in seinen Bewegungen, aber er sprach nicht.
Am Abend (des 2. Mai) gegen 8 Uhr begab ich mich (in St. Laurent) zu seinen Eltern, um mich zu überzeugen, daß die Heilung von Dauer sei. Ich hörte zu meiner Freude, das Kind sei nicht zu halten gewesen und den ganzen Tag habe es mit den Kindern seines Alters und mit anderen gespielt, die in großer Zahl herbeiströmten und es anstaunten wie ein Wunder.

Ich sprach mit Vater und Mutter von Leo, bei denen neugierige Nachbarn sich drängten, als dieser eintrat und mit der Liebenswürdigkeit eines Kindes sich auf meine Knie schwang. Ich sagte ihm: ,Leo, gestern hat dir die Hand eines Bischofs geholfen, das Kreuzzeichen zu machen, und heute?' Er ließ mich nicht ausreden, sondern machte mit behender Hand über sich das Kreuzzeichen."[144)]

■ Zeugenaussage des Geheilten, Herrn Leo Roussat, 18 Jahre alt, im Apostolischen Prozeß in Belley (1874), 12 Jahre nach dem Heilungswunder:

„Am Morgen gab ich nach dem Frühstück zu verstehen, daß man mir die Serviette abnehmen möchte. Ich stand vom Stuhl auf und fing an zu laufen. Ich erinnerte mich, daß unterwegs beim Frühstück in Guereins der Pfarrer die Wurst, die Mama mitgenommen hatte, ausgezeichnet fand und daß sie ihm eine nach der Rückkehr versprochen hatte. Ich nahm die Mutter bei der Hand und zog sie in die Speisekammer. Ich machte ein Zeichen, daß sie mir eine geben möge. Ich lief mit der Wurst und seinem Regenschirm, den er bei uns stehengelassen hatte, zu dem Pfarrer. Dieser fing an zu weinen, als er mich sah, und umarmte mich. Mama führte mich nach Hause zurück. Dann bin ich draußen in den Wiesen herumgelaufen ...
Keine Spur der Krankheit ist zurückgeblieben. Ich habe nie einen Rückfall gehabt. Und keine andere Krankheit ist gefolgt."[145)]

Heilung von spinaler Kinderlähmung (1916)

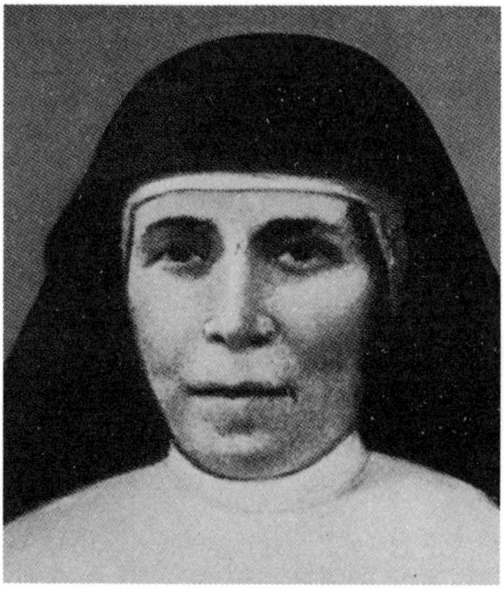

Maria Domenica Mazzarello

In der Nähe von Genua ereignete sich am 20. August 1916 eine plötzliche und vollständige Heilung von spinaler Kinderlähmung an dem vierjährigen Mädchen Ercolina Mazzarello. Die behandelnden Ärzte Dr. Bocca in Mornese, Dr. Joseph Chio in Genua, Dr. Karl Merlon in Parodi-Ligure wie auch das Ärztekonsilium des Hospitals S. Filippo in Genua stellten übereinstimmend und nach längeren, intensiven Untersuchungen des erkrankten Mädchens fest, daß es sich um spinale Kinderlähmung (Poliomyelitis anterior acuta seu epidemica infantium) handelt. Die Eheleute Mazzarello hatten vier Kinder. Das jüngste Kind war an spinaler Kinderlähmung erkrankt. Der Vater war zum Zeitpunkt der Wunderheilung (1916) als Soldat zum Kriegsdienst im italienischen Heer (Erster Weltkrieg 1914/18) eingezogen. Das Wunder hat unmittelbar das fünfjährige Mädchen Maria Oltracqua, eine Freundin und Spielkameradin der Erkrankten, miterlebt. Die leibliche Mutter arbeitete zur gleichen Zeit in einem benachbarten Weinberg, aus dem sie gegen 5 Uhr nachmittags zurückkehrte und dann erst von dem Wunder an ihrer jüngsten Tochter erfuhr.

In der Gegend um Genua wurde damals besonders verehrt und von Hilfesuchenden häufig angerufen die in Mornese am 9. Mai 1837 geborene und am 14. Mai 1881 in Nizza-Monferrato verstorbene erste Generaloberin der Gemeinschaft der Maria-Hilf-Schwestern (auch Salesianerinnen genannt). Zusammen mit Don Bosco hatte sie diesen Frauenorden gegründet. Vor allem die Mutter des erkrankten Kindes wie auch der Verwandtenkreis haben in ihrem Leid die damals noch nicht heiliggesprochene Landsmännin angerufen (Seligsprechung 1938, Heiligsprechung 1951). Das Heilungswunder wird ihrer Fürbitte zugesprochen. Sicherlich hat in der Zuflucht zu dieser hochverehrten Ordensfrau auch die Namensgleichheit „Mazzarello“ mitgespielt.
In den Akten der Seligsprechung der Ordensfrau Maria Domenica Mazzarello wurde diese Heilung als Wunder angeführt (Positio super miraculis. Romae 1937 – unter Depositiones testium I, 5–11).[146)]

■ Gutachten des Arztes Dr. Karl Merlo aus Parodi-Ligure über den Krankheitsbefund des vierjährigen, an spinaler Kinderlähmung erkrankten Mädchens Ercolina Mazarello aus Mornese:

„Ich habe zweimal im Jahre 1916 die kleine Ercolina Mazzarello untersucht ... Ich stellte bei ihr fest einen beachtlichen Grad von Unterernährung ..., die ausgestreckten Beine völlig unbeweglich, mit den Füßen nach außen fallend. Die aktiven Bewegungen der Beine hatten vollständig aufgehört. Die passiven zeigten eine Verminderung der Muskelspannung und anormale Schlaffheit. Die Sehnenreflexe hatten ganz aufgehört. Ich stellte einen starken Muskelschwund fest. Das Unterhautfettgewebe war verschwunden wie am ganzen Körper. Die Beine waren bleich und fühlten sich bei der Berührung kälter an als der übrige Körper ... Schmerz wurde an ihnen in leichter Weise empfunden, ich beobachtete gewisse Zusammenziehungen des Gesichtes, aber keine Bewegung der Beine ... Das Kind konnte auf ihnen nicht stehen.“[147)]

■ Gutachten des Arztes Dr. Joseph Ghio aus Genua über seine Untersuchungen im Februar 1916:

„Ich untersuchte die Kleine 1916, ich glaube im Februar. Ich stellte fest: Das Kind war in einer beachtlichen Weise unterernährt mit spärlichstem Unterhautfettgewebe und schlaffen Muskelmassen. Der Entwicklungsstand entsprach nicht dem Alter. Meine besondere Aufmerksamkeit richtete sich auf die Beine. Ich beobachtete, daß die Beine wie tot baumelten. Bei Stechen oder Kitzeln zeigten sie keinerlei Bewegung. Die aktive Bewegung hatte völlig aufgehört. Die passiven Bewegungen wiesen eine ausgesprochene Schlaffheit und das Verschwinden der Muskelspannung auf. Die Sehnenreflexe hatten, wenn ich mich recht erinnere, aufgehört. Die Sinnesempfindung war erhalten ... Was am stärksten beeindruckte, war der hochgradige Schwund der Muskelmassen an den Beinen. Diese waren bleich und fühlten sich bei der Berührung kalt an. Für mich war die Diagnose Kinderlähmung evident."[148)]

■ Zeugenaussage der Mutter der Geheilten, Frau Maria Mazzarello:

„Ich bin die Mutter von Ercolina Mazzarello. Außer dieser Tochter habe ich drei Kinder, ein Mädchen und zwei Jungen. Alle leben und erfreuen sich einer guten Gesundheit. Sie haben niemals eine schwere Krankheit gehabt, nur Keuchhusten und Masern. Mein Mann lebt, er ist gesund und kräftig. Ich selbst bin noch nie krank gewesen. Ich weiß nicht, ob es bei den Vorfahren wichtige Krankheiten gegeben hat.
Die Schwangerschaft mit Ercolina war normal. Ich habe in der ganzen Zeit gewaschen – ich war Waschfrau – bis zum letzten Augenblick vor der Geburt. Diese war normal, geschah aber im siebenten Monat, Juli 1912. Ich habe das Kind gestillt, aber unregelmäßig, was die Stunde und die Menge angeht. In der Zeit des Stillens habe ich die schwere Arbeit aufgegeben, die ich während der Schwangerschaft verrichtete, und ich suchte mich, so gut ich konnte, besser zu ernähren. Bis zum zwölften Monat nahm sie nichts anderes als meine Milch.
Die ganze körperliche Entwicklung von Ercolina war normal bis zum Alter von drei Monaten. Von da an entwickelten sich die Beine nicht mehr. Ich habe sie nie gewogen. Sie hat niemals mit dem Magen zu tun gehabt. Der Stuhl war immer normal, niemals hat sie Brechen oder Durchfall gehabt. Ich habe angefangen, ihr etwas andere Nahrung außer der Milch zu geben, als ein Jahr vorüber war. Die Nahrungsmittel, die ich ihr gab, waren Kuhmilch, Eier, Reis in Milch gekocht, Grießbrei mit Butter, und manchmal hat sie auch von der Suppe gegessen, die wir aßen. Ich habe ihr weiter unregelmäßig meine Milch gegeben bis zu vier Jahren, bis sie geheilt wurde, da wollte sie nicht mehr.
Als sie anfing, andere Speisen zu essen, hat sie nicht gebrochen oder

Durchfall oder andere Verdauungsstörungen bekommen. Aber ihr Leib schwoll an, daß er wie ein Faß aussah. Den Kopf fing sie schon sehr bald an aufrecht zu halten, aber sitzend hat sie sich niemals gehalten, denn nachdem die Krankheit sie getroffen hatte, blieb sie immer in der Wiege auf dem Rücken liegen. Mit drei Monaten zeigte sie, wenn man sie hielt, daß sie Schritte machen wollte. Die Zähne sind sehr spät gekommen, ich glaube, sie hatte anderthalb Jahr, sie waren alle verdorben. Während der Zahnung mußte ich sie zum Arzt bringen, weil sie am Zahnfleisch krank war.
Im Alter von drei Monaten, es war im Oktober, an den Tag kann ich mich jedoch nicht erinnern, bemerkte ich, daß die Beine der Kleinen keine Kraft mehr hatten. Am Abend zuvor hatte ich sie zu Bett gebracht und gesehen, daß sie die Beine bewegte und sich auf ihnen halten konnte. Ich legte mich zu ihr, und wir verbrachten die Nacht in der größten Ruhe, sowohl ich wie Ercolina. Als ich sie am Morgen nahm und aufwickelte und aufs Töpfchen setzen wollte, wie ich es gewohnt war zu tun, stellte ich fest, daß die Beine sie nicht mehr hielten und das Kind auf ihnen zusammensank. Ich habe nicht wahrgenommen, daß es Fieber oder Krämpfe hatte. Die Beine waren weiß, sie bewegten sie in keiner Weise, und wenn ich sie hochhob, sanken sie untätig wie tot herunter. Das Kind zeigte, daß es bei Bewußtsein war, denn wenn ich es anrief, dann lachte es, es trank wie immer, und ich sah, daß es wach war. Ich weiß nicht, ob die Beine kälter waren als der übrige Körper. Sie konnte mit ihnen keine Bewegung machen. Die Beine waren ausgestreckt, und die Füße fielen nach außen. Die Kleine war ganz und gar unfähig, sich auf die Füße zu stützen. Als ich die Beine nahm, fühlten sie sich wie leer an, sie fielen träge auf das Bett wie die eines Toten.
Während der ersten Zeit der Krankheit blieb das Kind immer auf seinem Rücken im Bett liegen, es konnte sich nicht aufrichten, es bewegte nur die Arme und den Kopf. Später versuchte ich, es sitzen zu lassen, indem ich ihm rechts und links ein Kissen in die Seite gab. Als ich an dem Morgen das Kind in diesem Zustand sah, trug ich es zu dem Dr. Bocca, der damals als Arzt in Mornese angestellt war. Der sagte mir, daß da nichts sei, und ich brachte es nach Hause zurück. Einige Monate danach brachte ich es wieder zu dem Dr. Bocca zur Impfung, aber er weigerte sich. Darum glaubte ich, die Kleine habe eine schwere Krankheit, und ich kehrte weinend nach Hause zurück. Ich weiß, daß der Dr. Bocca etwas rauh im Umgang war und sich nicht zu sehr um die Kranken küm-

merte. Ich weiß nicht, was er bei der Untersuchung festgestellt hat, ich sah nur, wie ich schon gesagt habe, daß das Kind einen aufgetriebenen Leib hatte. Der Dr. Bocca sagte mir nicht, welche Krankheit meine Tochter habe, noch, ob sie wieder gesund würde, und er verordnete auch nichts. Als ich ihm das zweite Mal Ercolina zur Impfung brachte, begriff ich, daß er mit den Worten ‚da sei nichts', hatte sagen wollen, da sei nichts zu machen. Darum kehrte ich weinend nach Hause zurück.

Die Krankheit zeigte niemals ein Zeichen von Besserung, vielmehr schien sie sich zu verschlimmern. Während der Oberkörper wuchs, entwickelten sich die Beine durchaus nicht. Dagegen wuchsen die Brustknochen wie zu einem Gebirge. Die Beine blieben immer so, wie sie bei Beginn der Krankheit gewesen waren. Die Kleine hat sich nie wund gelegen. Ich muß aber auch sagen, daß ich sie peinlichst sauber gehalten und ihre Wäsche oft gewechselt habe. In dem Sommer, der auf die Erkrankung folgte, fing ich an, sie in der Wiege sitzen zu lassen, indem ich sie mit Kissen stützte. Im folgenden Sommer, das ist 1914, ließ ich sie auf einer hölzernen Unterlage, die ich selbst gefertigt habe, auf dem [steinernen] Fußboden, von der sie sich nicht entfernen konnte. Ich hatte ihr zwei Paar Strümpfe angezogen, weil ich fürchtete, sie bekäme kalte Füße. Die Kleine pflegte zu sitzen, und wenn sie fort wollte, versuchte sie, auf dem Gesäß zu rutschen. Dabei lenkte sie die Füße mit den Händen, damit sie nicht anstießen. Auf diese Weise vermochte sie sich durch das Zimmer zu bewegen, die Treppen zu steigen und die Hausschwelle zu erreichen und die Haltung einzunehmen, in der sie auf dem von mir überreichten Bild dargestellt ist. Die Beine waren immer wie die eines Toten.
Da der Dr. Bocca mir nichts sagte, brachte ich die Kleine zu dem Dr. Ghio von Genua. Der sagte mir nichts über die Krankheit, aber er verordnete Eisensirup. Es wurde von meiner Tochter eine Zeichnung gemacht. Ich finde, wenn ich sie jetzt beschaue, daß das Gesicht von Ercolina voller war; ihr Leib war wirklich so, die Beine waren nicht so skelettartig wie auf dem Bilde. Die Stellung der Füße entspricht jener, die sie einnahmen, wenn sie sich auf die Hausschwelle setzte. Später brachte ich meine Tochter in das Hospital vom hl. Philipp in Genua. Sie wurde untersucht, und man sagte mir, außer dem Eisen solle ich ihr viel Zukker geben. Ich brachte sie auch zu dem Dr. Cotella von Ovada. Dieser sagte mir, meine Tochter habe Lähmungen, und er bestätigte die Verord-

nung von Eisen. Ich brachte sie auch zu einem Naturheilkundigen. Dieser riet mir zu bestimmten Einreibungen. Ich nahm sie eine Zeitlang vor, aber ohne jeden Erfolg. Zuletzt trug ich sie zu dem Dr. Merlo nach Parodi-Ligure. Dieser sagte mir, es handle sich um eine Lähmung, und er fügte hinzu: Diese wird nicht mehr gehen. Er verordnete mir gar nichts, sondern sagte mir, ich solle ihr ein Wägelchen machen und sie darein setzen.

Eines Tages kam meine ältere Tochter aus der Schule und brachte eine Kleinschrift mit dem Bilde von Schwester Maria Mazzarello mit. In der Schrift waren empfangene Gnadenerweise erzählt. Ich blätterte darin und las, daß ein Kind von vier Jahren von einer Lähmung geheilt worden sei. Da sagte ich zu meinen Kindern: ‚Wohlan, wir wollen zwei Kerzen kaufen, und wir wollen auch eine Novene halten.' Ich stellte zwei Kerzen vor dem Bilde [des Büchelchens] der Dienerin Gottes auf, wir knieten uns alle hin und begannen die Novene, indem wir das Gebet sprachen, das in dem Büchelchen stand und mit den Worten beginnt: O Gott, möge es Dir gefallen ... Wir fügten drei Ave Maria und Ehre sei dem Vater hinzu und baten die Mutter Mazzarello, uns die Heilung unserer Kleinen zu erlangen. Wir setzten jeden Tag die Novene fort und versprachen, eine Vergrößerung ihres Bildes machen zu lassen, um sie an sichtbarer Stelle in meinem Hause aufzuhängen, und ihr Grab zu besuchen. Am Abend des neunten Tages beteten wir zum letzten Male das Gebet und beendeten so die Novene. Dem Kinde ging es unverändert wie sonst, ohne ein Zeichen von Besserung. Am folgenden Tage ging ich nach Mittag gegen 2 Uhr aufs Feld und verließ Ercolina so, wie sie immer war. Seit einem Jahr war nichts mehr gegen die Krankheit getan worden. Der Dr. Bocca nahm keine Untersuchung mehr vor nach den beiden früheren, wohl sah er Ercolina jeden Tag auf der Hausschwelle sitzen, so wie sie auf der Zeichnung dargestellt ist.

Am Nachmittag kehrte ich gegen 5 Uhr vom Felde zurück. Ich begegnete dem früheren Bürgermeister von Mornese, Herrn Antonio Mazzarello, der schon verstorben ist. Der sagte mir: ‚Ercolina kann gehen.' Ich erwiderte ihm ungläubig: ‚Lassen Sie mich doch in Ruhe.' Er bestand darauf: ‚Aber sie geht wirklich.' In diesem Augenblick sehe ich meine kleine Ercolina. Sie läuft mir entgegen und schreit: ‚Mama, Mama, ich kann auch laufen.' Ich war wie vom Schlag getroffen. Der Eindruck war so stark, daß ich mich zu Bett legen mußte. Und ich erinnnere mich, daß ich, wenn man mir von der Heilung sprach, immer aufgeregter wurde. Ich

schrieb sofort einen Eilbrief an meinen Mann, der an der Front stand, und teilte ihm die Heilung mit.
Als Ercolina mir entgegeneilte, ließ ich fallen, was ich in der Hand hatte, und nahm sie sofort in die Arme. Ich stellte fest, daß sie völlig gewandelt war, daß die Unförmigkeit, die sie, wie ich gesagt habe, auf der Brust hatte, verschwunden war. Der Leib war nicht mehr aufgetrieben. Die Beine waren voll und fest, ganz anders, als wo ich sie verlassen hatte. Als ich sie am Abend auszog, stellte ich fest, daß jede Spur der Krankheit verschwunden war und daß, was ich schon unter ihren Kleidern gefühlt hatte, der Wahrheit entsprach. Vom Augenblick ihrer Heilung an wurde sie lebhaft wie die Mädchen ihres Alters, so daß ich sie in den Kindergarten schicken konnte. Ich habe schon gesagt, daß ich drei Stunden später, nachdem ich meine Tochter krank verlassen hatte, sie vollkommen gesund, kräftig und ohne jede Spur von einer Krankheit wiedersah. Bei der Heilung waren gegenwärtig außer dem früheren Bürgermeister, meine Tochter Albina und das Mädchen Maria Oltracqua."[149)]

– Ergänzende, schriftliche und beeidigte Zeugenaussage der Mutter der Geheilten vom 24. Mai 1923, unterzeichnet von 14 Zeugen (aus „Depositiones testium I, 14–18):

„... Voller Staunen warf ich das Bündel Holz oder Kraut, das ich unter dem Arme hatte, hin, und weinend vor Freude umarmte ich sie und trat in mein Haus und wollte wissen, wie und wann sie angefangen hatte zu gehen.
Maria Oltracqua, die ungefähr ein Jahr älter als meine Tochter ist, antwortete mir: ‚Ich hatte Ercolina auf diesen Felsen da bei der Mauer getragen, und da haben wir lange gespielt. Dann sagte ich: ‚Ich will ins Haus gehen', und Ercolina sagte mir: ‚Trag mich auch hin.' ‚Ja', sagte ich, ‚ich trag dich auch', und stand auf. Kaum war ich aufgestanden, da klammerte sich Ercolina an meine Kleider und erhob sich und rief: ‚Ich kann gehen, ich kann gehen!' Ich war starr vor Staunen, rief laut meine Mama, sie solle kommen und sehen, wie Ercolina alleine gehen könne. Die Mama schaute ganz verwundert, laut rufend, und dann ging sie, um Euch zu holen, damit Ihr kommen und sehen solltet. Aber da Ihr noch nicht aus dem Weinberg zurück waret, führte ich Ercolina auf den Marktplatz vor das Rathaus, damit alle sehen sollten, daß sie ganz allein ohne Hilfe gehen könne. Einige Leute kamen zusammen und ließen Ercolina

gehen. Sie machte kleine Schritte, aber ganz flinke, und alle waren darüber erstaunt, daß nach vier Jahren sie plötzlich angefangen hatte zu gehen ...

Dem Kinde ging es so gut, daß ich nicht glaubte, es zu einem Arzt bringen zu sollen. Erst lange später ließen die Schwestern Ercolina von einem Arzt untersuchen, dessen Namen ich nicht kenne. Dieser untersuchte auch uns alle. Ich weiß, daß er Ercolina vollkommen geheilt fand, ohne jedes Zeichen der erlittenen Krankheit, und uns alle in bester Gesundheit. Später, als Ercolina sechs Jahre alt war, untersuchte sie auch der Dr. Merlo. Dieser kam nach Mornese und auch zu mir. Ich bat ihn um ein Attest. Er sagte: ‚Das Attest will ich geben, aber die Kleine ist tot', und er wiederholte ungläubig zweimal diese Worte.

Da rief ich die Kleine und zeigte sie ihm. Er rief aus: ‚Das ist das Kind, das ist doch wirklich merkwürdig.' Da erklärte ich ihm, daß wir die Novene gehalten hatten und die Heilung erlangt haben, und er sagte: ‚Das ist ein Wunder.' Er gab mir das Attest, und ich habe es den Don-Bosco-Schwestern von Mornese übergeben. Nach der Heilung ist Ercolina stets gesund geblieben, und sie erfreut sich auch jetzt bester Gesundheit ...

Die Sachverständigen, von denen ich Ercolina untersuchen ließ, erklärten, daß sie von guter und schneller Auffassungsgabe sei. Sie sei gesund und kräftig in allen ihren Organen; ihr Gehvermögen sei normal; die Elektrodiagnose, die ich im April dieses Jahres durch einen Arzt des Ospedale Maggiore in Turin habe vornehmen lassen, bekräftigte die physiologische Unversehrtheit des ganzen Nerven-Muskel-Systems, wie es klar ersichtlich ist aus den Attesten, die ich diesem Bericht beifüge."[150]

Sonnenwunder in Fatima (1917)

Die Seherkinder von Fatima

Die drei Seherkinder von Fatima (Portugal), die zehnjährige Lucia Santos (geboren am 22. März 1907) und das Geschwisterpaar, der neunjährige Francisco Marto (geboren am 11. Juni 1908, gestorben am 4. April 1919) und die siebenjährige Jacinta Marto (geboren am 10. März 1910, gestorben am 20. Februar 1920) haben schon mehrere Monate vorher und mit unbedingter Sicherheit genau Tag, Stunde und Ort ein von Maria versprochenes „großes Wunder" angekündigt, das zum Glauben an die Echtheit der Erscheinungen Marias, der Rosenkranzkönigin, und zum Gehorsam gegenüber ihrer Gebetsbotschaft hinführen sollte. Das „Sonnenwunder von Fatima", das von mehreren Tausend Menschen gesehen wurde, ist „das größte Ereignis dieses (20.) Jahrhunderts"[151)] genannt worden.
Die wohl wichtigsten Klarstellungen und Ergänzungen zu den Marienerscheinungen und Marienbotschaften in Fatima hat die heute noch lebende Lucia Santos gegeben: Eintritt in die Kongregation der heiligen Dorothea, gegründet von der heiligen Paula Frassinetti (1809–1882); Ablegung der Ewigen Profeß am 3. Oktober 1934; mit Sondererlaubnis

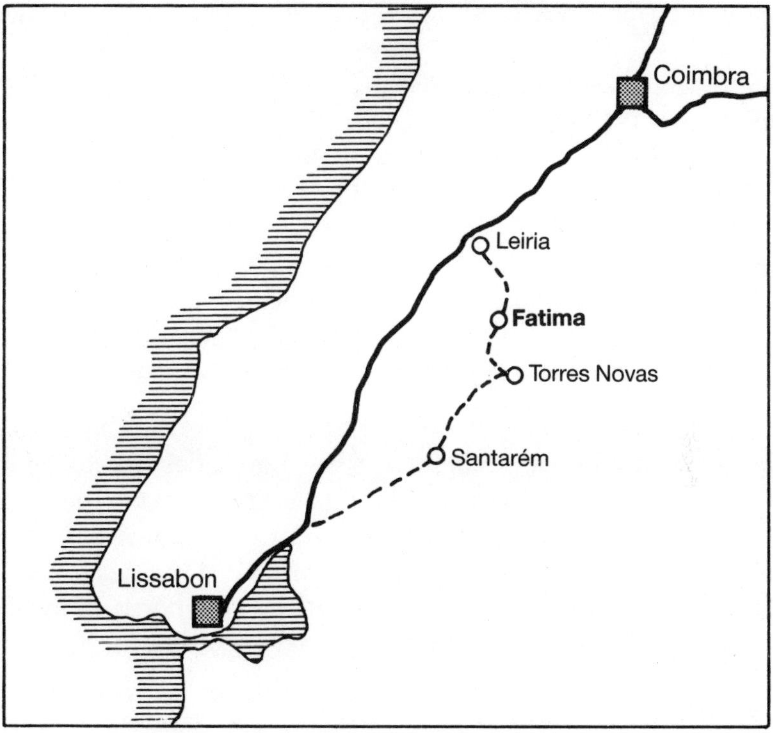

des Papstes Pius XII. Übertritt in den Karmel von Coimbra am 25. März 1948.

Vier sogenannte „Erinnerungen" hat Schwester Lucia aufgezeichnet. Die beiden ersten in den Jahren 1935 und 1937 und zwar im Auftrag des Bischofs von Leiria, Msgr. José Alves Correira da Silva († 1957). Die dritte „Erinnerung" hat sie im Juli/August 1941 niedergeschrieben; diese ist deshalb von besonderer Bedeutung, weil darin der erste (Höllenvision) und zweite (Kriegsausbruch, Weihe Rußlands an das Unbefleckte Herz Marias, Bekehrung Rußlands) Teil des „Geheimnisses von Fatima" veröffentlicht wurde. Der dritte Teil, bis heute nicht veröffentlicht, wurde Ende 1943 niedergeschrieben und befindet sich im Vatikanischen Geheimarchiv in Rom. Die vierte und längste „Erinnerung" entstand im November/Dezember 1941 nach einem umfassenden Fragenkatalog, abgefaßt von H. H. Dr. José Galamba de Oliviera. Sämtliche vier „Erinnerungen" sind in deutscher Sprache mit ausgezeichneten Fotokopien der originalen Aufzeichnungen veröffentlicht in dem Buch „Schwester Lucia spricht über Fatima" (übersetzt aus den portugiesi-

schen Originalschriften und geordnet von P. Luis Kondor SVD. Portugal 1977[3]).
Mit den Marienerscheinungen zwischen dem 13. Mai und dem 13. Oktober des Jahres 1917 trat der kleine Ort Fatima in das Rampenlicht der Weltöffentlichkeit. Heute noch ist unbekannt, wie dieser Ort seinen alten Namen „Fatima“ erhielt, der Lieblingstochter Mohammeds.
Nach fast achtjähriger Untersuchung wurden durch den zuständigen Diözesanbischof von Leiria, Dom José Alves Correia da Silva, am 14. April 1929 die Erscheinungen vor den drei Seherkindern wie vor allem das „Sonnenwunder“ am 13. Oktober 1917, das Tausende erlebt hatten, für echt erklärt. Die römische Bestätigung erfolgte am 1. Oktober 1930.

■ Augenzeugenbericht des Chefredakteurs Avelino de Almeida in der portugiesischen Zeitung „Seculo“. Er war Zeuge des Sonnenwunders bei der Steineiche in der Cova da Iria (Tal des Friedens) am Dienstag, 13. Oktober 1917. Noch am gleichen Abend schrieb er einen Bericht über die selbsterlebten Ereignisse nieder. Dieser Artikel mit der Überschrift „O milagre de Fatima“ erschien am Montag, 19. Oktober 1917, in der Zeitung „Seculo“. Es handelt sich um den ältesten, authentischen Bericht über das „Sonnenwunder“ durch einen Augenzeugen, der in ganz Portugal größtes Aufsehen erregte:

„... und nun spielte sich vor einem ein ganz eigenartiges Schauspiel ab, das geradezu unglaublich ist für den, der es nicht mit eigenen Augen gesehen hat ... Die Sonne sah aus wie eine Scheibe aus Mattsilber ... Sie gab keine Wärme mehr, sie blendete nicht! Man hatte den Eindruck, es träte eine Sonnenfinsternis ein. Da, ein furchtbares Rufen: Ein Wunder, ein Wunder! Vor den erstaunten Blicken der Menge ..., die blaß vor Schrecken mit entblößtem Haupt zum Himmel starrte, begann die Sonne zu zittern! Die Sonne machte rasche Bewegungen, wie man sie noch nie gesehen hatte und wie sie gegen alle Naturgesetze sind! Die Sonne ‚begann zu tanzen‘, wie die Bauern dort bezeichnend sagen!...
Nun sollen uns die Gelehrten, die in diesen Fragen zuständig sind, eine Erklärung für diesen schauerlichen Sonnentanz geben, der heute in Fatima die Gläubigen in ein begeistertes ‚Hosanna‘ ausbrechen ließ; der aber auch, wie glaubwürdige Zeugen berichten, einen tiefen Eindruck auf Freidenker machte und auch auf andere, die sich um Religion nicht viel kümmerten, die sich aber auf diesem berühmt gewordenen Flecken Erde eingefunden hatten.“[152)]

O MILAGRE DE FÁTIMA

Varios aspectos do povo ajoelhado e orando no momento de descobrir o sol e de se dar o fenomeno que tanto impressionou a multidão.

(Carta a alguem que pede um testemunho insuspeito).

Quebrando um silencio de mais de vinte anos e com a invocação dos longinquos e saudosos tempos em que convivemos n'uma fraternal camaradagem, iluminada então pela fé comum e fortalecida por identicos propositos, escreves-me para que te diga, sincera e minuciosamente, o que vi e ouvi na charneca de Fátima, quando a fama de celestes aparições congregou n'aquele desolado ermo dezenas de milhares de pessoas mais sedentas, segundo creio, de sobrenatural do que impelidas por mera curiosidade ou receosas de um logro... Estão os catolicos em desacordo sobre a importancia e a significação do que presencearam. Uns convenceram-se de que se tinham cumprido prometimentos do Alto; outros acham-se ainda longe de acreditar na incontroversa realidade de um milagre. Foste um crente na tua juventude e deixaste de sel-o. Pessoas de familia arrastaram-te a Fátima, no vagalhão colossal d'aquele povo que ali se juntou a 13 de outubro. O teu racionalismo sofreu um formidavel embate e queres estabelecer uma opinião segura socorrendo-te de depoimentos insuspeitos como o meu, pois que estive lá apenas no desempenho de uma missão bem dificil, tal a de relatar imparcialmente para um grande diario, *O Seculo*, os factos que diante de mim se desenrolassem e tudo quanto de curioso e de elucidativo a eles se prendesse. Não ficará por satisfazer o teu desejo, mas decerto que os nossos olhos e os nossos ouvidos não viram nem ouviram coisas diversas, e que raros foram os que ficaram insensiveis á grandeza de semelhante espectáculo, unico entre nós e de todo o ponto digno de meditação e de estudo...

* * *

O que ouvi e me levou a Fátima? Que a Virgem Maria, depois da festa da Ascenção, aparecera a tres crianças que apascentavam gado, duas mocinhas e um zagalete, recomendando-lhes que orassem e prometendo-lhes aparecer ali, sobre uma azinheira, no dia 13 de cada mez, até que em outubro lhes daria qualquer sinal do poder de Deus e faria revelações. Espalhou-se a nova por muitas leguas em redondez; voou, de terra em terra, até os confins de Portugal, e a roma-

O povo ora ajoelhado e olhando o alto

As tres crianças que dizem ter a Virgem falado com elas.

manifestações sobrenaturaes, sem temer que a invernia as prejudicasse, diminuindo-lhes o esplendor e a imponencia... Vi que o desalento não invadiu as almas, que a confiança se conservou viva e ardente, a despeito das inesperadas contrariedades, que a compostura da multidão em que superabundavam os camponios foi perfeita e que as crianças, no seu entender privilegiadas, tiveram a acolhel-as as demonstrações do mais intenso carinho por parte d'aquele povo que ajoelhou, se descobriu e rezou a seu mandado ao aproximar-se a hora do «milagre», a hora do «sinal sensivel», a hora mistica e suspirada do contacto entre o céu e a terra...

E, quando já não imaginava que via alguma coisa mais impressionante do que essa rumorosa mas pacifica multidão animada pela mesma obcessiva idéa e movida pelo mesmo poderoso anceio, que vi eu ainda de verdadeiramente estranho na charneca de Fátima? A chuva, á hora prenunciada, deixar de cair; a densa massa de nuvens romper-se e o astro-rei—disco de prata fosca—em pleno zenith aparecer e começar dançando n'um bailado violento e convulso, que grande numero de pessoas imaginava ser uma dança serpentina, tão belas e rutilantes côres revestiu sucessivamente a superficie solar...

Milagre, como gritava o povo; fenomeno natural, como dizem sabios? Não curo agora de sabel-o, mas apenas de te afirmar o que *vi*... O resto é com a Ciencia e com a Egreja...

Avelino de Almeida.

O povo procurando aproximar-se da azinheira santa

(«Clichés» Benoliel).

Schwester Lucia

■ Augenzeugenbericht des Universitätsprofessors von Coimbra, Dr. José Maria Proença de Almeida Garret:

„Ich kam zu Mittag an.
Der dichte Regen, der seit dem Morgen unaufhörlich fiel, wurde jetzt durch einen wütenden Wind gepeitscht und drohte alles zu überschwemmen.
Ich blieb auf der Straße stehen ..., die etwas höher liegt als der Ort, von dem sie sagten, daß dort die Erscheinungen stattfänden. Ich war etwa hundert Meter von jenem Platz entfernt ...
Der Regen stürzte jetzt in Strömen auf die Köpfe der Wartenden und drang in ganzen Bächen in ihre Kleider ein.
Es war fast zwei Uhr nachmittags (wenig nach dem astronomischen Mittag). Ein paar Augenblicke vorher hatte die Sonne die dichte Wolkenschicht, die sie verhüllte, mit ihren Strahlen durchbrochen: aller Blicke richteten sich auf sie, wie magnetisch angezogen.
Auch ich versuchte, sie ins Auge zu fassen; sie sah aus wie eine Scheibe mit klaren Umrissen, glänzend, aber nicht blendend.
In Fàtima hörte ich, daß man sie als Scheibe aus mattem Silber beschrieb; dieser Vergleich schien mir nicht ganz zutreffend. Nein, sie

hatte eine klare, schillernde Helligkeit, die an den Glanz einer Perle erinnerte. Sie ähnelte durchaus nicht dem Mond in einer klaren Nacht, denn sie hatte weder seine Farbe noch das eigenartige Hell-Dunkel. Sie sah aus wie ein glänzendes Rad, das der silbernen Hülle einer Muschel entnommen zu sein schien.
Das ist nicht Poesie; meine Augen haben es so gesehen. Sie hatte auch keine Spur von Ähnlichkeit mit der Sonne, wie sie aussieht, wenn sie durch eine Nebelwand scheint; die Sonnenscheibe war nicht undeutlich oder irgendwie verschleiert, sondern hob sich klar von ihrem Hintergrund und ihrem Umkreis ab.
Diese bunte und leuchtende Scheibe schien in rasender Bewegung. Es war nicht das lebhafte Glitzern des Sternenlichtes. Sie kreiste mit ungeheurer Geschwindigkeit um sich selbst.
Plötzlich erhob sich in der Volksmenge Geschrei, Angstrufe. Die Sonne kreiste noch immer mit der gleichen Geschwindigkeit, löste sich jedoch gleichzeitig vom Firmament und näherte sich blutigrot der Erde, alles unter ihrer feurigen, ungeheuren Wucht zu zermalmen drohend.
Es waren schreckliche Augenblicke ...
Alle die Phänomene, die ich anführte und beschrieb, habe ich kaltblütig, heiter und ohne irgendeine Bewegung beobachtet.
Ich überlasse es andern, sie zu erklären und zu deuten.“[153)]

■ Zusammenfassung der Augenzeugenaussagen im Hirtenbrief des Bischofs J. Correira da Silvia von Leiria-Fatima vom 13. Oktober 1930. Diesem Hirtenbrief kommt deshalb eine herausragende Bedeutung zu, weil darin die Ergebnisse des langjährigen und überaus gründlichen, kirchlichen Untersuchungsprozesses zusammengefaßt sind und die Marienerscheinungen in Fatima als echt und glaubwürdig erklärt wurden.

„Die Vorgänge, die sich am 13. Oktober 1917 an der Sonne abspielten und die von den damaligen Tageszeitungen beschrieben wurden, sind ein überaus großes Wunder und haben auf alle, die das Glück hatten, es mitzuerleben, tiefsten Eindruck gemacht. Die drei Kinder hatten im voraus genau Tag und Stunde und den Ort angegeben, wo es sich ereignen werde, und ihre Ankündigung hat sich schnell in ganz Portugal verbreitet.
Trotz des schlechten und regnerischen Wetters hatten sich Tausende und aber Tausende zur Stunde der letzten Erscheinung in Fatima einge-

funden. Und diese Menge hat all dem beigewohnt, was die Königin unter den Gestirnen der Königin des Himmels und der Erde an Huldigungen entgegengebracht hat, der Königin, von der das Hohelied sagt, sie strahle leuchtender als die Sonne in ihrem vollsten Glanz. Diese Vorgänge, die von keiner Sternwarte registriert wurden und daher natürlich nicht erklärbar sind, wurden von Leuten aus den verschiedensten Ständen und Klassen mit eigenen Augen gesehen ..., sogar von solchen, die kilometerweit entfernt waren; dadurch wird jeder Versuch, das Ereignis durch Massensuggestion zu erklären, hinfällig.“[154)]

■ Augenzeugenbericht des Paters Ignacio Laurenço Pereira, niedergeschrieben am 13. Juli 1932. P. Pereira wirkte zu dieser Zeit als Missionar in Indien. Auf Wunsch seines damaligen Bischofs von Meliapor, Monsignore Antonio M. Teixeira, hat er in einem Brief seine persönlichen Erlebnisse aufgezeichnet, die er am 13. Oktober 1917 hatte. Der spätere Missionar war damals Schüler der Volksschule seines Geburtsortes Alburitell. Auch die in seinem Brief genannte Lehrerin, D. Delfina Pereira Lopes, konnte ermittelt werden. Auch sie konnte als Augenzeugin das „Sonnenwunder“, die Richtigkeit des Berichtes ihres damaligen Schülers und späteren Indienmissionars vollauf bestätigen.
Dieser überaus interessante und aufschlußreiche Brief wurde mit ausdrücklicher Erlaubnis des Verfassers erstmals im „Catholic Register“ (Juli 1931) veröffentlicht und später auch in der Zeitschrift „Our Lady of Fatima“ (Nr. 7/1934, Seite 1 bis 3) abgedruckt.

„Es sind schon 14 Jahre seit jenem Ereignis vergangen, doch die tiefen Eindrücke, die mein jugendlicher Geist am 13. Oktober 1917 von dem wunderbaren Sonnenschauspiel empfing, sind noch ganz frisch in meinem Gedächtnis. Ich war damals erst neun Jahre alt und besuchte die Elementarschule in meinem Geburtsort, einem kleinen Dorf, das auf einem einsamen Hügel gelegen ist, den Bergen von Fatima gerade gegenüber, etwa zehn oder elf Kilometer von dort entfernt ...
Es war ungefähr Mittag, als wir durch das Schreien einiger Männer und Frauen, die bei der Schule vorbeikamen, aufgeschreckt wurden. Die Lehrerin, ein sehr gutes und frommes Fräulein, doch leicht aufgeregt und sehr ängstlich, war die erste, die auf die Straße lief; natürlich folgten wir ihr. Draußen sammelten sich Leute an, die weinend und schreiend auf die Sonne zeigten, ohne auf die Fragen zu achten, die unsere zit-

ternde Lehrerin an sie richtete ... Es war das große Wunder, das man von der Anhöhe, auf der mein Heimatdorf liegt, ganz deutlich sah: das Sonnenwunder mit allen seinen außerordentlichen Phänomenen.
Ich fühle mich unfähig, zu beschreiben, was ich damals gesehen und empfunden habe. Ich blickte unverwandt die Sonne an; sie schien mir bleich, ohne den gewöhnlichen blendenden Glanz; sie kam mir vor wie eine Kugel aus Schnee, die um sich selbst kreiste ... Dann plötzlich schien sie im Zickzack herunterzukommen und drohte auf die Erde zu stürzen. Aufs höchste erschrocken, lief ich, um mich hinter die Leute zu verstecken. Alle weinten und erwarteten jeden Augenblick den Weltuntergang!

Neben uns stand ein Ungläubiger, der den ganzen Vormittag über die Leute gespottet hatte, die eigens nach Fàtima gingen, um ein kleines Mädchen zu sehen ...! Ich schaute ihn an: er war wie gelähmt; mit weitaufgerissenen, staunenden Augen betrachtete er die Sonne; dann sah ich, wie er vom Kopf bis zum Fuß zitterte; endlich erhob er die Hände gegen den Himmel, fiel auf die Knie, ohne auf den Straßenschmutz zu achten, und schrie: ‚Die Madonna! Die Madonna!' Etwas anderes konnte er nicht sagen, der arme Ungläubige, dem endlich eine bessere Erkenntnis aufgegangen war.
Inzwischen hörten die Leute nicht auf zu schreien und ihre Sünden zu beweinen ... Dann eilten sie von allen Seiten den zwei kleinen Dorfkapellen zu, die sich in wenigen Augenblicken füllten, so daß niemand mehr Platz fand ...
Während der langen Minuten, die das Sonnenphänomen anhielt, strahlten die Gegenstände um uns alle Regenbogenfarben wider ...
Wenn wir einander ins Gesicht schauten, sahen wir abwechselnd den einen blau, den andern gelb, einen dritten rot usw. Alle diese seltsamen Erscheinungen erhöhten den Schrecken des Volkes. Nach etwa zehn Minuten kehrte die Sonne in gleicher Weise an ihren Platz zurück, wie sie ihn verlassen hatte, bleich und ohne Glanz ... Als die Leute merkten, daß die Gefahr vorüber war, strahlten sie vor Freude.
Wie aus einem Munde riefen sie: ‚Ein Wunder! Ein Wunder! Unsere Liebe Frau sei gelobt!'"
Mangalore, Seminar des heiligen Josef, 13. Juli 1931

Ignacio Laurenço Pereira, Augenzeuge."[155]

Heilung von langjährigem Magenkrebs (1935)

Kaspar Stanggassinger

Die Orte – alle in Bayern gelegen –, die in dieser Heilungsgeschichte erwähnt werden, sind in nachfolgender Skizze eingetragen.
Im Seligsprechungsprozeß für den Redemptoristenpater Kaspar Stanggassinger (geboren am 12. Januar 1871 in Unterkälberstein bei Berchtesgaden; gestorben am 26. September 1899 3.45 Uhr in Gars; seliggesprochen am 24. April 1988 in St. Peter in Rom durch Papst Johannes Paul II.) kam dem Heilungswunder an Schwester Maria Theophilus Kleeberg eine ausschlaggebende Bedeutung zu.
Maria Kleeberg (späterer Ordensname „Theophilus) wurde am 18. Februar 1886 in Freising geboren. Am 8. September 1907 legte sie im Provinz-Mutterhaus der Kongregation der Schwestern vom Allerheiligsten Heiland (auch „Niederbronner-Schwestern" genannt) in Neumarkt/Oberpfalz die Ordensprofeß ab. Schon ab 1908 mußte sie sich wegen Magenbeschwerden (Magengeschwür) wiederholt in ärztliche Behandlung begeben: ein erster Eingriff wurde am 18. September 1922 in Straubing (Frauenkrankenhaus Atzlburg) vorgenommen, eine zweite Operation im November 1924 und eine dritte Operation am 17. Oktober 1934

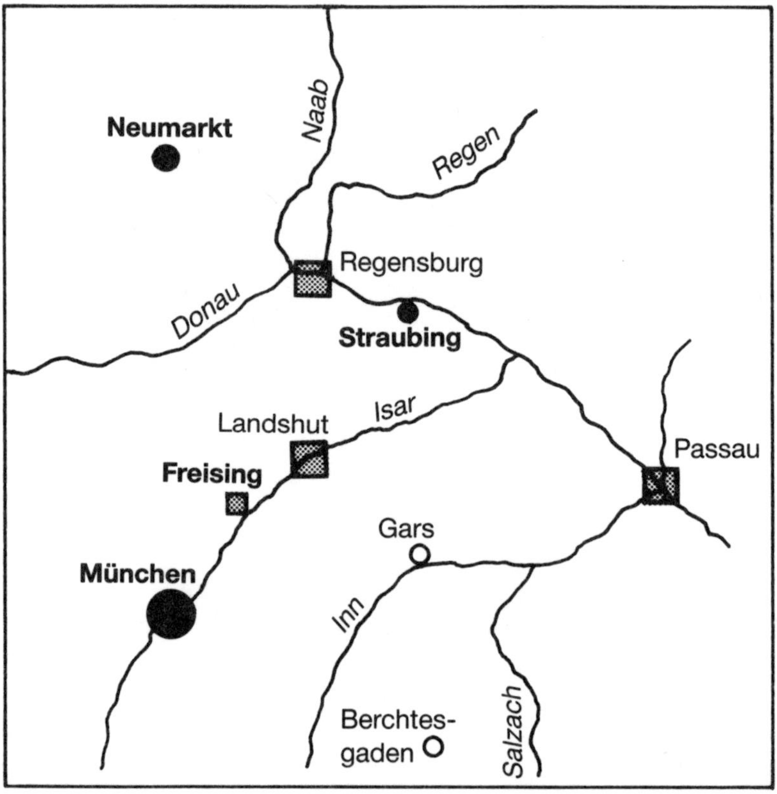

in München im Sanatorium Dr. Rudolf Decker (8000 München, Seestr. 4).

Weil die in der Decker-Klinik in München behandelnden Ärzte einmütig erklärten, daß es keine Hilfe für Schwester Maria Theophilus gäbe, wurde die am Magenkrebs hoffnungslos erkrankte Schwester am 10. März 1935 in das Mutterhaus-Krankenhaus nach Neumarkt gebracht. Der dortige Hausarzt Medizinalrat Dr. Georg Brütting sollte sie auf der letzten Etappe ihres irdischen Weges versorgen.

Die plötzliche Heilung der Ordensschwester Maria Theophilus Kleeberg ereignete sich in der Krankenabteilung des Provinzial-Mutterhauses in Neumarkt/Oberpfalz am 8. April 1935, gegen 16.00 Uhr. 22 Jahre später ist Schwester Maria Theophilus am 11. März 1957, 21.10 Uhr in Neumarkt gestorben.

In entgegenkommender und dankenswerter Weise hat der Vize-Postulator im Seligsprechungsprozeß des Paters Kaspar Stanggassinger, Pater

Karl Steinmetz (8069 Gars am Inn, Kirchplatz 10), die zitierten Dokumente dieses Heilungswunders zur Verfügung gestellt.

■ Unter Eid abgegebene, schriftliche Zeugenaussage der Schwester Gerontia Wurm: Sie hat die an Magenkrebs erkrankte Mitschwester Maria Theophilus Kleeberg in der Krankenabteilung des Provinzial-Mutterhauses in Neumarkt/Oberpfalz betreut und dabei auf die Fürbitte des Paters Kaspar Stanggassinger aufmerksam gemacht. Sie hat ihr sein Bild wie auch eine Reliquie von seinem Sarg ausgehändigt. Diese Zeugenaussage wurde in Neumarkt/Oberpfalz am 25. Mai 1935 – nur sechs Wochen nach der Wunderheilung – schriftlich abgefaßt und eigenhändig von Schwester Gerontia Wurm unterzeichnet.

„Am 10. März 1935 kam Schwester Theophilus in unserem Mutterhaus St. Joseph in Neumarkt/Opf. an. Sie war bis dorthin im Sanatorium Dr. Decker in München tätig. Sie wurde wegen unheilbarem Siechtums vom Sanatorium entfernt. Seit mindestens 10 Jahren litt sie an großen Magen- und Rückenschmerzen und Verdauungsstörungen. Zweimal wurde sie während dieser Zeit wegen Magenverengung und Verwachsungen im Darm operiert, jedoch ohne Erfolg! Trotz strengster Diät war sie keine Stunde ohne Schmerzen. Es gab nur ein Mittel, ihre Schmerzen einigermaßen erträglich zu machen: Morphium. Nie konnte sie auf der Seite liegen, ja sie konnte kein Bein mehr anziehen, so groß war die Spannung im Unterleib. Eine dritte Operation mußte abgebrochen werden weil das Herz versagte. Nach dieser Operation war der Zustand der Schwester noch schlimmer wie vorher. Herr Dr. Decker mußte zu seinem großen Leidwesen erklären, daß es keine Hilfe für die tüchtige und brave Schwester mehr gäbe, deshalb wurde sie in das Mutterhaus gebracht.
Sofort nach ihrer Ankunft wurde sie vom Hausarzt, Herrn Dr. Brütting untersucht und das Ergebnis war: Der Schwester ist nicht mehr zu helfen, man kann ihr nur Herzmittel und Linderungsmittel verabreichen. Jeden Abend eine Morphiumspritze, damit sie wenigstens liegen und etwas schlafen kann. Am 6. April begannen Exerzitien für Schwestern. Schw. Theophilus wollte trotz ihrer Schmerzen sie mitmachen. Ich riet ihr dringend ab, doch die Provinzialoberin erlaubte es ihr mit dem Bemerken: ‚So gut Sie es fertig bringen.‘ Am Vortag der Exerzitien machte ich die Schwester auf P. Stanggassinger aufmerksam. Weder ich noch

Schw. Theophilus haben früher von ihm etwas gewußt. Vom Exerzitienmeister auf ihn aufmerksam gemacht, faßten wir beide zu ihm ein auffallend großes Vertrauen, nachdem wir ein Bildchen und eine Reliquie von seinem Sarge erhalten hatten. ‚Machen Sie eine Novene zu P. Stanggassinger, der braucht ein Wunder für seine Seligsprechung' sagte ich zu der Kranken, dachte aber dabei für mich, der Diener Gottes möge sie in den Himmel holen. Schw. Theophilus begann mit den Exerzitien die Novene. Am ersten Tag fühlte sie nicht die geringste Besserung, am zweiten Tage wurde es noch schlechter, am dritten Tag wurde es zum Verzweifeln schlecht. Sie konnte nicht einmal einen Löffel Tee zu sich nehmen ohne zu erbrechen. Mindestens zehnmal wiederholten sich diese Erbrechungsanfälle, einer war schlimmer wie der andere. Ich konnte mir mit der Kranken nicht mehr helfen, noch weniger die Kranke sich selber. Ich dachte: ‚Entweder stirbt sie jetzt oder wir werden alle zwei närrisch' und wollte der Kranken die letzte Ölung erteilen lassen. Zwischen vier und fünf Uhr nachmittags schaute Schw. Theophilus vertrauensvoll zu ihrem Bildchen, zu P. Stanggassinger, das auf dem Tische stand, auf, legte seine Reliquie auf den Leib und betete in ihrem tiefsten Elend: ‚P. Stanggassinger nimm mich zu dir oder hilf mir!' In diesem Augenblick waren die Schmerzen weg und zwar plötzlich. Als ich das Zimmer betrat, rief sie mir zu: ‚P. Stanggassinger hat geholfen, die Schmerzen sind weg!' Ich rief aus: ‚Gott sei Dank! Theophilus, das ist ein Wunder!' Keine von uns beiden zweifelte im mindesten daran und wir strahlten beide vor Glückseligkeit. – Schw. Theophilus konnte sich im Bette wenden und drehen, in jeder Lage liegen, konnte knien und gehen und war frisch und munter. Am nächsten Tage stand sie mit den Exerzitantinnen auf und machte ohne Beschwerden alle Exerzitienübungen mit. Die Verdauung setzte ohne alle künstlichen Mittel ein. Sie aß und trank alles war ihr vorgesetzt wurde. Ich wollte sie prüfen und gab ihr Preßack und Sauerkraut zu essen. Schw. Theophilus aß anstandslos alles ohne die geringsten Schmerzen und Beschwerden. Sie nahm keine Arzneimittel mehr, kein Morphium und schlief ausgezeichnet, sah gut, ja jugendlich aus, nahm auch in kurzer Zeit 4 Pfund zu. Sie reiste nach Rehau/Obfr. zu ihrer Schwester bei schlechtestem Wetter und empfindlicher Kälte ohne alle Beschwerden. Medizinalrat Dr. Brütting untersuchte sie; das Herz war gut und trotz des Drückens auf Magen und Unterleib hatte die Schwester keine Schmerzen. Der Arzt sagte: ‚Ich kann es nicht fassen, daß sie keine Schmerzen mehr hat.'

Am 19. Mai durfte sie zurück auf ihre Station in München. Sie fuhr im Zug in einem Raucherabteil; ein Herr gegenüber rauchte bei geschlossenem Fenster. Die Schwester hat das nie ertragen können. Sie seufzte: ‚P. Stanggassinger, hilf mir! Wenn mir schlecht wird, glauben sie daheim nicht an deine Hilfe!' Es wurde ihr nicht im mindesten schlecht. In Regensburg mußte sie umsteigen, da niemand da war, der ihr half, nahm sie in eine Hand ihren Koffer, in die andere ihre Tasche und eine Schachtel und stieg aus, übersah das zweite Trittbrett und stürzte rücklings auf den Bahnsteig. Gute Leute hoben sie auf – es fehlte ihr nichts. Sie stieg in den Münchener Zug und schaute nach dem Bilde des P. Stanggassinger. Auch ihm fehlte nichts. In München angekommen, trug sie selbst, was sie seit Jahren nicht mehr gekonnt, ihr Gepäck ins Sanatorium. Die Schwestern staunten, die Ärzte staunten, beide, Herr Dr. Decker und Herr Dr. v. Bomhardt erklärten: ‚Da hat ein höheres Walten eingegriffen', nachdem sie schon bei der ersten Nachricht von ihrer Schmerzlosigkeit erklärt hatten: ‚Wenn Schw. Theophilus keine Schmerzen mehr hat, dann ist das ein Wunder.' Die beiden hatten die Schwester seit Jahren behandelt und auch die letzte Operation an ihr versucht.
Seit dieser Heilung sind nun sechs Wochen vergangen ohne daß sich die Schmerzen jemals wiederholt haben.
Dem lb. Gott und P. Stanggassinger sei Dank!
Was ich erzählt, beschwöre ich

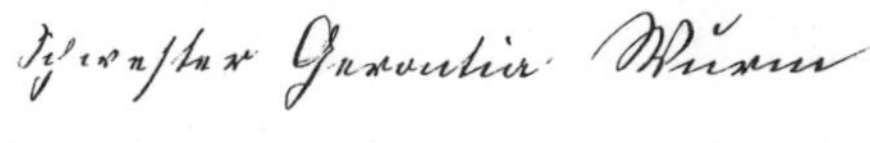

Schwester Gerontia Wurm

Wir Unterschriebenen bezeugen eidlich, daß die Unterschrift der Schwester Gerontia von ihr selbst geschrieben ist.
Neumarkt i.d.OPf., den 25. Mai 1935.

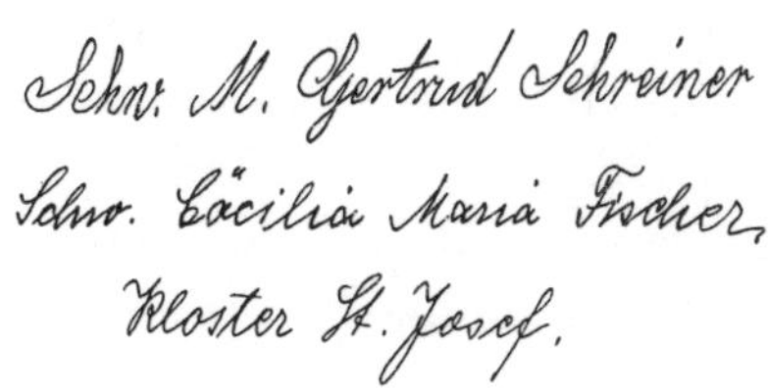

Schw. M. Gertrud Schreiner
Schw. Cäcilia Maria Fischer
Kloster St. Josef.

■ Schriftliche Zeugenaussage (München, 6. Juni 1935) des Facharztes für Innere Krankheiten, Dr. med. Rudolf Decker im Münchener Sanatorium an der Seestraße 4: Er berichtet über die dritte Operation an Schwester Maria Theophilus in seiner Klinik am 17. Oktober 1934 wie von der durch ihn angeordneten Überweisung der hoffnungslos erkrankten Schwester Maria Theophilus am 10. März 1935 nach Neumarkt/Oberpfalz. Überaus bedeutsam sind seine Aussagen über den Eindruck, den auf ihn Schwester Maria Theophilus nach ihrer Rückkehr nach München am 18. Mai 1935 gemacht hat (zwischen diesen beiden Daten – 10. März 1935 und 18. Mai 1935 – liegt das Datum des Heilungswunders am 8. April 1935 in Neumarkt):

„Schw. Theophilus wurde im September 1922 in Straubing wegen Ulcus operiert und zwar wurde ein neuer Magenausgang geschaffen. Leider war diese Operation ohne Erfolg. Im November 1924 kam sie zu uns in die Klinik zwecks Vornahme einer neuen Operation. Auch diese blieb ohne den gewünschten Erfolg, wie sich bald herausstellte. Die Schwester, die daraufhin bei uns verblieb, kränkelte dauernd. Sie mußte wegen der bestehenden Magenbeschwerden strengste Diät einhalten, trotzdem wurden dieselben allmählich immer stärker. So kam man 1933 zu dem Entschluß, eine Kataplasmenkur bei ihr durchzuführen, verbunden mit strenger Diät und entsprechender medikamentöser Behandlung. Der Erfolg der Behandlung war nur ein geringer und vorübergehender. Im Frühjahr 1934 traten erneut heftige Schmerzen auf. Trotz allem Pflichtbewußtsein konnte schließlich die Schwester ihren Aufgaben nicht mehr vorstehen und ich versuchte nochmals eine strenge, interne Behandlung. Doch auch diese Behandlung blieb ohne Erfolg.
Wir Ärzte wollten nun den letzten Versuch machen, Schw. Theoph. durch einen erneuten operativen Eingriff Linderung zu bringen. Auch diese Operation (Lösung von Verwachsungen) brachte so gut wie keinen Erfolg. Unsere Macht war nun erschöpft, die Schw. mußte sich eben in ihr Schicksal ergeben. Die Schmerzen steigerten sich oftmals so sehr, daß nur Einspritzungen durch Betäubungsmittel Linderung brachten. Ebenso mußte zum Schlafen oftmals mit Medikamenten nachgeholfen werden.
Ich erklärte, daß ich am Ende meines Wissens sei und daß es mir als Arzt unmöglich sei, diesem geplagten Menschen zu helfen. Am 10. März kam die Schwester darum ins Mutterhaus und kehrte von dort am 18. Mai

1935 wieder zurück. Bei ihrer Rückkehr mußte ich zu meiner großen Überraschung feststellen, daß Schw. Theophilus nicht nur ein ganz anderes gesundes, frisches Aussehen hatte, sondern auch die Äußerungen der Schw. über ihren Gesundheitszustand mußten mich aufs höchste überraschen und ich kann nicht umhin, offen zuzugeben, daß in diesem Falle eine höhere Macht im Spiele war, nachdem trotz aller menschlichen Anstrengungen mit einer Wiederherstellung des Gesundheitszustandes der Schw. nicht mehr zu rechnen war."

■ Ärztliches Zeugnis, ausgestellt vom Hausarzt im Mutterhaus Neumarkt/Oberpfalz, Herrn Medizinalrat Dr. med. Georg Brütting, am 18. Juni 1935 (etwa zwei Monate nach der wunderbaren Heilung): Dr. Brütting hat Schwester Maria Theophilus Kleeberg nach ihrer Überführung von München nach Neumarkt vom 10. März 1935 an als „aussichtslosen Fall" diagnostiziert und der „Sterbenden" durch tägliche Betäubungsmittel die Schmerzen zu lindern versucht. Er ist jener wichtige Zeuge als Arzt, der den Zustand der hoffnungslos erkrankten Schwester Theophilus sowohl *vor* wie auch *nach* dem Tag des Heilungswunders (8. April 1935) gesehen und untersucht hatte:

„Die Schwester Theophilus kam am 10. März als ‚aussichtsloser Fall' in das Mutterhaus St. Josef in Neumarkt (Opf.), nachdem sie vorher drei Magenoperationen durchgemacht hatte und mehr als 10 Jahre wegen Magenleiden in ärztlicher Behandlung gestanden war.
Sie hatte in der Magengegend eine handtellergroße, flächenhafte, äußerst druckempfindliche Resistenz, die ich auf narbige Verwachsungen zurückführte, und einen so schlechten Puls, daß täglich mit dem Schlimmsten gerechnet werden mußte.
Sie sah sehr schlecht aus, war vollständig abgemagert, hatte dauernd große Schmerzen in der Magengegend, war schlaflos, gänzlich appetitlos und konnte nur ganz geringe Mengen leichtester Kost zu sich nehmen. Trotzdem war die Verdauung schlecht und die Stuhlentleerung erfolgte nur nach Anwendung von abführenden Mitteln.
Gegen die anhaltenden Schmerzen mußten täglich Betäubungsmittel eingespritzt werden, gegen die chronische Schlaflosigkeit schlafbringende Mittel verabreicht werden.
Am 9. April 1935 trat plötzlich eine auffallende Besserung ein. Die Patientin wurde schmerzfrei, bekam Appetit, konnte von da an reichlich

Nahrung jeder Art zu sich nehmen und nahm wöchentlich durchschnittlich ein kg zu. Sie bekam ein frisches Aussehen, einen gesunden Schlaf, wurde heiter, lebensfroh und arbeitsfreudig.
Ich gestehe, daß ich mit Staunen vor diesem ungewöhnlichen Fall stehe und für die überraschende Wendung keine wissenschaftliche Erklärung finde."

■ Bericht, den die geheilte Schwester Maria Theophilus Kleeberg nach einem ihr vorgelegten Fragenkatalog in München am 20. Juni 1935 – zehn Wochen nach der Heilung! – schriftlich abgefaßt und eigenhändig unterzeichnet hat.
Über Tag und Umstände der Heilung schreibt sie:

„... Mehrere Jahre litt ich an Magengeschwüren, die am 18. September 1922 eine Operation notwendig machten. Im November 1924 wurde eine zweite vorgenommen. Im Mai und Juni traten die Schmerzen so auf, daß ich mich im Jahre 1934 im Juli einer Kur unterziehen mußte, doch hatte diese, sowie auch die Einspritzungen wenig Erfolg. Die Ärzte erklärten, die einzige Möglichkeit einer Besserung bestehe in einer dritten Operation, und zwar durch Resezieren des Magens.
Schweren Herzens, doch im Hinblick auf Genesung und mit der damit wiederverbundenen Pflichterfüllung, entschloß ich mich dazu. Am 17. Oktober 1934 wurde diese vorgenommen. Leider konnte sie nicht so ausgeführt werden, wie sie die Herren Ärzte beschlossen, da das Herz versagte, um eine kleine Linderung zu schaffen konnten nur Verwachsungen gelöst werden.
Am 3. März 1935 setzten die Schmerzen derart ein, so daß meine Ehrw. Vorgesetzten beschlossen, mich für mehrere Monate ins Mutterhaus zu tun. Mit einer Mitschwester reiste ich am 10. März dorthin. Doch es wollte keine Besserung eintreten. (Die Ärzte erklärten, ich müsse mich in mein Schicksal ergeben, sie haben alles getan, weiter können sie nicht mehr helfen). Öfters gab man mir in letzter Zeit eine Einspritzung, um ein wenig Linderung zu erhalten.
In ihrer Not machte mich unsere Krankenschwester auf P. Stanggassinger aufmerksam und bat mich, ich möchte meine Zuflucht zu ihm nehmen und ihn um seine Fürbitte anflehen. Sie brachte mir ein Bild und eine Reliquie. Es war mir, wie ein Fingerzeig von Oben. Da am 6. April ein neuer Exerzitienkurs begann, bat ich innig, dieselben mitmachen zu dürfen. Man gestattete es mir mit der gütigen Bemerkung, ich solle

sie machen, wie es geht, mich nicht allzusehr ermüden; mit denselben fing ich zugleich eine neuntägige Andacht zu P. Stanggassinger an, herzlich bat ich ihn, mir Fürsprecher bei Gott zu sein. Im Übrigen hatte ich mich vollkommen in den Willen Gottes ergeben. Am 7. April nachmittags bekam ich solch heftige ausstrahlende Magenschmerzen, doch die Nacht war ziemlich gut. Am Montag den 8. ging ich zum Morgengebet, Betrachtung und dann zur hlg. Messe, es war mir gut. Nach Empfang der hlg. Kommunion stellte sich plötzlich ein starker Brechreiz ein und es wurde mir so übel, wie noch selten in meinem Leben. Trotzdem versuchte ich mit aller Anstrengung noch den 10 Uhr Vortrag anzuhören. Jedoch mitten in demselben stellte sich Gallbrechen ein und zwar derart, daß es zum Mund und Nase kam. In der kurzen Zeit von 10 – 11 1/2 Uhr wiederholte sich verbunden mit (Durchf.) dieses zehnmal und zwar in solchen Mengen, daß ich glaubte, meine letzte Stunde sei gekommen. Schw. Gerontia, unsere Krankenschwester, befahl mir, ins Bett zu gehen und redete mir zu, ich möge mich vollständig in den Willen Gottes ergeben. Todmüde und elend betrachtete ich das Bild von P. Stanggassinger und mit inniger vertrauensvoller Bitte flehte ich, er möge für mich Gott um Genesung bitten oder wenn es anders der Wille Gottes sei, mir eine gute Sterbestunde verleihen. Löffelweis nahm ich schwarzen Tee, die geringste Bewegung verursachte erneutes Brechen.

Am Nachmittag gegen 4 Uhr fühlte ich plötzlich das Übel gehoben, selbst die Schmerzen im Magen und Rücken waren fast verschwunden, ich fühlte mich so wohl, wie seit Jahren nicht mehr. Es ist mir ferne, dieses als Wunder zu erklären, das steht der Kirche zu, doch bei allem, was mir heilig ist, kann ich das eine beschwören, daß am 3. Tag der Novene eine vollständige Änderung eingetreten ist. Am folgenden Tag, Dienstag den 9. April und die übrigen Tage der Exerzitien konnte ich alle Übungen vollkommen mitmachen, auch hab ich von der ersten Stunde meiner Andacht weder Tropfen, noch sonst irgend etwas genommen, was schmerzstillend oder zum Schlafen war, während ich vorher sehr oft fürs erstere Einspritzungen bekam.

Die plötzliche Heilung war am 8. April 1935 kurz vor 16 Uhr im Kloster St. Josef Neumarkt i./Opf. Was ich empfunden kann ich nicht beschreiben, eine nie gekannte Dankbarkeit durchflutete meine Seele.

Arzneimittel, selbst fürs Herz, hatte ich vom 6. April ab mit Beginn der Novene keine mehr genommen. Am gleichen Tag untersuchte Herr Sanitätsrat Dr. Brütting das Herz und fand es besser.

Und nach 5 Wochen, am 13. Mai, wurde ich zum zweitenmal untersucht und als ich frug: ‚Herr Sanitätsrat, sind Sie mit dem Herz zufrieden?' sagte der Herr: ‚Ja sehr', und dann erzählte ich ihm, daß ich trotz seiner Verordnung täglich dreimal Cardiazol oder Coramin zu nehmen, diese fünf Wochen nichts mehr an Medikamenten genommen habe."

■ Eidesstattliche Zeugenaussage der Ordensschwester Calan (Antonie) Schlösser, niedergeschrieben und eigenhändig unterzeichnet in München am 20. Juni 1935. Schwester Calan war damals im Sanatorium Dr. Decker in München (Seestraße 4) Narkoseschwester. Sie assistierte bei der an Schwester Maria Theophilus vorgenommenen (dritten) Operation am 17. Oktober 1934. Bemerkenswert sind ihre Aussagen sowohl über die wegen Herzkollaps abgebrochene Operation wie über die Wiederbegegnung mit der geheilten Schwester Maria Theophilus am 18. Mai 1935 in München:

„Folgende Erklärungen kann ich unter Eid bezeugen:
Schw. Theophilus, welche im November 1924 zwecks einer Magenoperation zu uns kam und nach derselben bei uns verblieb, kränkelte seit dem Zeitpunkt dauernd. 1933 ließ ich die Schwester vom Herrn Dr. Dekker untersuchen. Der Arzt machte Fibrolysin-Einspritzungen, doch halfen selbe nicht viel. Im Mai 1934 verordnete Herr Dr. Decker Kataplasmenkur und gab Novoprotin-Einspritzungen. Täglich machte er seinen Besuch und unter strengster Diät wurde die Schwester gestellt. Die Magen und Rückenschmerzen wurden wohl etwas besser, allein im August traten sie so auf, daß die Ärzte beschlossen, ein Stück des Magens zu resezieren. Schw. Theophilus sagte mir des öfteren in ihren Schmerzen, das einzige Mittel ist die Arbeit, diese ist besser als Morphium. Und doch war ich gezwungen, ihr seit Mai 1934 stets Narkotikum zu geben, damit sie des Tags über ihren Pflichten nachkommen konnte. Die Schwester tat mir in der Seele leid, deswegen war ich einerseits froh, daß die Operation beschlossen wurde und wir hofften alle eine Besserung.
Am 17. Oktober 1934 wurde diese vorgenommen. Ich machte die Narkose und konnte mich somit persönlich überzeugen, daß die Operation so wie sie beschlossen war, unausführbar war, denn das Herz erlitt einen derartigen Kollaps, daß mit dem Schlimmsten zu rechnen war. Somit wurden nur, um eine kleine Linderung zu schaffen, einige Verwachsun-

gen gelöst. Mit der Schwester litt ich sehr, wenn ich sah, wie sie sich alle Mühe gab um freudig ihren Pflichten nachzukommen, aber trotz treuesten Pflichtgefühls nahmen die Schmerzen so zu, so daß ich die Schwester zu Bett schicken mußte. Am Abend ließ ich Frau Peters (Augendiagnostikerin) zu ihr kommen und diese erklärte mir, es sei höchste Zeit, die Schwester auszuschalten. Auf dieses hin nahm ich mit Schw. Cleta und Herrn Dr. Decker Rücksprache und wir kamen zu dem Entschluß, Schw. Theophilus 3 bis 4 Monate auszuschalten.
Wie freudig überrascht war ich, als Schw. Theophilus am 18. Mai 1935 wieder zu uns kam und zwar in diesem gesunden Zustand schon nach 10 Wochen. Ja da hat wirklich der lb. Gott durch die Fürbitte von P. Stanggassinger geholfen.
Ich freue mich mit ihr und danke mit Schw. Theophilus dem lb. Gott für diese Hilfe."

■ Erklärung von Dr. med. Hans von Bomhard, niedergeschrieben in München am 14. Juli 1959. Dr. von Bomhard hat im November 1924 im Sanatorium Dr. Decker in München (Seestraße 4) die (zweite) Operation an Schwester Maria Theophilus Kleeberg durchgeführt und dabei den Magen von Verwachsungen, die sich gebildet hatten, zu befreien versucht. Er hat nach dieser Operation die schwer erkrankte Schwester Maria Theophilus Kleeberg betreut und auch die dritte (jedoch abgebrochene) Operation am 17. Oktober 1934 und zwar in Gegenwart des Klinikchefs Dr. Rudolf Decker durchgeführt. Siehe Reproduktion.

■ Urteil über die Heilung aus dem Gutachten, das Dr. med. Osvaldo Zacchi nach Durchsicht aller vorgelegten Dokumente in Rom am 28. Juni 1960 vorgelegt hat – und zwar für das Seligsprechungsverfahren des Redemptoristenpaters Kaspar Stanggassinger. Nach Auswertung der ärztlichen Gutachten, ausgefertigt von Dr. Rudolf Decker, Dr. Hans von Bomhard und Dr. Georg Brütting, stellte Dr. Osvaldo Zacchi hinsichtlich der plötzlichen, vollkommenen und dauernden Heilung der Schwester Maria Theophilus Kleeberg fest:

„Plötzliche Heilung

Trotz diesem katastrophalen psychischen Zustand mit ausgesprochen ungünstiger Diagnose wurde die Schwester am 8. April geheilt. Und ihre Heilung war keine allmähliche, sie verwirklichte sich nicht nach und

Dr. med. HANS v. BOMHARD

München 23,
Ohmstraße 13/II
Fernsprecher 33211
Sprechstunden: Montag mit Freitag 11½—12½ Uhr

14. JULI 1959

Erklärung.

Betr. der Heilung der Erkrankung d. Schwester Theophilus in der Dr. Decker Klinik kann ich nur bestätigen, daß es sich um eine Wunder Heilung handelte.

Dr. Hans Bomhard.

Hiemit bestätige ich dass dieses die Handschrift meines am 20. 1. 1963 verstorbenen Vaters Dr. med. Hans von Bomhard ist.

12.7.63

Annemarie von Keller
geb. v. Bomhard.

nach, sondern es war eine *plötzliche Heilung;* nachmittags um 16 Uhr fühlte sie sich wohlauf, während sie kaum wenige Minuten früher in sehr ernster Lage war, durch Schmerzen und Erbrechen gemartert und mit den Zeichen eines jäh bevorstehenden Kollaps; jetzt fühlte sie sich zu neuem Leben erwachen und zwar *augenblicklich.*

Vollkommene Heilung

Die Heilung war aus folgenden Gründen vollkommen: die Schwester erlangte sofort den Gesundheitszustand von vielen Jahren früher; sie konnte sofort das Gemeinschaftsleben ohne jegliche Einschränkung wieder aufnehmen; sie erlangte die Verdauungsfunktionen auf vollkommene Weise wieder, ohne je wieder beschränkende Maßnahmen zu beobachten, bei jeder, auch bei fester Speise.

Dauernde Heilung

Die Heilung geschah für dauernd; das zeigt ganz klar die Tatsache, daß die Schwester zur Zeit des Prozesses (1943) sich bester Gesundheit erfreute.

Schlußfolgerungen:

Diese außerordentliche Heilung, die plötzlich, vollkommen, dauernd erfolgt ist, muß als außernatürlich anerkannt werden."

Das Urteil von Dr. med. Osvaldo Zacchi (vom 28. Juni 1960) wurde bestätigt durch das medizinische, in italienischer Sprache abgefaßte Gutachten von Prof. Angelo Amadei (aus dem Jahr 1984), wie durch die (für das Seligsprechungsverfahren für Pater Kaspar Stanggassinger angeforderte) „Relazione sulla Consulta Medica" vom 7. Januar 1987. Die letzte Entscheidung und Bestätigung über das am 8. April 1935 erfolgte Heilungswunder an Schwester Maria Theophilus Kleeberger wurde im Auftrag des Papstes Johannes Paul II. durch die Congregatio pro causis sanctorum gefällt und mit Dekret vom 11. Dezember 1987 veröffentlicht.

■ Dekret der römischen Congregatio pro causis sanctorum vom 11. Dezember 1987 für die Seligsprechung des Redemptoristenpaters Kaspar Stanggassinger, in dem das Heilungswunder an Schwester Maria Theophilus Kleeberger, am 8. April 1935, auf die Fürsprache von Pater Kaspar Stanggassinger die alles entscheidende Rolle spielte.

DECRETUM

MONACEN. et FRISINGEN.

CANONIZATIONIS

VEN. SERVI DEI

Gasparis Stanggassinger

SACERDOTIS PROFESSI

CONGREGATIONIS SS. REDEMPTORIS

(1871-1899)

SUPER DUBIO

An constet de miraculo, in casu et ad effectum de quo agitur.

Venerabilem Gasparem Stanggassinger, sacerdotem professum Congregationis SS.mi Redemptoris, natum die 12 Ianuarii anno 1871, Berchtesgadi in Bavaria Superiore, et vita functum die 26 Septembris a. 1899, heroicas exercuisse virtutes tum theologales tum cardinales eisque adnexas, Summus Pontifex Ioannes Paulus II, servatis de iure servandis, die 16 Ianuarii a. 1986 declaravit.

Ut autem eidem Venerabili Dei famulo Beatorum Caelitum honores legitime decernerentur, Causae actores illico miram, quae ferebatur, sanationem, per eiusdem intercessionem a Deo patratam, Apostolicae Sedi ad cognoscendum obtulerunt.

Maria Kleeberg enim, in religione Soror Theophila, Instituti SS.mi Salvatoris, undequinquaginta annos nata, infausta prorsus edita a medicis prognosi quoad vitam, invocato nomine et auxilio Venerabilis Gasparis Stanggassinger, die 8 mensis Aprilis anno 1935, ab ulcere stomachi in sede pilorica, implicato probabili perforatione cooperta, in instanti, perfecte ac definitive convaluit.

Super huiusmodi asserta mira sanatione instructi sunt, apud Curiam archiepiscopalem Monacen. et Frisingen., Processus ordinaria potestate (a. 1936) et Processus apostolica auctoritate (aa. 1961-1964), quorum iuridica forma et validitas agnita est, die 16 Ianuarii a. 1970, ab hac Congregatione pro Causis Sanctorum.

Praehabitis postea votis ex officio requisitis duorum in medica arte peritorum, de sanatione Sororis Theophilae, die 7 mensis Ianuarii a. 1987, Consilium Medicum huius Congregationis pro sua competentia examen instituit, fausto quidem exitu circa praeternaturalem eiusmodi sanationis indolem.

Porro haec pro Causis Sanctorum Congregatio super eadem mira sanatione, iuris ordine servato, disceptavit, et quidem primum, die 16 mensis Iunii anni 1987, in Congressu Peculiari Consultorum theologorum, moderatore Rev.mo Domino Antonio Petti, Promotore Generale Fidei; et deinde, die 20 mensis Octobris hoc eodem anno, in Congregatione Ordinaria Patrum Cardinalium et Episcoporum, ad Vaticanum coadunata, ponente Exc.mo ac Rev.mo Domino Ambrosio Marchioni, Archiepiscopo titulari Severianensi. Et in utroque Coetu, posito dubio num constaret de miraculo in casu et ad effectum de quo agitur omnes, qui aderant, affirmativum protulerunt responsum.

Quibus de rebus omnibus certior factus per subscriptum Cardinalem Praefectum, Summus Pontifex Ioannes Paulus II, vota Congregationis excipiens rataque habens, mandavit ut super praedicta mira sanatione Decretum rite appararetur.

Quod cum esset factum, Beatissimus Pater ad se accivit hodierno die infrascriptum Cardinalem Praefectum et praefatum Causae Ponentem meque Antistitem a Secretis Congregationis ceterosque de more convocandos, eisque astantibus, edixit: *Constare de miraculo, Ven. Servo Dei Gaspare Stanggassinger intercessore, a Deo patrato, videlicet de instantanea, perfecta atque constanti sanatio-*

ne Sororis Theophilae (in saeculo Mariae Kleeberg) ab ulcero gastrico, implicato a probabili perforatione cooperta.

Voluit insuper Sanctitas Sua ut hoc Decretum in vulgus ederetur et in acta Congregationis pro Causis Sanctorum referretur.

Datum Romae, die 11 mensis Decembris Anno Mariali 1987.

Heilung von Peritonitis mit Verwachsungen (1947)

Bernadette Soubirous, die Seherin von Lourdes

Frau Johanna Gestas (geborene Pelin) wurde am 8. Januar 1897 geboren. Sie wohnte in Bègles (Gironde). Zwischen Dezember 1943 und Januar 1946 wurde sie wegen Peritonitis mit Verwachsungen (Peritonite adhésive) in Bordeaux dreimal (Dezember 1943, Mai 1944, Januar 1946) operiert – ohne Erfolg, wie Dr. med. Dubourg, der behandelnde Chirurg, feststellte. Der Allgemeinzustand von Frau Johanna Gestas blieb weiter besorgniserregend. Das Gewicht der Kranken sank von 56 kg vor der dritten, dramatischen Operation auf 45 kg sechs Wochen später.[156)]

Frau Johanna Gestas war aus der katholischen Kirche ausgetreten. Nur auf Drängen ihrer Verwandten und Bekannten unternahm sie im August 1946 eine Pilgerfahrt nach Lourdes. Körperlich nicht geheilt, aber zurückgekehrt zum christlichen Glauben und zur überzeugten Verbundenheit mit der katholischen Kirche, kam sie nach Bègles zurück. Im nächsten Jahr fuhr sie mit der französischen Nationalwallfahrt am 21. August 1947 zum zweiten Mal nach Lourdes.

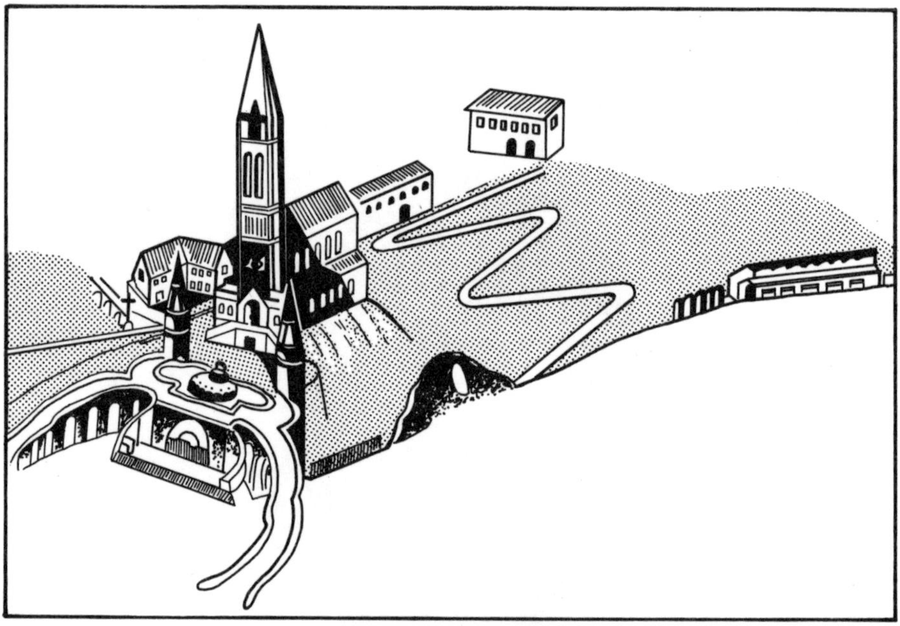

Was sich am Freitag, 22. August 1947, in den Bädern (Piszinen) in unmittelbarer Nähe der Grotte von Massabielle ereignete, schildert folgender Bericht, in den fast wortwörtlich die Aussagen der Geheilten eingearbeitet sind.

„Am folgenden Tage, am Freitag, dem 22. August, brachte man sie zu den Piszinen. Während der ganzen Dauer des Bades hatte sie das Gefühl eines inneren Zerrissenwerdens. Es war – sagte sie –, als ob eine Hand in mich hineingefahren wäre und mir das Innere zerrisse. Am Nachmittag stellte sie – ein wenig skeptisch – ein gewisses Nachlassen ihrer Schmerzen fest.
Samstag früh beim Erwachen fühlt sie sich überhaupt nicht mehr krank. Sie kehrt zur Piszine zurück, verspürt zunächst eine große Kälte im Wasser, eine immense Kälte, und dann beim Verlassen des Wassers ein ungeheures Wohlsein. Sie fühlt sich vollständig geheilt.
Beim Mittagsmahl läßt sie alle gebotenen Vorsichtsmaßregeln außer acht, nimmt Bouillon, Bohnen mit etwas Fleisch und Weintrauben zu sich. Sie verträgt alles, ohne Schmerzen und ohne Schwierigkeiten.

Am folgenden Tage ist der Appetit wiedergekehrt, die Eingeweide funktionieren normal.
Bei ihrer Rückkehr nach Bègles nimmt Frau Gestas ihre gewohnte Tätigkeit wieder auf, ohne je das mindeste Wiederkehren der Leibbeschwerden, die vier Jahre allen Behandlungsweisen und drei Operationen getrotzt hatten, zu erleben.
Laut eines Zeugnisses von Dr. George aus Bordeaux, datiert vom 5. Dezember 1947, war Frau Gestas vom 3. September 1947 an, d. h. kurz nach ihrer Rückkehr von Lourdes – völlig verändert, sie hatte keine Schmerzen mehr und befand sich in einem guten Allgemeinzustand."[157)]

Nach eingehenden und wiederholten Untersuchungen zwischen 1948 und 1950 stellte am 19. August 1950 ein Kollegium von elf Medizinern, unter ihnen Professor Mauriac (der mit einer zusätzlichen Untersuchung beauftragt war) und Dr. Leuret (der als Vorsitzender die erste Untersuchung am 19. August 1948 geleitet hatte), in einem Protokoll der Sitzung fest:

„Nach Prüfung der Krankenakte kommen die unterzeichneten Ärzte zu dem Ergebnis, daß sich Frau Gestas in bestem Gesundheitszustand befindet, daß die Zeiterprobung, welche Professor Mauriac in seinem Bericht von 1949 gefordert hatte, erbracht ist.
Es besteht keine Spur mehr von adhäsiver Peritonitis, welche zu wiederholten Malen im Lauf der mehrfach vorgenommenen Operationen nachgewiesen werden konnte. Andererseits sind auch die Anzeichen einer neuro-vegetativen Dystonie (auf die man als Einwand hätte hinweisen können) mit ihrer organischen Ursache, wovon sie ohne Zweifel die Folgen waren, verschwunden. Man ist der Ansicht, daß die Heilung bewiesen und gesichert ist und entscheidet, daß dieser Fall der Nationalen Ärzte-Kommission übergeben werden soll."[158)]

Auf Grund dieses Urteils der Internationalen Ärzte-Vereinigung von Lourdes (A.M.I.L. = Ärztebüro) vom 19. August 1950, einer nochmaligen Untersuchung der Geheilten durch Professor Mauriac am 10. Februar 1951 („Unerklärbarer Fall") und des Urteils des Nationalen Medizinischen Komitees in Paris vom 4. Mai 1951 kam die Kanonische Kommission des (des auf Grund des Wohnortes der Geheilten) zuständigen

Erzbistums Bordeaux zu der Entscheidung, die in einer Proklamation der Erzbischof von Bordeaux, Msgr. Paul Richaud, am 13. Juli 1952 veröffentlichte. Die wichtigen Passagen lauten:

„Angesichts der Tatsache, daß sich die Heilung in Lourdes mit außerordentlicher Geschwindigkeit vollzogen hat, ohne daß es zu einem Rückfall gekommen wäre, kann man nach dem moralischen und religiösen Zusammenhang den Finger Gottes darin sehen, ohne daß man dabei nach den sehr kompetenten Untersuchungen irgendeinen nervösen Einfluß oder Auto-Suggestion annehmen könnte ... Wir erklären hiermit feierlich, daß die Heilung von Frau Gestas, die Freitag, 22. August 1947, in Lourdes geschehen ist, betrachtet werden muß als eine wunderbare Intervention, welche der Seligsten Unbefleckten Jungfrau und Gottesmutter Maria zuerkannt wird.

Gegeben zu Bordeaux am 13. Juli 1952.

Gez. + Paul Richaud, Erzbischof von Bordeaux.“[159)]

Plötzliche Heilung von Multipler Sklerose im Endstadium (1952)

Einweihung der Mariengrotte von Massabielle (1864)

Bruder Leo Schwager OSB – geboren am 19. Mai 1924 als siebtes Kind der Familie Schwager – Bauer in Balterswil (Thurgau/Schweiz) erhielt in der Taufe den Doppelnamen Bernhard-Josef) und trat am 2. November 1945 in das Benediktinum in Fribourg ein, um sein Leben als Ordensbruder der Gemeinschaft und der Aufgabe der Benediktinermissionare von Uznach zu weihen. Bei der Aufnahme in das Noviziat am 4. Dezember 1946 erhielt er den Ordensnamen Leo. Sein Aufgabenbereich war die Küche. Seine Zeitliche Profeß legte er am 8. Dezember 1947 ab. Von 1947 an kündigten sich in Sehstörungen, in Geh- und Gleichgewichtsstörungen (am linken Bein) und auch Sprechstörungen die Anzeichen einer unheilbaren Krankheit an. Trotz größter Bedenken wegen dieser Krankheit, die von den behandelnden Ärzten Dr. Ott, Oberarzt am Theodosianum, einer Klinik der Ingenbohler Kreuzschwestern in Fribourg, und auch von Dr. Krayenbühl und Dr. Zander an der Neurochirurgischen Poliklinik an der Universität der gleichen Stadt, als unheilbare Multiple Sklerose diagnostiziert wurde, durfte Bruder Leo Schwager OSB am 8. Dezember 1950 die Ewige Profeß ablegen.[160)]

In letzter Not konnte Bruder Leo, dessen Multiple Sklerose sich bereits im Endstadium befand, mit einem deutsch-schweizerischen Pilgerzug nach Lourdes reisen (Abreise von Fribourg am 28. April 1952).
Über die Ereignisse in Lourdes informieren folgende Zeugenaussagen.

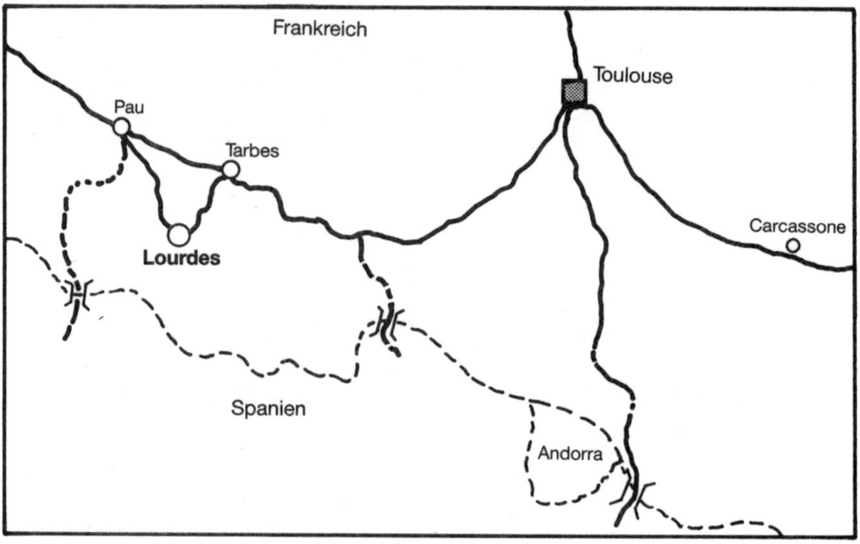

Lourdes, eine Stadt mit etwa 20000 Einwohnern, liegt im französischen Departement 65: Hautes-Pyrénées. Bis zur Mitte des 19. Jahrhunderts betrug die Einwohnerzahl etwa 3300. Nach den achtzehn Marienerscheinungen, die Bernadette Soubirous (1844–1879) zwischen dem 11. Februar und dem 16. Juli 1858 in der Grotte von Massabielle hatte, vor allem nach der kirchlichen Bestätigung der Echtheit dieser Erscheinungen (am 18. Januar 1862), stieg die Einwohnerzahl von Lourdes in kürzester Zeit um das Sechsfache. Mit über 400 Hotels ist Lourdes heute die drittgrößte Hotelstadt Frankreichs. Lourdes ist Europas größter Marienwallfahrtsort. Der größte Marienwallfahrtsort der Welt mit jährlich etwa 20 Millionen Pilgern ist Guadelupe in Mexiko.

■ Zeugenaussage des Geheilten, Bruder Leo Schwager OSB (veröffentlicht in den „Missionsblättern" Nr. 7 und Nr. 8 des Jahres 1959):

29. April 1952:
morgens Ankunft in Lourdes.

30. April:
Kurz vor vier Uhr führten mich die Krankenwärter zum zweitenmal ins Bad. Wie mir später die Wärter, die mich badeten, berichteten, soll ich während des Badens laut aufgeschrien haben; ich selbst fühlte mich nur stark geschüttelt.

„Nach vier Uhr wurden wir wiederum vor die Rosenkranz-Basilika gefahren, um den Krankensegen mit dem Allerheiligsten zu empfangen. Alle Kranken beteten mit tiefer Andacht die Anrufungen mit, die vorgebetet wurden. Müde und elend, wie ich war, brachte ich es zu keinem anderen Gebete mehr als nur zu dem einen Gedanken: ‚Herr, dein Wille geschehe. Mutter Gottes, bitte für uns!' Die Pilger sangen: ‚Parce Domine ... Schone, o Herr, schone deines Volkes und zürne uns nicht auf ewig!' Die Monstranz mit der heiligen Hostie zeichnete über mich ein großes Kreuz.
Da durchfuhr es mich plötzlich wie ein Blitzstrahl vom Kopf bis zum Fuß, wie ein elektrischer Schlag – das war das Ende! Nein: ich kniete vor dem Wagen, aufrecht, mit gefalteten Händen. Wie es geschah, weiß ich nicht. Augenblicklich wußte ich: ich bin geheilt! Ich spürte keinen Schmerz mehr, und in meinen Gliedern, die noch vor wenigen Sekunden lahm und schlaff gewesen, war wieder volle Kraft. Wie mir eine wachende Schwester sagte, muß es mich förmlich aus dem Krankenwagen herausgeschleudert haben. Mit dankbar jubelndem Herzen und Tränen in den Augen betete ich das ‚Magnificat' und das ‚Adoro Te'. Ich blieb in dieser knienden Stellung, bis der Erzbischof Kardinal Gerlier mit dem Allerheiligsten in die Kirche ging, etwa zehn bis fünfzehn Minuten.
Dann stand ich ohne jede Hilfe und Stütze wieder auf. Sofort umringten mich die Leute, aber schon kam einer unserer Pilgerärzte, Dr. med. H. Jeger von Chur. Ganz frei und ohne Beschwerden ging ich neben ihm her ins Asyl zurück.
Sofort begann ein vorläufiges Verhör, das ungefähr eine Stunde dauerte. Man befahl mir, wieder ins Bett zu gehen. Die Türe zum Schlafsaal mußte der freudig-neugierigen Menge wegen zugesperrt werden. Meine kranken Mitpilger im Saal waren voller Freude, weil einer von ihnen die Gesundheit wiedererlangt hatte. Es war für sie kein Grund zum Neid, vielmehr ein Ansporn zu noch größerem Vertrauen auf Maria, unsere Mutter, das Heil der Kranken. In der Nacht konnte ich vor lauter Freude nicht schlafen. Dankbar betete ich.

Am folgenden Morgen ministrierte ich bereits um fünf Uhr bei der ersten heiligen Messe in der Krankenhauskapelle, dann verrichtete ich mein klösterliches Stundengebet. Ohne die geringsten Beschwerden nahm ich seit langem wieder ein normales Frühstück ein. Auch das Verhör, dem ich vier Stunden lang, von acht bis zwölf Uhr, unterworfen war, ermüdete mich nicht. Zuerst wurde ich von Dr. Karoline Schönenberger, dann von einer ganzen Ärztekommission, bestehend aus Schweizern, Franzosen, Deutschen und Italienern, befragt. Den Vorsitz führte der hochwürdigste Bischof von Chur, Christianus Caminada. Am Mittag war man schon ganz allgemein der Auffassung, daß hier ein offensichtliches Wunder vorliege. Schon die erste Untersuchung ergab den Status eines völlig gesunden Menschen. Wurden die Pilger meiner ansichtig – man erkannte mich ja leicht an Habit und Bart –, so wurde ich umringt und ausgefragt und um meine Unterschrift gebeten. Immer wieder mußte ich flüchten, um in Ruhe beten zu können. In der folgenden Nacht schlief ich ausgezeichnet. Anderntags wurde ich nochmals von den Ärzten gegen zwei Stunden lang examiniert. In den folgenden Tagen war es für mich die größte Freude, bei den lieben Kranken zu sein, ihnen zu helfen und mit ihnen zu beten. Ich war ganz frisch und wie neugeboren. Zwei Tage nach der Heilung ging ich den ganzen, über einen Kilometer langen Kreuzweg über den ‚Kalvarienberg'.
Unbeschreiblich groß war die Freude unseres Priors und meiner Mitbrüder bei meiner Ankunft in Freiburg, als sie mich so gesund und munter sahen. Sie konnten es kaum fassen. Im Benediktinum, wohin mich der Pilgerführer und die Ärzte begleiteten, feierten wir zuerst gemeinsam das heilige Meßopfer und empfingen die heilige Kommunion.
Seit dieser Stunde habe ich immer voll gearbeitet, und ich war, mit Ausnahme einer Halsangina, nie mehr krank. Jedes Jahr nun durfte ich zu Unserer Lieben Frau von Lourdes wallfahren – als Pilgerkoch. Es sind stets schöne, aber auch strenge Tage. Bis 1957 wurde ich jedes Jahr von den Ärzten im Konstatierungsbüro in Lourdes erneut untersucht.
Dieses Jahr nun trat am 19. April das Bureau médicinal International in Paris in zweiter Instanz zusammen, um die Akten zu besprechen. Zwei Tage darauf erhielten wir den Bescheid, daß meine Heilung vom 30. April 1952 bestätigt sei und die natürlichen Grenzen überschreite. Groß war unsere Freude, denn alles soll zur größeren Ehre Gottes und der unbefleckt Empfangenen gereichen. Nun werden diese Akten den kirchlichen Behörden zur kanonischen Untersuchung übergeben. So peinlich

genau und streng werden die Heilungen in Lourdes untersucht und geprüft. Nun versteht man auch, warum jeweils mehrere Jahre vergehen, bis man öffentlich davon reden und schreiben darf.
Auffallend sind die wunderbaren Heilungen, die man in Lourdes sehen kann. Aber größer noch sind die Wunder, die dort im Beichtstuhl und in den Herzen geschehen. Und jeder, der nach Lourdes geht, wird im Glauben gefestigt zurückkehren, denn groß und stark ist der Glaube und kerngesund die Frömmigkeit, denen man dort begegnet. Durch Maria zu Christus – Unsere Liebe Frau von Lourdes, bitte für uns!
Bruder Leo Schwager OSB, Benediktinum Freiburg“[161)]

■ Zeugenaussage der französischen Krankenpflegerin, Frl. M. de Brébisson, die am Nachmittag während der Krankenprozession in Lourdes, am Mittwoch, den 30. April 1952, die plötzliche Heilung erlebt hatte:

„Als ich am 30. April 1952 der Prozession mit dem Allerheiligsten beiwohnte, befand ich mich mitten unter den Kranken. Plötzlich, bei der Erteilung des Segens an die Kranken, hörte ich ein metallisches Geräusch, dem unmittelbar der harte Sturz (der mir von jemand bewirkt erschien) eines Kranken folgte, der zu meiner Linken in die Knie sank, während seine Krücke neben dem Wagen, in dem er sich befunden hatte, auf den Boden fiel. Ich dachte zuerst an einen plötzlichen Schwächeanfall des Kranken, aber beim Anblick des ganz in übernatürliche Freude getauchten Antlitzes dieses Kranken, der mit gefalteten Händen, die Augen auf die Monstranz gerichtet, in Ekstase sich zu befinden schien, wurde ich tief ergriffen. Da begriff ich, daß sich soeben ein übernatürliches Geschehen abgespielt hatte. Nach der Prozession sah ich diesen Kranken ohne jede Behinderung sich erheben und gehen.“[162)]

■ Zeugenaussage des Arztes, Professor Dr. Jean-Yves Barbin an der Medizinischen Fakultät der Universität Nantes, der während der Krankenprozession am Mittwoch, den 30. April 1952, als begleitender Arzt die plötzliche Heilung erlebt hatte. Er gehörte auch zu jenen, die am Tag nach der wunderbaren Heilung, am 1. Mai 1952, den Verhandlungen über den Fall Leo Schwager im Konstatierungsbüro von Lourdes beiwohnten und das damals ausgefertigte Protokoll unterschrieben hat.
Die beiden, in französischer Sprache abgefaßten Augenzeugenberichte von M. de Brébisson wie von Professor Dr. Jean-Yves Barbin, wurden von

P. Andreas Steck OSB übersetzt und in den „Missionsblättern" Nr. 3 und Nr. 4 des Jahres 1961 veröffentlicht.

„Am Mittwoch, den 30. April 1952, ging ich als Arzt bei der Prozession mit dem Allerheiligsten mit. Wir waren bei der Erteilung des Segens an die Kranken auf der Westseite (Seite des Gave-Flusses) angelangt. Plötzlich hörte ich einen ziemlich lauten Lärm, der mich veranlaßte, den Blick gegen die Kranken hin zu wenden, da ich glaubte, einer von ihnen werde unwohl. Da sah ich, wie links von mir, hinter den auf Bahren liegenden Kranken, ein Ordensmann in die Knie sank oder, besser gesagt, sich mit einer gewissen Heftigkeit auf die Knie warf. Zuerst glaubte ich, es handle sich um einen die Kranken begleitenden Priester, der für sie bete. Das Ganze spielte sich in sehr kurzer Zeit ab, doch frappierte mich der Gesichtsausdruck dieses Ordensmannes. Er schien in unfaßbarer Ekstase zu sein und blickte unverwandt auf das sich entfernende Allerheiligste, das er nicht aus den Augen ließ. Ich dachte bei mir, dieser Priester habe eine ungewöhnliche Art zu beten, und dieses leuchtende Antlitz, dessen Blick unverrückbar an der Monstranz haftete, versetzte mich in Erstaunen. Ich bemerkte zugleich, daß der Betreffende sich wie benommen zu fühlen schien, als ob er soeben einen Schlag oder eine sehr heftige Erschütterung erlitten hätte und nun nur mit Mühe sich in seinem Innersten wieder zurechtfände. Nun schritt ich an ihm vorüber. Seine Haltung blieb immer noch dieselbe. Ich war dermaßen neugierig geworden, daß ich mich umwandte, um ihn nochmals ins Auge zu fassen. Immer noch war er gegen die Monstranz gewandt, die Hände gefaltet, immer in derselben Stellung. Ich machte einige Schritte – das Gesehene ließ mich nicht los, ich wandte mich nochmals zurück: die Haltung, das Gesicht waren immer noch dieselben. Die Prozession entführte mich ihm, doch blieb ich wie verwirrt vom überstürzten Ablauf der Ereignisse und vom Anblick dieses Ordensbruders, der mir wie vom Blitz getroffen schien."[163)]

■ Entscheid des zuständigen Bischofs François Charrière von Lausanne, Genf und Fribourg (vom 18. Dezember 1960) über die Heilung des Bruders Leo Schwager, das „als medizinisch unerklärbar" eingestuft und als „Wunder ... einem besonderen Eingreifen der Allmacht Gottes auf die Fürbitte der Allerseligsten Unbefleckten Jungfrau, der Mutter Gottes, zuzuschreiben" ist:

„In Anbetracht der vielen Zeugenaussagen und ärztlichen Berichte in den vorliegenden Akten, insbesondere des Briefes von Prof. Dr. Eric Zander von der Neurochirurgischen Poliklinik, von Prof. Dr. H. Krayenbühl in Zürich, vom 24. September 1951, des von Dr. Hugo Zeller, Romanshorn, und Dr. Roman Schmid, Arbon, verfaßten Berichtes, der am 3. Juni 1958 Dr. Paul Terrier, Lausanne, zugestellt wurde; in Anbetracht des Berichtes und der Kommentare von Prof. Dr. Thiébaut, Straßburg, vom Februar 1959;
in Anbetracht der Erklärung des Internationalen Ärztlichen Komitees, das unter Datum vom 19. April 1959 in Paris die Heilung als sicher feststehend und als medizinisch unerklärbar erkannte;
in Anbetracht der Berichte der von Uns eingesetzten kanonischen Kommission vom 17. November und 5. Dezember 1960;
nach Anrufung des Namens Gottes,
kraft der Autorität Unseres Amtes, Unsern Entscheid der Autorität des Papstes unterstellend,
entscheiden Wir und erklären:
Die Heilung des ehrwürdigen Bruders Leo Schwager OSB, geschehen in Lourdes am 30. April 1952, ist ein Wunder und ist einem besonderen Eingreifen der Allmacht Gottes auf die Fürbitte der Allerseligsten Unbefleckten Jungfrau, der Mutter Gottes, zuzuschreiben.
Dieser Entscheid soll in allen Kirchen und Kapellen der Diözese an einem Sonntag oder gelegentlich einer zu Ehren der Allerseligsten Jungfrau veranstalteten Feier vorgelesen werden. Indem wir unserer himmlischen Mutter für diesen sichtbaren Erweis ihrer Güte öffentlich danken, wollen wir nicht vergessen, uns ihr dankbar zu erweisen für alle die geistlichen, zwar unsichtbaren, aber noch viel wertvolleren Gnaden, die sie uns fortwährend von Gott erlangt.
Gegeben zu Freiburg am 18. Dezember 1960

gez. François Charrière
Bischof von Lausanne, Genf und Fribourg.[164)]

✠ ÉVÊCHÉ ✠
DE LAUSANNE
GENÈVE ET
✠ FRIBOURG ✠

D E C L A R A T I O N .

(Préavis de la Commission canonique d'enquête.)

Les soussignés, membres de la Commission canonique d'enquête instituée par Son Excellence Monseigneur François CHARRIERE, Evêque de Lausanne, Genève et Fribourg, pour l'examen de la guérison du Frère Leo SCHWAGER OSB,

réunis en séance plénière à l'Evêché de Fribourg en date du 5 décembre 1960,

après examen approfondi, mûre réflexion et invocation du Saint Nom de Dieu,

ont déclaré, par un vote à bulletins secrets et à l'unanimité

1° qu'ils tiennent pour certaine la guérison du Frère Leo SCHWAGER survenue à Lourdes le 30 avril 1952, pour certain également le fait que cette guérison est médicalement inexplicable ainsi qu'en témoigna le jugement du Comité Médical International de Lourdes prononcé le 19 avril 1959;

2° que cette guérison doit être attribuée à une intervention extraordinaire de Dieu obtenue par l'intercession de ~~la~~ Notre Dame de Lourdes.

3° que Son Excellence Monseigneur François Charrière peut, selon l'avis unanime de la Commission, se prononcer en toute sûreté sur le caractère MIRACULEUX de ladite guérison.

Fribourg, le 5 décembre 1960.

Signatures: Th. Perroud, v.g.
J.-H. Nicolas O.P.
H. Lüthi O.P.
Max Overney, sup.
G. Bullet.

ÉVÊCHÉ · LAUSANNE, GENÈVE ET FRIBOURG

Copie certifiée conforme à l'original:
Fribourg, le 30 janvier 1961.

Th. Perroud v.g.

Th. Perroud, v.g.

Fribourg · 89e année N° 51 Jeudi 22 décembre 1960

LA SEMAINE CATHOLIQUE

DE LA SUISSE ROMANDE

Organe du diocèse de Lausanne, Genève et Fribourg
et du diocèse de Bâle pour la partie romande

SOMMAIRE

Partie officielle

DIOCÈSE DE LAUSANNE, GENÈVE ET FRIBOURG

Une guérison miraculeuse

FRANÇOIS CHARRIÈRE

PAR LA GRÂCE DE DIEU ET L'AUTORITÉ DU SAINT-SIÈGE
ÉVÊQUE DE LAUSANNE, GENÈVE ET FRIBOURG
AU CLERGÉ ET AUX FIDÈLES DE NOTRE DIOCÈSE
SALUT ET BÉNÉDICTION EN NOTRE-SEIGNEUR JÉSUS-CHRIST

NOS TRÈS CHERS FRÈRES,

Nous avons la joie, de vous faire part à la veille des fêtes de Noël, d'une guérison miraculeuse obtenue par l'intercession de Notre-Dame de Lourdes en faveur d'un religieux domicilié dans notre diocèse.

Le 28 avril 1952, le Vénéré Frère Leo Schwager de la Congrégation des Bénédictins missionnaires (Congregatio Ottiliensis pro Missionibus exteris) domicilié au Benedictinum de notre Ville partait pour Lourdes avec les pèlerins de Fribourg. Né en 1924, il avait été victime dans son enfance et sa jeunesse de plusieurs accidents graves. A l'âge de 23 ans, en 1947, apparaissent une diplopie intermittente (trouble de la vue qui fait voir les objets doubles), puis des troubles de phonation : langue

Heilung eines Osteosarkoms in der linken Hüfte (1963)

Der am 6. Februar 1940 im italienischen Scurelle (Trient) geborene Vittorio Micheli wurde mit 22 Jahren während der Ableistung seines Militärdienstes von einer rätselhaften Krankheit befallen, die als Sarkom der linken Hüfte diagnostiziert wurde. Seit März 1962 trat diese Krankheit auf. Röntgenaufnahmen (am 22. Mai 1962) im Krankenhaus in Verona bestätigten eindeutig: Zerrüttung der Knochenstruktur mit Osteolyse (einer Art Knochenverflüssigung). Gefährlich schnell entwickelte sich dieses Sarkom und zerstörte das halbe Becken (wie eine Röntgenaufnahme vom 18. Juli 1962 ergab). Weitere Röntgenaufnahmen (vom 13. November 1962) zeigten eine nicht aufhaltbare Verschlechterung des Zerstörungszustandes.[165)]
Was sich auf und während der Pilgerfahrt nach Lourdes vom 29. Mai bis zum 5. Juni 1963 ereignete, wurde in folgendem Bericht zusammengefaßt, in dem sowohl die Aussagen des Geheilten wie seiner Begleiter aufgenommen worden sind.

„Auf einer Bahre wird Micheli zu einer Militärpilgerfahrt nach Lourdes mitgenommen. Mit seinem Gipsverband badet er mehrere Male im Quellwasser der Grotte. Nach einem Bade verspürte er Hunger und sich geheilt. Die schmerzstillenden Mittel wurden abgestellt. Dr. Frizzera bestätigt den plötzlichen Stillstand in der Entwicklung des Tumors.
Dennoch wurde Micheli zunächst in das Hospital von Trient zurückgebracht und einige Monate beobachtet. Röntgenaufnahmen aus dieser Zeit zeigen, daß der Wiederaufbau der zerstörten Knochenteile in vollem Gange ist. Der Allgemeinzustand bessert sich von Tag zu Tag. Der Genesende kann wieder gehen, obwohl als Vorsichtsmaßnahme das linke Bein noch in einer Gipshülle verbleibt.
Die folgenden Untersuchungen im Februar 1964 zeigen eine Asymmetrie des Beckens mit sichtbarer Verkürzung des linken Beines; der Oberschenkelkopf ist nach oben verschoben, wo sich eine neue Gelenkpfanne gebildet hat. Der Geheilte kann wieder ungehindert gehen.
Vom Militärdienst entlassen ergreift Micheli einen Beruf, der ihn nötigt, beständig auf den Beinen zu sein und körperlich anstrengt. Micheli aber kann wieder Sport treiben und Berge besteigen.“[166)]

Nach peinlich genauen, vom Ärztebüro in Lourdes durchgeführten, jährlich wiederholten Kontrolluntersuchungen, in denen der ursprüngliche Krankheitsherd systematisch geröntgt und nach möglichen Metastasen überprüft wurde, konnte im Mai 1967 festgestellt, und nach weiteren Überprüfungen vom Internationalen Medizinischen Komitee in Paris am 3. Mai 1971 das einstimmig angenommene und unterzeichnete Ergebnis der Öffentlichkeit vorgelegt werden:

„Es lag eine echte unheilbare Erkrankung vor, die Entwicklung des Sarkoms wurde plötzlich in Lourdes gestoppt, die Heilung ist von Dauer. Eine medizinische Erklärung für diese Heilung gibt es nicht. Nach seiner Heilung ist Micheli wiederholt in Lourdes gewesen. Bei seinen Besuchen betätigt er sich regelmäßig als Krankenträger."[167)]

Auf Grund der Prüfungsergebnisse der beiden medizinischen Gremien hat der zuständige Erzbischof von Trient, Alessandro Gottardi, am 26. Mai 1976 feierlich erklärt, diese Heilung sei zu verdanken einem besonderen Eingreifen Gottes, des Schöpfers und Vaters, auf die Fürsprache der Unbefleckten Jungfrau Maria.[168)]

Heilung vom Lymphdrüsenkrebs (1973)

Theresia von Jesu Gerhardinger

Entscheidend beim Seligsprechungsprozeß der Gründerin der Kongregation der armen Schulschwestern unserer Lieben Frau, Schwester Theresia von Jesu Gerhardinger (geboren am 20. Juni 1797 in Stadtamhof bei Regensburg; gestorben am 9. Mai 1879 in München; seliggesprochen durch Papst Johannes Paul II. am 17. November 1985 in St. Peter in Rom) war die wunderbare Heilung vom Lymphdrüsenkrebs dritten Grades der 43jährigen Ordensschwester aus Brasilien, Schwester Maria Tecla Medeiros, gebürtig aus der Provinz Porto Alegre.
Die medizinischen und theologischen Voruntersuchungen wie die Eröffnung des Prozesses wurden in der Heimat-Diözese Tubarao in Brasilien unter Bischof Dom Osório Bebber in der Zeit vom 3. bis 19. März 1983 durchgeführt.

■ Bericht der Schwester Maria Helena Arns (aus Criciúma, 16. Februar 1983) über die Heilung der brasilianischen Schulschwester Maria Tecla Medeiros. Die Heilung erfolgte im November 1973 im Allgemeinen Krankenhaus in Criciúma. Weil der Ort der Heilung in der Diözese Tubarao liegt, mußten die Voruntersuchungen wie auch die Eröffnung der Seligsprechungsverfahren in dieser Diözese begonnen werden. Das umfangreiche Aktenmaterial wurde nach Abschluß des diözesanen Verfahrens nach Rom an die Sacra Congregatio pro causis sanctorum übersandt, wo nochmals von einer Ärztekommission, einer Theologenkommission, einem Kardinalsgremium und einer abschließenden Generalversammlung die Zeugenaussagen und ärztlichen Gutachten gründlich untersucht wurden.

„... Die Heilung geschah an unserer Schwester Maria Tecla Medeiros, Schulschwester v. U. L. Fr. Sie hatte ein ‚Linfoma linfocitico' (=Krebsgeschwulst an mehreren Lymphgefäßen des Körpers). Nach der 2. positiven Gewebeuntersuchung im Oktober 1973, sandten sie unsere Ärzte von Criciuma nach Porto Alegre, um eine Quimiotherapie zu machen. Das sind Veneneinspritzungen gegen Krebsbildung in den Lymphgefäßen. Da sie sehr allergisch gegen die Medikamente war, hatte sie eine ganz starke Reaktion mit akuter Lungenentzündung und hohem Fieber. Sie wurde mit der Krankensalbung versehen und bat, in unserem Krankenhaus in Criciuma sterben zu dürfen.

Da sie sich nach zwei Wochen erholte, versuchte sie, sich einer 2. Behandlung zu unterziehen. Diese ergab die gleiche Reaktion. Es ging um Leben und Tod. Die Behandlung wurde sofort abgebrochen und die Ärzte standen von einem weiteren Versuch ab.

Schwester Tecla, wie auch ihre Mitschwestern und andere Mitarbeiterinnen, legten all ihr Vertrauen auf Mutter Theresia. Schwester Tecla erholte sich wieder, die Schmerzen verschwanden, wie auch die Geschwülste an den Lymphgefäßen und der Lunge. Während fast 10 Jahren ging sie regelmäßig zur Nachuntersuchung. Alle Zeichen der Krankheit sind verschwunden, was von verschiedenen Ärzten bestätigt wurde."

■ Aus dem im Auftrag des Papstes Johannes Paul II. veröffentlichten (Wunder-)Dekret der Sacra Congregatio pro causis sanctorum (Rom) über die Kanonisation der Gründerin der Armen Schulschwestern, Schwester Maria Theresia von Jesu Gerhardinger, in lateinischer Sprache ausgefertigt in Rom am 9. Mai 1985.

Aus diesem Dekret wird die Passage über die Anerkennung des Heilungswunders an Schwester Maria Tecla Medeiros zitiert. Dem lateinischen Originaltext ist die deutsche Übersetzung gegenübergestellt, die mit den anderen, hier zitierten Dokumenten in entgegenkommender Weise vom Provinzialat der Armen Schulschwestern V. U. L. F. (8000 München 2, Unterer Anger 2) zur Verfügung gestellt wurden.

Eadem deinde asserta miraculosa sanatio semel et iterum vocata est ad theologorum examen: primum quidem, in Congressu Peculiari Patrum Consultorum, moderante Fidei Promotore, die 28 mensis Februarii anno hoc 1985 habito; postea, die 16 Aprilis eodem anno, in Ordinaria Patrum Cardinalium, ponente Em.mo Domino Aloisio Ciappi, Congregatione. In utroque autem Coetu proposito dubio *An et de quo miraculo constet, in casu et ad effectum de quo agitur,* adfirmando omnes responderunt.

Datum Romae, die 9 mensis Maii, A. D. 1985.

Petrus card. Palazzini, Praefectus

+ Traianus Crisan, Archiep. tit. Drivastensis,
a Secretis

Ebendiese bestätigte wunderbare Heilung wurde wiederholt zur Prüfung vor Theologen gebracht: und zwar zum ersten Mal im Besonderen Prozeß der Konsultatoren unter Leitung des Promotor Fidei, abgehalten am 28. Februar dieses Jahres 1985; hernach, am 16. April des gleichen Jahres, in der Ordentlichen Sitzung der Kardinäle auf Antrag Seiner Eminenz, des Herrn Aloisius Ciappi. In beiden Versammlungen aber wurde die Frage vorgelegt, ob und über welches Wunder im vorliegenden Fall und in Hinblick auf das angestrebte Ziel Gewißheit besteht, und alle antworteten mit Ja.

Gegeben zu Rom, den 9. Mai im Jahr des Herrn 1985

Petrus Card. Palazzini, Präfekt

+ Traianus Crisan, Titularerzbischof von Drivasti,
Sekretär

Agitur quippe de sanatione Sororis Teclae Medeiros, sodalis professae Congregationis ab eadem Venerabili conditae, 43 annos natae. Mirum factum evenit mense Novembri anno 1973, in nosocomio loci vulgo *Criciúma,* in Brasilia. Porro, mense Augusto anni 1973, peracta biopsia, compertum est agi de lymphonodo inguinali bilaterali; atque post examen histologicum medici diagnosim ediderunt lymphomatis lymphocitici maligni. Cyclis polychemiotherapiae antiblasticae subiecta, aegrota ob varias gravesque implicationes haud potuit praescriptam curam producere. Tunc, posita a medicis prognosi infausta quoad vitam, Soror Tecla, una cum consodalibus et infirmariis, se caelesti adiutorio commendare coepit, initis novendialibus precibus ad Venerabilis Mariae Teresiae a Iesu patrocinium implorandum. Et mense Novembri anni eiusdem 1973 inclinata iam in melius aegrae valetudo est, donec paulatim plena, definitiva ac constans evasit. Crebrae recognitiones, quarum novissima mense Martio a. 1983 a peritis medicis peractae confirmarunt perfectam stabilemque sanitatem Sororis Teclae Medeiros. Periti physici, tum a curatione tum ab inspectione, professi sunt uno ore praeter naturae leges et ordinem eiusmodi sanationem contigisse.

Qua super prodigiosa sanatione adornatus est apud Curiam episcopalem Tubaraoënsem in Brasilia processus cognitionalis, quem vocabant, a die 3 ad diem 19 mensis Martii anni 1983, auditis 18 testibus, quos inter 10 medicae artis erant periti; processui copiosa quoque documenta inserta sunt. De eiusdem autem inquisitionis forma et vis iuridica cavet Decretum Sacrae huius Congregationis die 11 Novembris a. 1983 editum. Eiusdem Congregationis Consilium Medicum, uno dempto socio, qui anceps mansit, praeter et supra naturae leges praefatam sanationem asseruit, evenisse.

Es handelt sich nämlich um die Heilung der 43jährigen Schwester Tecla Medeiros, Professin der Kongregation, die von ebendieser Ehrwürdigen Dienerin Gottes gegründet wurde. Die wunderbare Tatsache ereignete sich im November des Jahres 1973 im Allgemeinen Krankenhaus in Criciúma in Brasilien. Nun weiter: Im Monat August des Jahres 1973 war das Ergebnis einer durchgeführten Gewebsuntersuchung, daß es sich beidseits um Lymphknoten in der Leiste handle; und nach der histologischen Untersuchung stellten die Ärzte die Diagnose einer bösartigen Lymphknotenerkrankung. Die Patientin unterzog sich in regelmäßigen Zeitabständen Zyklen einer chemotherapeutischen Behandlung, konnte aber wegen verschiedener schwerer Komplikationen die verordnete Kur nicht fortsetzen. Als ihr Leiden dann von Ärzten für unheilbar erklärt wurde, begann Schwester Tecla gemeinsam mit Gefährtinnen und Krankenpflegerinnen sich der Hilfe des Himmels zu empfehlen und eine Gebetsnovene anzufangen, um den Beistand der Ehrwürdigen Maria Theresia von Jesu anzurufen. Und im Monat November desselben Jahres 1973 besserte sich bereits der Zustand der Kranken, bis sich allmählich die volle, endgültige und beständige Gesundheit einstellte. Häufige Nachuntersuchungen, deren letzte im März 1983 von erfahrenen Ärzten durchgeführt wurde, bestätigten die vollständige und dauerhafte Heilung von Schwester Tecla Medeiros. Erfahrene Mediziner bekannten sowohl bei der Behandlung als auch bei der Überprüfung einstimmig, daß eine derartige Heilung gegen die Gesetze und die Ordnung der Natur erfolgt sei.

Über diese wunderbare Heilung wurde der sogenannte Informativprozeß bei der bischöflichen Kurie in Tubarao in Brasilien fortgeführt, der vom 3. bis 19. März des Jahres 1983 stattfand, wobei 18 Zeugen, darunter 10 Experten der Medizin, angehört wurden. Für den Prozeß kam reichliches Dokumentenmaterial hinzu. Hinsichtlich der Form ebendieser Untersuchung und ihrer Rechtswirksamkeit gewährt Sicherheit das Dekret der Heiligen Kongregation, das am 11. November 1983 herausgegeben wurde. Die medizinischen Berater derselben Kongregation mit Ausnahme eines Mitgliedes, das unentschieden blieb, stimmten zu, daß die oben genannte Heilung, entgegen den Gesetzen der Natur und über ihnen stehend, sich ereignet habe.

Plötzliche Heilung einer an der Wirbelsäule verletzten Frau (1982)

Es war an einem Abend (November 1982) in französisch Polynesien, im Bereich des Erzbistums Tahiti. Vor einer fast 5000 Menschen zählenden Gemeinde feierte Pater Emiliano Tardif, der Kongregation der Missionare vom Heiligsten Herzen angehörend und zu den führenden Mitgliedern der charismatischen Bewegung zählend, die Eucharistie, die mit dem Gebetsanliegen der Heilung der Kranken verbunden war. Zum Abschluß der Meßfeier wurden nach dem priesterlichen Gebet für die Kranken in spontaner, geisterfüllter Rede (1 Kor 12,9–10), aus der mitfeiernden Gemeinde nicht wenige persönliche Anliegen und Bitten gesprochen. Eines dieser, in der prophetischen Gabe des Heiligen Geistes gesprochenen Gebete überraschte wegen seiner Präzision alle Zuhörer. Eines dieser Anliegen sprach der zelebrierende Priester Pater Emiliano Tardif.
Hier der festgehaltene Wortlaut dieser Geist-Botschaft:

„Es ist hier eine Person, die zum erstenmal zur heiligen Messe gekommen ist. Sie kam von weither und leidet an Schmerzen der Wirbelsäule in der Höhe der vierten Wirbel. Der Schmerz wurde durch das Herabfallen einer Kokosmuß verursacht. In diesem Augenblick erfaßt eine starke Wärme deinen Rücken. Der HERR ist gerade dabei, dich zu heilen. Du wirst bald das Zeugnis deiner vollständigen Heilung geben.“[169)]

Am nächsten Tag wurde wiederum eine Eucharistiefeier vor einer noch größeren Menschenmenge gehalten. Vor Abschluß des Gottesdienstes bat Pater Emiliano Tardif jene Personen um ihr bekennendes Zeugnis, die am Vorabend geheilt worden sind.

■ Zeugenaussage der geheilten Frau:

„Seit meiner Geburt bin ich Protestantin. Ich hatte, mit Ausnahme von gestern, noch niemals einer katholischen Meßfeier beigewohnt. Da ich starke Schmerzen in der Wirbelsäule hatte, habe ich mich von einer Frau überreden lassen, zum Gottesdienst mitzukommen. Obwohl ich eine weite Wegstrecke zurücklegen mußte, wollte ich unbedingt hierher,

da ich gehört hatte, daß der HERR am vergangenen Abend mehrere Kranke geheilt hatte. So kam ich gestern in diese Kirche, um Gott um meine Heilung zu bitten.
Als der Priester ankündigte, daß eine Person, die Wirbelsäulenschmerzen habe, gerade geheilt würde, fühlte ich im Rücken eine intensive Wärme aufsteigen.
Als er hinzufügte, daß der Schmerz in der Höhe des vierten Wirbels sitze, begriff ich, daß Gott mich heilen wollte. Was mich aber am meisten überraschte, war die Bemerkung, daß das Übel durch das Herabfallen einer Kokosnuß verursacht worden war. Tatsächlich, vor eineinhalb Jahren, als ich Kokosnüsse an Touristen verkaufte, schlug ich sie mit einem Stock von der Kokospalme herunter. Eine davon fiel mir auf den Rücken und traf dabei den vierten Wirbel.
Da ich damals schwanger war, zog es der Arzt vor, bis nach der Geburt des Kindes mit der Operation zu warten. Danach sagte er mir, er wisse nicht, wie er operieren solle, da der Wirbel sich gleichsam mit den anderen Wirbeln verschweißt habe. Ich litt starke Schmerzen, besonders nachts, wenn ich, um einschlafen zu können, eine bequemere Lage im Bett suchte.
Gestern abend, als ich diese angenehme Wärme spürte, kamen mir die Tränen. Ich fühlte in mir sehr stark die Nähe des HERRN. Als ich nach Hause kam, wurde ich mir darüber klar, daß ich vollkommen geheilt bin. Jetzt habe ich in der Wirbelsäule keine Schmerzen mehr, und ich möchte öffentlich dem HERRN für seine große Güte Dank sagen."[170]

Marienerscheinungen in Hruschiw (1987)

In Westeuropa kaum bekannt geworden sind Marienerscheinungen im ukrainischen Dorf Hruschiw, in der Nähe von Lwow (= Lemberg).

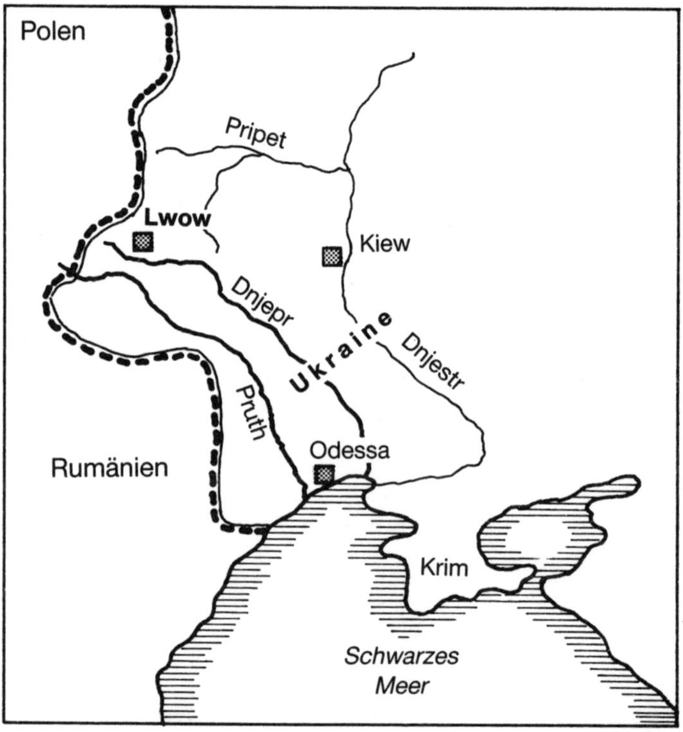

Die erste dieser Marienerscheinungen war am Jahrestag der Katastrophe von Tschernobyl, am 26. April 1987. Selbst das sowjetische Fernsehen berichtete darüber. Der authentische Bericht stammt von einem Augenzeugen, dem 45jährigen Vorsitzenden der Ukrainischen Katholiken, Josyp Terelya, der 1987 nach über 23-jähriger Gefangenschaft für seinen Glauben aus dem Gefängnis entlassen wurde und jetzt in Westeuropa lebt.

■ Augenzeugenbericht von Josyp Terelya:[171)]

„Ich war sieben Tage in Hruschiw. Ich habe die Muttergottes nicht nur gesehen, sie hat während dieser Zeit auch zweimal Botschaften mitgeteilt. Es waren eine Unmenge von Menschen dort, täglich 40000 bis 50000, vor denen ich gepredigt habe. Die Muttergottes hat in einer Botschaft gesagt, ein dritter Krieg sei unvermeidlich, wenn Rußland Christus nicht annehme. In Hruschiw sehen zehntausende von Menschen die Muttergottes ...

Es ist interessant, daß die erste Erscheinung am Jahrestag der Katastrophe von Tschernobyl stattfand, am 26. April 1987. Die Muttergottes erschien sowohl innerhalb der Kirche als auch außerhalb. Aber sehr oft war sie oberhalb der Kirche. Das war, wenn man hinaufschaute, eine Art Licht, ein sehr weitreichendes Licht, von dem sehr schwer zu sagen war, woher es kam. Es hatte den Eindruck, wie wenn ein Mondlicht da wäre, aber ein sehr starkes Mondlicht, das silbrig war und dann ist etwas wie ein Feuer dazugekommen. Diese leuchtende Erscheinung ruhte über der Kuppel der Kirche. Und doch war sie eigentlich wie ein gewöhnlicher Mensch, wenn Sie sich manchmal den Leuten näherte. Ein interessantes Phänomen war, daß sie einem jeden, der sie ansprach, in die Augen schaute. Zu diesem Zeitpunkt, den ich jetzt beschreibe, waren etwa 62000 Menschen dort. Und etwa die Hälfte hat das Phänomen, wie ich es gesehen habe, auch gesehen. Wir sind dann am nächsten Morgen durch die Mengen gegangen und haben gefragt – und zwar vor allem junge Leute und KGB-Offiziere –: ‚Wie habt ihr die Muttergottes gesehen? Hat sie euch wirklich in die Augen geschaut!' Und es war tatsächlich so. Die Leute waren so erschüttert, daß sogar KGB-Offiziere zu uns kamen, die das gesehen hatten und uns baten, wir sollten ihnen erklären, was da geschehen ist ...

Die erste Zeit waren die Behörden selbst so beeindruckt, daß sie uns eigentlich gar nicht verbaten, hinzugehen und die Erscheinungen zu sehen. Am 14. Mai 1987 hat die Muttergottes gesagt: ‚Ukraine, meine Tochter, ich bin zu dir gekommen im schwersten Augenblick deines Lebens, du hast mich als erste zu deiner Königin gemacht!', denn die Ukraine hat sich als erste Nation im Jahre 1058 der Gottesmutter geweiht. Die Gottesmutter hat auch vorausgesagt, daß die Ukraine im nächsten Jahrzehnt frei werden wird. Nach dieser besonderen Erscheinung hat die Miliz angefangen, Straßensperren zu errichten und die Leute daran zu hindern, die Erscheinungen zu sehen. Die Behörden haben dadurch zu fürchten begonnen, daß eine nationale Bewegung entstehen könnte.

In Hruschiw sind keine Erscheinungen mehr. Die Kirche wurde auch der Russ. Orth. Kirche übergeben."

Die Entscheidungsinstanz der Kirche

An das Wirken des allmächtigen Gottes zu glauben, ist die *eine* Sache. Eine ganz andere, erheblich schwierigere Sache ist es, in einem konkreten Einzelfall das Wirken und Eingreifen Gottes sicher nachzuweisen. Selbst wenn das Wirken Gottes vielen greifbar und sich geradezu aufzudrängen scheint, so ist der sichere Nachweis des Wirkens Gottes in einem ganz bestimmten Fall meist überaus schwierig. Wo liegt ein Frömmigkeitsrausch vor? Wo mischen sich Massensuggestion und Hysterie ein?
Haben wir Menschen überhaupt das Instrumentarium zur Verfügung, um das Eingreifen Gottes in das sichtbare Weltgeschehen registrieren und belegen zu können? Der einzige Ansatzpunkt der Überprüfbarkeit und Beweisbarkeit ist die sichtbare Welt, die psychosomatische Wirklichkeit des Menschen, denn in dieser Realität „ereignet" sich die Begegnung des Unsichtbaren mit dem Sichtbaren, die Begegnung Gottes mit dem Menschen. Hier kann das Mysterium in ähnlicher Weise Faktum werden, wie es von der Menschwerdung des ewigen Gottessohnes in Zeit und Raum heißt: „Und das Wort ist Fleisch geworden ... Wir haben seine Herrlichkeit gesehen" (Joh 1,14). „... was wir gehört haben, was wir mit unseren Augen gesehen, was wir geschaut und was unsere Hände angefaßt haben, das verkünden wir" (1 Joh 1,1).

Das geheimnisvolle „und":

Immer neues Staunen löst jene Aussage aus, mit der die Entscheidungen und Beschlüsse des Apostelkonzils vorgelegt werden: „Der Heilige Geist und wir haben beschlossen" (Apg 15,28). Überaus kühn ist in dieser Feststellung, die bis zum heutigen Tag weiterklingt in den feierlichen Formeln der Verkündigung von Glaubenswahrheiten bzw. von Selig- und

Heiligsprechungen, das „Und“, nämlich die problemlose und sichere Synchronisation göttlichen Wirkens und menschlichen Sprechens.
Der kritische Gegenwartschrist stellt zunächst sich selbst die Frage: Woher wußten die Apostel um diese totale Übereinstimmung, um die völlige Entscheidungsgleichheit? Das geheimnisvolle „Und“ kann nicht vom Menschen festgestellt werden. Es wäre maßlose Arroganz, allein aus menschlicher Reflexion eine solche weittragende Aussage zu treffen. Es muß vielmehr dem Menschen von der göttlich-pneumatischen Seite erschlossen und mitgeteilt worden sein.
Heilungswunder können aber, wie es Jesus von Nazareth selbst ausgesprochen hat (Mt 7,22–23; 24,24–25; Mk 9,38–39), auch von antigöttlichen Mächten vollbracht werden. Es bedarf daher einer sehr genauen Visiereinstellung der Unterscheidung, um das „Wunder“ jenem Bereich sicher zuzuordnen, aus dem es bewirkt worden ist.

Der kritische Dienst der Wissenschaft

Wann kann die Kirche die Entscheidung aussprechen: Hier war der sichere Finger Gottes wirksam (Ex 8,19)?
Der Kirche als religiöser Entscheidungsinstanz über von Gott gewirkte Wunder sind keine Sonderoffenbarungen, keine Sondermethoden übergeben worden, um das Wirken und Eingreifen Gottes in einem konkreten Fall mit Sicherheit feststellen zu können. Sie muß zurückgreifen und sich verlassen auf die Kriterien, Methoden und Ergebnisse der „Profan“-Wissenschaften, vor allem der Medizin und gewiß auch der Psychiatrie.
Dabei ist bemerkenswert, daß im naturwissenschaftlich-medizinischen Bereich – nicht zuletzt durch die Quantenphysik – die sogenannte „klassische“ Naturauffassung einer entscheidenden Neuorientierung ausgesetzt ist. Hat man früher von einer lückenlosen Kausaldeterminierung gesprochen, so haben die Erkenntnisse der Atomreaktionen – wie Pascual Jordan nachdrücklich aufzeigte – erwiesen, daß „offene Spielräume eines unvorhersehbaren, nicht vorausbestimmten Einzelgeschehens bestehen“.[172] Er fügt hinzu: „Die modernen Ergebnisse haben uns nicht nur das Vorhandensein von Indeterminiertheit im Individualgeschehen der Atome gezeigt; sie zeigten auch, daß diese Indeterminiertheit ein beherrschendes Element des Biologischen, des organischen Lebens ist.“[173]

Bei der Feststellung von gottgewirkten Wundern kommt im kirchlichen Entscheidungsprozeß den Profanwissenschaften eine nicht nur wichtige, sondern unersetzliche Bedeutung zu. Die Kirche erwartet vom Mediziner keine unerlaubte, keine unzulässige Grenzüberschreitung seiner wissenschaftlichen Kompetenz, indem sie „Wunder“ konstatieren läßt. Wohl aber kann der Mediziner zu der wissenschaftlich begründeten und auch gegenüber medizinischen Kollegen vertretbaren Feststellung kommen, daß eine plötzliche Heilung wissenschaftlich nicht erklärbar ist.
Der kritische Dienst der Profanwissenschaft besteht nicht zuletzt darin, den Weizen von der Spreu, Wunder von Scheinwundern unerbittlich zu scheiden und vor allem bei Heilungswundern sehr intensiv auch den Problemen des Unbewußten (Neurose, Hysterie) nachzugehen. Ein viel zitiertes Beispiel einer hysterischen Heilung hat sich im vergangenen Jahrhundert an der Salpetrière in Paris ereignet, wo der berühmte Psychiater Charcot, Lehrer von Sigmund Freud, wirkte und bahnbrechend in der Forschung der medizinischen Psychologie war.

„Von 1866 bis 1875 lag in der Salpêtrière zu Paris ein Mädchen, welches an hysterischen Leiden der verschiedensten Art krankte. Ihr linker Arm und ihr linkes Bein waren gelähmt und durch die Kontraktion des Beins hatte sich eine Art Klumpfuß gebildet. Sie hatte außerdem einen Krampf der Zungenmuskeln, welcher sie zu sprechen hinderte. Auf dem linken Auge war sie fast erblindet. Eine krampfartige Lähmung der Speiseröhre hinderte sie am Essen. Alle ärztlichen Mittel wirkten nicht. Charcot, der leitende Irrenarzt, erklärte offen, daß nur ein unvorhergesehener mächtiger Eindruck heilen könnte. Nach drei Jahren war das Mädchen zur Überzeugung gekommen, daß sie gesund würde, wenn am Fronleichnamsfest ihr eine Hostie aufs Haupt gelegt würde. Gespannt erwartete sie den Tag. Als der Fronleichnamszug nahte, verfiel sie in ein Zittern, verlor die Besinnung, konvulsivische Zuckungen erfaßten sie – in einem Augenblick war sie geheilt und konnte in die Kapelle gehen und Gott danken.“[174)]

Dieses Beispiel läßt ein durchaus „frommes“, katholisches Umfeld (Hostie am Fronleichnamsfest) aufscheinen und eine Heilung durch Gott vermuten. In Wirklichkeit handelt es sich um den geradezu klassischen Fall einer hysterischen Heilung, um eine Art Selbstbefreiung, die durchaus auch mit den Mitteln der psychischen Therapie angegangen und erreicht werden kann.

▶

Seit dem Jahr 1981 ist Medjugorje, eine aus fünf Dörfern bestehende Pfarrgemeinde, wegen der dort sich ereignenden Marienerscheinungen in den Mittelpunkt weltweiter Aufmerksamkeit gekommen. Wie groß das Interesse aus dem Ausland ist, ist der Nachricht zu entnehmen: Der jugoslawische Staat habe im Wallfahrtsort Medjugorje im Jahr 1988 hundert Millionen Dollar eingenommen (fünf Prozent der Einnahmen des Landes aus dem Tourismus). Die Fluggesellschaften JAT und Adria Airways, die Busunternehmungen Kompas Jugoslavija wie die Hotellerie mußten sich bereits auf den wachsenden Zustrom von Wallfahrern einstellen. Medjugorje, in Mitteljugoslawien (Kroatien) gelegen, kann von Mostar aus über die Straße nach Čitluk (Abzweigung nach 5 km) oder auch über die viel befahrene Küstenstraße von Split oder auch von Dubrovnik aus über Ljubuški (Abzweigung nach 15 km) erreicht werden.

Medjugorje

Weit über Jugoslawien hinaus sind seit dem 24. Juni 1981 die Erscheinungen und Botschaften des Gōspa (= Frau, Gottesmutter) als „Königin des Friedens“ in Medjugorje (Bistum Mostar) bekannt geworden. Die kirchlichen Instanzen waren bisher äußerst zurückhaltend. Sie haben über die Ereignisse in Medjugorje bisher kein Urteil abgegeben. Um Forschungsmaterialien für die kirchlichen Gremien, vor allem für die vom zuständigen Bischof von Mostar bereits ernannte Ärztliche Kommission zur Verfügung zu stellen, wurde von Prof. Dr. Henri Joyeux (Medizinische Fakultät der Universität Montpellier/Frankreich) und seinem wis-

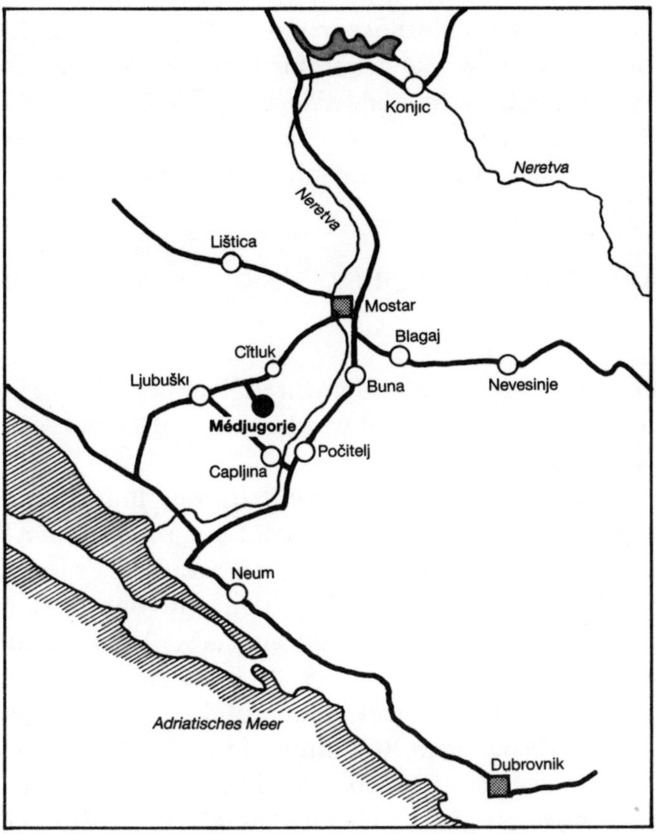

senschaftlichen Team[175]) im Jahr 1984 in vier Etappen vom 24. bis 25. März, vom 9. bis 10. Juni, vom 6. bis 7. Oktober und vom 28. bis 29. Dezember, Untersuchungen an den kroatischen Seherkindern durchgeführt.
Man ging dabei von der Möglichkeit aus, wissenschaftliche, in erster Linie medizinische Untersuchungen festzuhalten, die dann nicht mehr „möglich sein werden, wenn die Erscheinungen zu Ende gegangen sind".[176]) Diese sehr komplizierten Untersuchungen wurden an den Seherkindern Vicka Ivankonvić (geboren am 3. September 1964), Marija Pavlović (geboren am 1. April 1965), Ivan Dragičević (geboren am 25. Mai 1965) und an Jakov Čolo (geboren am 6. März 1971) durchgeführt.
Es handelt sich um Untersuchungen, die vor, während und nach den Erscheinungen durchgeführt und durch Videoaufzeichnungen festgehalten wurden: Elektroenzephalogramme (EEG), Augen- und Sehtests (Elektrookulogramme = EOK) und Herz-Tests, elektrokardiographische Aufzeichnungen des Blutflusses und der Herzfrequenz (EKG). Auch Untersuchungen der Hör- und Stimmfunktion wurden aufgezeichnet.
Für die spätere, noch ausstehende Wertung durch die kirchlichen Instanzen sind diese im Jahr 1984 durchgeführten und aufgezeichneten Untersuchungen sicherlich von entscheidender Bedeutung.

CHARAKTERISTIKA DER EKSTASEN VON MEDJUGORJE

„Hirnfunktion:
– Insgesamt ist die elektrische Gehirntätigkeit bei den zwei Sehenden (Marija und Ivan), die untersucht wurden, derjenigen bei gesunden Personen vergleichbar.
– Das EEG zeigt vor der Ekstase einen Beta-Rhythmus, unterbrochen von Alpha-Rhythmus. Der Rhythmus Beta entspricht einer Kurve mit einer Geschwindigkeit von 19 bis 20 Wellen/Sekunde. Er kann die Folge ‚bewußter Aufmerksamkeit, der Einwirkung eines unerwarteten Stimulus oder einer starken Emotion während eines Wachzustandes' sein (*Science et Conscience,* Hg. Stock, 1980). Zu Beginn der Ekstase bleibt der Rhythmus Beta kurze Zeit bestehen und verwandelt sich dann in einen fast ununterbrochenen Rhythmus Alpha. Dieser Alpha-Rhythmus ist in gleicher Weise ‚in der Erwartungshaltung, in der Entspannung und in den Meditationstechniken' zu beobachten. ‚Er ist eher ein Rhythmus

der Erwartung als der Aufmerksamkeit. Letzterer ist der Rhythmus Beta.‘

Nach Georges Pegand (*Science et Conscience,* Hg. Stock, 1980, S. 414) ist ‚bei den Kontemplativen und Mystikern die Fähigkeit festzustellen, sehr rasch den Rhythmus Alpha eintreten zu lassen oder eine rasche Vergrößerung der Menge, Amplitude und Regelmäßigkeit des Rhythmus Alpha hervorzurufen. Zweifellos ist dies ein Zeichen der *hesychia (hesychia* bedeutet Ruhe); es ist beim Kontemplativen ein genereller Zustand, die Frucht des Schweigens, des Nachdenkens, wie er von Eugrius von Pontus beschrieben wird: ‚Bemühe dich, deinen Verstand durch das Gebet taub und stumm zu machen, und du wirst beten können.‘

– Während der Ekstase nimmt die Gehirnrinde auditive und visuelle Reize der Umgebung nicht wahr (Test der Evozierung auditiver Potentiale, Schirmtest).

Augen- und Sehfunktion:

– Signifikante Verringerung des reflexen Lidschlags bei manchen Sehenden um 50%, bei anderen bis auf 0%. (Es handelt sich um einen physiologischen Stimulus, der notwendig ist für die regelmäßige Befeuchtung der Hornhaut durch die Tränensekretion und im allgemeinen 15- bis 20mal in der Minute erfolgt.)

– Konvergenz der Blicke, die auf der Videoaufzeichnung vom 28. Dezember verifiziert werden kann.

– Ausbleiben des Blinzelreflexes bei Bedrohung oder Blendung.

– Auf ⅕ Sekunde genaue Gleichzeitigkeit beim Aufhören der Bewegungen der Augäpfel zu Beginn der Ekstase (elektrookulographische Aufzeichnung bei Ivan und Marija) und gleichzeitiges Wiedereinsetzen innerhalb ⅕ Sekunde am Ende der Ekstase.

Herztätigkeit:

– Leichte Veränderung der Herzfrequenz mit Tendenz zur Verlangsamung (Marija, Ivanka) oder Beschleunigung (Ivan, Vicka).

– Leichte Veränderung des Blutdrucks mit Tendenz nach unten (Ivanka, Ivan).

– Normale Herzkontraktion (EKG).

Stimmfunktion:
– Aufhören der Kehlkopftätigkeit während der stummen Phasen der Ekstase ohne Änderung der Aktivität der mimischen Muskulatur.

Hörfunktion:
– Hemmung der Hörfunktion (Test der Evozierung auditiver Potentiale), durch die es sich erklärt, daß Ivan nach seiner eigenen Aussage während der Ekstase die in sein rechtes Ohr gelangenden 90 Dezibel nicht hört; obwohl unvorbereitet, zuckt er bei der Einwirkung des Schalls nicht zusammen."[177)]

SCHLÜSSE DES GUTACHTENS

„Es stellt sich heraus, daß das Phänomen der Erscheinungen im jugoslawischen Medjugorje, das zu verschiedenen Zeitpunkten des Jahres 1984 an fünf Sehenden untersucht wurde, wissenschaftlich nicht zu erklären ist. Aufgrund der klinischen Beobachtung der Sehenden läßt sich aussagen – wie es unsere jugoslawischen Kollegen vor uns schon getan haben –, daß diese jungen Leute normal und an Leib und Seele gesund sind.
Aufgrund der minutiösen klinischen und paraklinischen Untersuchungen, die vor, während und nach den Ekstasen vom 24. bis 25. März, 9. bis 10. Juni, 6. bis 7. Oktober und 28. bis 29. Dezember 1984 durchgeführt wurden, kann wissenschaftlich sicher ausgesagt werden, daß bei den untersuchten objektiven Parametern (EEG, EOG, EKG, Evozierung auditiver Potentiale) keine pathologische Veränderung vorliegt.
Wie die Elektroenzephalogramme zeigen, handelt es sich nicht um:

– Epilepsie
– einen Schlafzustand
– einen Traumzustand
– Es handelt sich auch nicht um Halluzination im pathologischen Sinn: Keine auditive oder visuelle Halluzination, die gekoppelt sein müßte mit einer Anomalie auf der Ebene der peripheren sensorischen Rezeptoren (Gehörwege und Sehvermögen sind normal).
  Keine paroxystike Halluzination: Die EEGs zeigen es.
  Keine Halluzination oneiroiden Typs (Träume), wie sie bei akuten gei-

stigen Verwirrungszuständen oder im Lauf der Entwicklung der gehirnatrophischen Demenz zu beobachten sind.

- Es handelt sich nicht um Hysterie, Neurose oder pathologische Ekstase, denn die Sehenden zeigen kein einziges Symptom dieser Erkrankungen in allen ihren klinischen Formen.
- Es handelt sich nicht um Katalepsie, denn die mimische Muskulatur ist während der Ekstase nicht gehemmt, sondern funktioniert normal.

Die (durch Aufmerksamkeit hervorgerufenen) Bewegungen des Augapfels hören bei den Sehenden zu Beginn der Ekstase *gleichzeitig* auf und setzen am Ende der Ekstase (auf die Sekunde genau) gleichzeitig wieder ein. Während der Ekstase herrscht *Konvergenz der Blicke,* und es ist, als stünden sich die Sehenden und eine Person, die wir nicht gesehen haben, Aug' in Auge gegenüber. Das Verhalten dieser jungen Leute ist zu keinem Zeitpunkt pathologisch; während der Ekstase sind sie „im Zustand des Gebets" und der interpersonalen Kommunikation. Sie sind keine Randfiguren, Träumer, sie haben nicht ‚die Schnauze voll' oder sind von Angst getrieben; sie sind frei und glücklich, sie stehen mit beiden Füßen auf dem Boden, in ihrem Land und in ihrer Zeit.
In Medjugorje sind die Ekstasen nicht pathologisch, und es handelt sich nicht um Betrug. Wir wissen keine wissenschaftliche Bezeichnung, die geeignet wäre, diese Phänomene zu benennen. Wir würden sie gerne als einen intensiven Zustand aktiven Betens, der von der Außenwelt teilweise losgelöst ist, definieren, als einen Zustand der Kontemplation und der kohärenten und gesunden Kommunikation mit einer distinkten Person, die nur sie allein sehen, hören und berühren können."[178)]

Instanzen und Verfahren der kirchlichen Entscheidung

Die erste und letztlich alles entscheidende Instanz in der Frage der Tatsache und der Nachweisbarkeit der Wunder ist – Gott. Jede Anrufung eines Heiligen zielt hin auf dessen Fürsprache bei Gott. In den Heiligen sind die Kräfte des Gottesreiches lebendig und wirksam – schon während ihres Lebens, noch umfassender nach ihrem Tod. Wenn Gott will und nur wenn Gott will, daß ein Mensch in das Rampenlicht der öffentlichen Verehrung tritt und zur „Ehre der Altäre“ gelangt, wird er jene Zeichen als Wunder setzen, die eine ganze Welt aufhorchen lassen.

Bei den meisten, später Heiliggesprochenen setzten Vertrauen und Verehrung häufig unmittelbar nach ihrem Tode ein. Man versuchte oft schon vor ihrer Bestattung Gewandstücke oder Reliquien sich zu verschaffen, was bisweilen zu pietätlosen Auswüchsen und zur „Entweihung der armseligen menschlichen Hülle“[175)] führte. Ihr Grab wurde von immer mehr Menschen aufgesucht, mit Blumen und brennenden Kerzen geschmückt. Bald schon wurden die ersten Danktäfelchen angebracht: N. N. hat geholfen!

Wie bei kaum einer anderen Heiligen sind wir informiert über die Produktion von „Andenken“ wie bei Theresia von Lisieux († 30. September 1897), so daß der Verdacht entstehen konnte, „einen Ruf der Heiligkeit gleichsam aus dem Nichts zu zaubern“.[176)] Kleider und Wäsche, Bettzeug und Bettvorhänge wurden zerschnitten und auf Bildchen aufgeklebt. „In den zwölf Monaten von Juli 1909 bis 1910 wurden 183 348 Bilder, 36 612 Andenken auf Wunsch ausgeteilt – alles noch, ehe der Kanonisationsprozeß begonnen hatte. Von 1897 bis 1925 (Heiligsprechung) erreichte der Versand die unwahrscheinliche Ziffer von 30 ½ Millionen Bilder und 17 Millionen Reliquien.“[177)]

War die Grabstätte schwer zugänglich, kam es sehr bald zur Exhumierung. So wurde die am 4. Oktober 1897 auf dem Städtischen Friedhof von Lisieux bestattete Karmelitin Theresia vom Kinde Jesu am 10. August 1917 exhumiert und ihre Gebeine in den Karmel von Lisieux überführt. Noch rascher erfolgte die Exhumierung des Jesuitenpaters Rupert Mayer, der am 4. November 1945 auf dem Ordensfriedhof in Pullach bei München bestattet und bereits am 23. Mai 1948 nach München in die Unterkirche des Bürgersaals überführt wurde.[178)]

Im sogenannten Wunder-Dekret, das von der römischen Congregatio pro causis sanctorum im Seligsprechungsprozeß für Pater Rupert Mayer SJ am 5. Juni 1986 ausgestellt wurde, fällt auf, daß darin zwar das Jahr der Heilung (1978) festgehalten wurde, daß aber lediglich allgemein nur von „einem Mann" (de viro qui), an dem Heilungswunder sich ereignete, die Rede ist, nicht aber – wie in den sonstigen Wunder-Dekreten – der genaue Name mitgeteilt wurde.

Seit der ersten offiziellen Heiligsprechung des Bischofs Ulrich von Augsburg († 4. Juli 973) durch Papst Johannes XV. auf der Synode in Rom am 31. Januar 993 haben sowohl das Heiligsprechungsverfahren wie die Anerkennung der Wunder einen Wandel der Versachlichung und zugleich der Verschärfung durchlaufen. Heute kommt die letzte Entscheidung für die Gesamtkirche, einen Menschen zur „Ehre der Altäre" zu erheben, ausschließlich dem Papst zu.
Im Archiv der Kongregation für die Selig- und Heiligsprechungsverfahren in Rom türmen sich eine Fülle von Anträgen und Akten. Allein für Verfahren aus den Jahren 1588 bis 1982 liegen etwa 15 000 ungedruckte Bände vor, von denen nicht wenige seit mehreren Jahrhunderten noch keinen Abschluß gefunden haben. Für jedes Selig- bzw. Heiligsprechungsverfahren müssen zunächst in dem Bistum, in dem ein Christ im Rufe der Heiligkeit gestorben ist und eine wachsende Verehrung sich abzeichnet, alle seine Schriftstücke (Predigten, Briefe, Tagebücher, Zeitschriftenartikel, Bücher, Rundfunk- und Fernsehbeiträge usw.) gesammelt werden. Gleichzeitig werden die Gläubigen aufgerufen, wenn sie mit gutem Grund etwas gegen die Tugend oder das Wunderwirken vorzubringen hätten.
Damit wird der diözesane Informationsprozeß eröffnet. Nach der kritischen Durchsicht der nach Rom übersandten Unterlagen wird ein Generalpostulator (meist in Rom wohnend) für das Seligsprechungsverfahren ernannt, dem ein Vizepostulator (extra urbem) zur Seite steht. Nach einer meist mehrjährigen, überaus gründlichen Überprüfung der Akten wie auch der geäußerten Vetos beginnt der Apostolische Prozeß wiederum in der Heimatdiözese. Nach einer Überprüfung der Wunder durch die Ärztekommission der römischen Kongregation für die Selig- und Heiligsprechungsverfahren, approbiert und bekräftigt der Papst alle bisherigen Verfahren und legt den Tag der Selig- bzw. Heiligsprechung fest.

DECRETUM

MONACEN. et FRISINGEN.

CANONIZATIONIS

VEN. SERVI DEI

RUPERTI MAYER

SACERDOTIS PROFESSI SOCIETATIS IESU

SUPER DUBIO

An et de quo miraculo constet, in casu et ad effectum de quo agitur.

Venerabilem Servum Dei Rupertum Mayer, sacerdotem professum Societatis Iesu, in urbe Stutgardia (Germania) natum die 23 Ianuarii anno 1876, atque Calendis Novembribus anno 1945 Monachii vita functum, virtutes theologales, nempe fidem, spem et caritatem tum in Deum tum in proximum, necnon cardinales, nimirum prudentiam, iustitiam, temperantiam et fortitudinem, eisque comites et socias, heroum modo exercuisse Ioannes Paulus II die 14 mensis Maii anno 1983 solemniter edixit.

Ad eiusdem autem Venerabilis beatificationem consequendam Causae actores unam, inter plurimas, sanationem mirum in modum a Deo patratam selegerunt eamque Apostolicae Sedi ad cognoscendum exhibuerunt.

Agitur in casu de viro qui, anno 1978, deprecatore Venerabili Servo Dei Ruperto Mayer, rapide, plene stabiliterque convaluit ab adenocarcinomate vegetanti et infiltranti variisque post-operatoriis complicationibus.

Super eadem miranda sanatione, apostolica inquisitio acta est anno 1985 et, apparata sueta Positione super miraculo, Consilium Medicum Congregationis pro Causis Sanctorum, die 5 Februarii anno 1986 coadunatum, praedictam sanationem diligenti acutoque examini, pro sua competentia, subiecit et disceptavit, censuitque agi de rapida, completa ac stabili sanatione, quae per naturae leges explicari haud potest.

Quam medicorum discussionem secuta est disceptatio theologorum, et quidem, die 22 mensis Martii eodem anno 1986, in Peculiari Congressu Consultorum, moderante Rev.mo D.no Antonio Petti, Fidei Promotore Generali et postea, die 29 mensis Aprilis eodem anno, Congregatio Ordinaria Patrum Cardinalium, ponente seu relatore Em.mo ac Rev.mo Domino Iosepho Cardinali Ratzinger.

Facta demum de hisce omnibus Summo Pontifici Ioanni Paulo II per subscriptum Cardinalem Praefectum relatione, Sanctitas Sua, vota Congregationis libenter excipiens, mandavit ut Decretum super eadem mira sanatione rite conscriberetur.

Quod cum esset factum, hodierna die, accitis cardinalibus infrascripto Praefecto necnon Causae ponente seu relatore meque Antistite a Secretis Congregationis, ceterisque de more convocandis, eisque astantibus, edixit: *Constare de miraculo divinitus patrato, intercedente Venerabili Ruperto Mayer, videlicet de rapida, perfecta et constanti sanatione ab « adenocarcinoma vegetante e infiltrante dell'antro e della grande curvatura dello stomaco, con infiltrazione del mesocolon traverso. Complicazioni post-operatorie*: 1) *Ascesso sin. con grave stato settico;* 2) *Insufficienza respiratoria molto grave da edema polmonare, broncopolmonite e versamento pleurico sinistro;* 3) *Insufficienza cardiaca latente* ».

Hoc autem Decretum in vulgus edi et in acta Congregationis pro Causis Sanctorum referri iussit.

Datum Romae, die 5 Iunii A. D. 1986.

Petrus card. Palazzini, Praefectus

+ Traianus Crisan, Archiep. tit. Drivastensis
a Secretis

In diesem Gesamtverfahren kommt der kritischen Überprüfung der Wunder deshalb eine besondere Bedeutung zu, weil es sich meist um weltweit bekannt gewordene Heilungswunder handelt und weil das Aktenmaterial darüber jedem Mediziner und Psychiater offen steht. Für die Anerkennung und Proklamation von Wundern sind jene Kriterien gültig, die Papst Benedikt XIV. (1740–1758) in seinem vierbändigen, schon vor seiner Papstwahl veröffentlichten Werk „De servorum Dei beatificatione et beatorum canonisatione" (Bologna 1734/38) genannt hat. Für die Anerkennung eines Heilungswunders sind (4. Buch, 8. Kapitel) sieben Kriterien erforderlich:

1. daß es sich um eine schwere Krankheit handelt, die unmöglich oder wenigstens schwierig zu heilen ist;
2. daß die geheilte Krankheit nicht schon zurückging, so daß sie kurz nach der Heilung sowieso verschwunden wäre;
3. daß keine Arznei verabreicht worden ist oder, wenn Medikamente angewandt wurden, daß ihre Wirkungslosigkeit bestätigt wird;
4. daß sich die Heilung plötzlich und augenblicklich vollzieht;
5. daß die Heilung vollkommen ist;
6. daß vorher unter Einfluß eines bestimmten Mittels oder zu gewohnter Stunde keine unvermutete Krise eingetreten war: in diesem Falle könnte man nicht sagen, daß die Heilung wunderbar, sondern nur, daß sie ganz oder teilweise natürlich erklärbar ist;
7. daß nach der Heilung kein Rückfall der geheilten Krankheit eintritt.

Überaus kritisch werden die Heilungswunder am französischen Marienwallfahrtsort Lourdes geprüft und jahrelang beobachtet. Erste Instanz ist das „Ärztebüro von Lourdes", das die schriftlichen Krankenberichte prüft wie auch die Untersuchungen der Kranken und der Geheilten durchführt. Zweite Untersuchungsinstanz ist die „Internationale Ärzte-Vereinigung von Lourdes" (Association Médicale Internationale de Lourdes" = A.M.I.L.). Erst wenn beide Instanzen nach meist jahrelangen Untersuchungen zu dem Ergebnis „Medizinisch unerklärbar" gekommen sind, wird das Aktenstück der zuständigen kirchlichen Autorität vorgelegt. Es handelt sich um jenen Bischof, in dessen Diözese der Geheilte lebt. Der kirchliche Entscheidungsprozeß endet mit der Entscheidung des zuständigen Diözesanbischofs, der für seine Urteilsbildung eine kanonische Kommission einsetzt, in die auch medizinische, oft auch psychiatrische Fachleute berufen werden.

Für die geheilte Thea Angele (geboren am 24. September 1921 und wohnhaft in Tettnang/Württemberg), die nach ihrer Heilung zwischen dem 18. und 20. Mai 1950 in den Konvent der Schwestern von der Unbefleckten Empfängnis in Lourdes eingetreten war, ist daher der Bischof von Lourdes die zuständige und letzte kirchliche Entscheidungsinstanz gewesen.[179)]. Die Anerkennung der wunderbaren Heilung hat er in folgendem Dekret publiziert:

„Wir, Petrus Maria Théas, Bischof von Tarbes und Lourdes,

- angesichts der Dokumente, welche die Krankheit und Heilung von Thea Angele, als Ordensfrau Schw. Maria-Mercedes, bestätigen,
- angesichts der Protokolle des Ärztebüros von Lourdes über diese Heilung,
- angesichts der Entscheidung des Internationalen Medizinischen Komitees von Lourdes mit Datum vom 23. April 1961,
- angesichts des Berichtes und der Schlüsse der von Uns am 5. Mai 1961 eingesetzten kanonischen Untersuchungskommission,
- nach Anrufung des Heiligen Namens Gottes,
- kraft der Autorität, die Uns in dieser Hinsicht vom Konzil von Trient erteilt ist und unter völliger Unterordnung Unserer Entscheidung unter die Autorität des Papstes,

erklären hiermit, daß die Heilung von Thea Angele, als Ordensfrau Schw. Maria-Mercedes, am 20. Mai 1950 in Lourdes geschehen, wunderbar ist und zuerkannt werden muß einer besonderen Machtkundgebung der Allerseligsten und Unbefleckten Jungfrau Maria und Gottesmutter.

Gegeben zu Lourdes am 28. Juni 1961.
Petrus Maria Théas
Bischof von Tarbes und Lourdes
Ausgefertigt:
Kanonikus A. Menvielle,
Kanzler des Bischofs."

Im Zusammenhang mit dieser Wunderbestätigung sei erwähnt, daß im Jahr 1989 von der kirchlichen Entscheidungsinstanz in Lourdes die 65. von der Kirche anerkannte Wunderheilung in Lourdes publiziert wurde.

Es handelt sich um das Wunder an der Italienerin Delizia Cirolli, die 1976 von einem Beintumor (die behandelnden Ärzte hatten bereits eine dringende Amputation empfohlen!) geheilt wurde.

Einblick in das Protokoll eines Heilungsberichtes:

Es mag sicherlich für manchen Christen eine Wissensbereicherung sein, auch in ein Protokoll eines Heilungsberichtes Einsicht zu nehmen, der für ein noch laufendes Heiligsprechungsverfahren vorgelegt worden ist. Es handelt sich um eine Heilung, die am 1. September 1924 im schwäbischen Mauerstetten nach Anrufung der seligen Crescentia (Anna) Höß von Kaufbeuren sich ereignete (geboren am 20. Oktober 1682, gestorben am 5. April 1744; seliggesprochen am 7. Oktober 1900 durch Papst Leo XIII.).
Das folgende Protokoll, ausgefertigt am 23. August 1929 durch den Vicepostulator P. Johannes Gatz, wurde mit dem Antrag zur Heiligsprechung der seligen Crescentia eingereicht.[180)] Es bietet einen informativen Einblick in die gestellten Fragen wie auch in die Antworten, vor allem in jene, die mit der Heilung des Landwirts Franz Xaver Port, der am 13. Mai 1924 einen schweren Unfall erlitten hatte.

Port-Mauerstetten

Heilungsbericht.

Fall: Mauerstetten. . . . Nr. 7. . F.H.

1) a) Vor-u.Zunahme des Geheilten: Franz Xaver Port

b) Geburtsort u. Geburtszeit: Buchloe

c) Diözesanzugehörigkeit und genaue Adresse: Augsburg – Mauerstetten.

d) Stand: Landwirt

e) Name der Eltern mit Adresse: ./.

2) a) Art der Krankheit (mit möglichst genauen technischen Bezeichnungen: Schwere Quetschungen der Oberschenkel, des linken Unterleibs, bes. d. Blase, Blutung in d. Leibeshöhle, sehr starke [illegible].

b) Welches Stadium hat die Krankheit erreicht?(Gefährlichkeit) Aussicht auf Besserung,Heilung: Äusserst bedenklicher Zustand, schlechte Heilbarkeit, zusehender Verfall. Es schien ausgeschlossen, das Leben zu erhalten.

c) Wann trat die Krankheit zum 1 Male auf? 13. Mai 1924

d) Jst sie in der Familie erblich? ./.

3) Ursache der Krankheit? Unfall: das linke Vorderrad des schwerbeladenen Wagens ging über den linken Oberschenkel, auch das Hinterrad ging über ihn hinweg.

4) a) Dauer der Krankheit? —

b) Entwicklungsgang? —

c) Trat vorübergehnde Besserung ein? Nein

5) a) Wurden Heilmittel angewandt? Nein

b) Welche Heilmittel?(term. techn)

c) Erfolg der Heilmittel? ./.

6) a) Trat eine Krisis ein? —

b) Welche Wendung trat nach der Krisis ein? —

c) Kann die Heilung nicht auf die Krisis zurückgeführt werden? —

7) Sonstige Bemerkungen zur Krankheit. Im Laufe des folgenden Tages verschlechterte sich Puls u. Allgemeinbefinden immer mehr, es schien dem Ende zuzugehen.

8) a) Stand der Krankheit als die Selige angerufen wurde? Mai 7.

b) Wurde n u r die Selige angerufen? Oder auch andere Heilige? Nur die Selige

c) Von wem wurde der Kranke zur Anrufung der Seligen veranlaßt?	Von H. H. Pfarrer Bauer von Mauerstetten.
d) Wurden Reliquien angewandt?	Nein.
e) Hatte die anrufende Person das Vertrauen gehabt, durch die Fürbitte der Seligen Erhörung zu finden?	Ja
f) Jn welcher Art wurde sie angerufen? (Novene, Wallfahrt, Gelöbnis u.s.w.)	Wallfahrt.
9) Welches ist das Urteil der Aerzte?	
a) Hielten sie die Krankheit für unheilbar? b) Oder schwer heilbar?	Fürchtete das Ableben des Verunglückten u. erklärte: der Zustand ist hoffnungslos.
c) Halten sie eine natürliche Heilung für möglich? d) Aus welchen Gründen nehmen sie eine übernatürliche Heilung an?	Menschliche Kunst unzureichend. Der Arzt erklärt in seinem Zeugnis: Wider Erwarten besserte sich d. Zustand bis zum Morgen wesentlich (nicht positiv gläubig)
10) Welche Aerzte haben den Kranken behandelt? (Genaue Namen-u.Adressenangabe sämtlicher behandelnder Aerzte)	Sanitätsrat Dr. Wille, Kaufbeuren, Kaiser Maxstr. Dr. Purucker, Kaufbeuren, Kaiser Maxstr.
11) Können sonstige Sachverständige oder Zeugen namhaft gemacht werden? (Wenn nicht, so sind dafür Gründe anzugeben)	H. H. Pfarrer Bauer, Mauerstetten, jetzt Oberreitnau b/ Lindau i. B. Frau Port, Gattin, Mauerstetten. Schwestern d. Bezirkskrankenhauses Kaufbeuren: Schw. Gedolara. Nachbarn in Mauerstetten.
12) a) Erfolgte sofortige Heilung oder langsame Besserung?	Etwa 1/2 Stunde nach dem Gelöbnis trat wesentliche Besserung ein.
b) Erfolgte die Heilung augenblicklich nach der Anrufung oder nach einiger Zwischenzeit? Welche Zeit verstrich zwischen Anrufung u.Heilung?	Etwa 1/2 Stunde.
c) Wurde die Krankheit sofort gänzlich behoben? d) Blieben noch Spuren der Krankheit?	Nach einer Woche konnte der Kranke bereits aus dem Krankenhaus entlassen werden, nach 1/4 Jhr. seiner Arbeit vollständig nachgehen. Ganz kleine Nachwirkungen bei ungünstiger Witterung.

e) Konnte die Heilung nach dem Urteil der Aerzte auf natürlichem Wege überhaupt nicht erfolgen; oder nicht in der gegebenen Zeit?	Die beiden Ärzte sprechen sich darüber nicht aus, sie halten vor der Heilung ein Aufkommen für ausgeschlossen u. erklären die Heilung für ungewöhnlich rasch. Dr. Purucker ist protestantisch, beide würden ein übernatürliches Eingreifen kaum zugeben.
13) Zustand nach der Heilung:	
a) Sind die Kräfte augenblicklich zurückgekehrt oder in kurzer Zeit?	In kurzer Zeit.
b) Welche Anzeichen einer vollständigen Genesung liegen vor?	Kann seiner Arbeit wieder nachgehen.
c) Erklären die Sachverständigen die Heilung für	
augenblicklich?	
vollständig?	vollständig.
wunderbar?	
d) Welche Gründe geben sie dafür an?	Ohne Rückschlag.
14) a) Hat die Heilung angedauert?	Ja
b) Wie lange schon?	Seit 21. V. 1924.
c) Ist der Geheilte seitdem vollständig gesund geblieben?	Ja
d) Wurden nach der Heilung noch Heilmittel angewandt?	Nein
15) Urteil der Aerzte über die Heilung?	Sie kann wieder alles verrichten.
a) Sind ärztliche Zeugnisse vorhanden?	Ja, von Dr. Purucker v. 22.9.24.
b) Können solche beschafft werden? (Wenn nicht, genaue Angabe der Gründe!)	./.
16) a) Welche Personen können durch eigene Erfahrung das letzte Stadium der Krankheit bezeugen? (Genaue Adressenangabe)	Wie unter 11.)
b) Welche die eingetretene Heilung?	Ebenso.

17) a) Vertrauenswürdigkeit des Geheilten? — Gegeben
b) der Zeugen? — Ebenso

18) Urteil des Ortspfarrers: Er hat Kurt versehen, weil er glaubte, er könne den Transport nach Kfb. nicht überstehen. Die Heilung ist auffällig, auch wenn die Verletzungen nicht [illegible] tödlich waren, ~~da~~ die Besserung nach dem Gelöbnis sofort einsetzte.
1. Sept. 1924.

19) Sonstige Bemerkungen: Nach dem Gelöbnis äußerte Kurt: „Weib, ich fühle mich besser, ich sterbe nicht."

20) Vorläufiges, zusammenfassendes Endergebnis: Die Heilung ist für die Schwere der Verletzungen ungewöhnlich rasch, obwohl sie bis zur vollständigen Arbeitsfähigkeit noch 1/4 Jhr. dauerte. Die Besserung setzt sofort aufs Gelöbnis hin ein. Der Fall bietet einige Aussicht.

P. Gatz

Kaufbeuren, den 23. August 1929.

P. JOHANNES GATZ
VICEPOSTULATOR
in Causa B. Crescentiae Höss
(13b) München, St.-Anna-Str. 12
Telefon 21620

Wunsch und Wirklichkeit

Nicht immer gehen fromme Wünsche und Erwartungen in Erfüllung und enden in einer Selig- oder Heiligsprechung. Selbst in breitesten Volksschichten können Auffassungen von wunderbaren Fügungen und Errettungen sich so festigen, daß andere Erkenntnisse, die einschränken oder eine totale Korrektur vorlegen, nur mit größten Schwierigkeiten ins Volk zu bringen sind.

Ein Musterbeispiel, wie kritisch und alle wissenschaftlichen Methoden und Forschungsergebnisse berücksichtigend die kirchlichen Entscheidungsinstanzen bei der Feststellung von Wundern vorgehen und wie problemlos die vorauseilende Volksfrömmigkeit bereits in Gebeten und Votivbildern sich ausspricht, ist die Verschonung von Kaufbeuren gegen Ende des Zweiten Weltkrieges durch die Anrufung der seligen Franziskanerin Crescentia von Kaufbeuren.

In der Bevölkerung von Kaufbeuren lebt die dankbare Erinnerung an ihre heimatliche Selige Crescentia, die bei einem Fliegerangriff am 12. April 1945 ihre Geburts- und Begräbnisstadt Kaufbeuren vor der Zerstörung bewahrt habe. In einem Dankgebet zur seligen Crescentia heißt es: „... die Bewohner deiner Heimatstadt ... sind fest überzeugt, daß Kaufbeuren um deiner Fürbitte willen trotz Fliegerhorst und Industrieanlagen von feindlichen Fliegerangriffen verschont geblieben ist.“[181] Erlebnisberichte des ehemaligen Leiters der Flugauswertungsstelle des Fliegerhorstes Kaufbeuren, Herrn Georg Kopp (vom 3. März 1967)[182] und der damaligen Luftnachrichtenhelferin Irmgard Schüßler (vom 11. März 1967)[183] sprechen von einem Bombenangriff am 12. April 1945 auf Kaufbeuren, ausgeführt von der 386. Bombengruppe der 9. Bomberdivision aus der 9. Luftflotte.

Der Filmproduzent, Herr Eberhard Thiem, hat nach gründlichen Recherchen in deutschen, englischen und amerikanischen Archiven wie auch in deutschem Privatbesitz einen (im Bayerischen Fernsehen bereits zweimal ausgestrahlten) Film „Crescentia von Kaufbeuren“[184] erstellt, der mit den Ereignissen des Bombenangriffs auf Kaufbeuren am 12. April 1945 abschließt.

Auch der Erzbischof von München und Freising, Kardinal Michael von Faulhaber, kam in einer Predigt auf das „Rätsel“ von Kaufbeuren zu sprechen, von dem ihm ein hoher amerikanischer Fliegeroffizier erzählt

hatte. „What's the matter with Kaufbeuren?" fragte 1945 nach der Besetzung ein amerikanischer Offizier Kardinal Faulhaber. „Wir konnten Kaufbeuren einfach nicht beikommen, obwohl wir wußten, daß dort Kriegsbetriebe arbeiten. Es war immer Nebel, wenn wir aufflogen, und wir hörten so etwas wie Musik. Was ist denn in Kaufbeuren? Kardinal Faulhaber wußte es und erzählte dem Offizier von der ihm unbekannten Seligen."[185)]
In zwei Votivbildern wurde die Rettung Kaufbeurens durch die selige Crescentia festgehalten: in einem Gemälde von A. Golazewsky (München) aus dem Jahr 1952[186)] und in einem Fresko im äußeren Giebelfeld der Fatimakapelle, die auf einer Anhöhe im Westen von Kaufbeuren, nahe dem Römerturm, errichtet wurde. Auch in Gedichten wurde das Rettungswunder gerühmt:

> „Mutter Crescentia, hast gar treulich behütet dein Städtlein
> in den Zeiten des Krieges und der grauenvollen Zerstörung.
> Andere Städte liegen zerschmettert von oben in Trümmern.
> Du, Kaufbeuren, doch stehst unversehrt da
> mit ragenden Mauern."[187)]

In einem 138 Seiten umfassenden, in Leder gebundenen Band wurden 1984 alle gesammelten Unterlagen, Zeugenaussagen und Flugbewegungen, die das „wunderbare“ Ereignis der Rettung von Kaufbeuren am 12. April 1945 belegen, nach Rom geschickt, um nach der bereits 1900 erfolgten Seligsprechung den Heiligsprechungsprozeß voranzubringen.
Um ein Höchstmaß an Sicherheit für die Vorgänge um Kaufbeuren am 12. April 1945 zu erreichen und um alle Einwände mit wissenschaftlichen Argumenten zurückweisen zu können, wurde, nachdem das Aktenbündel bereits in Rom war, von der bischöflichen Behörde in Augsburg noch ein zusätzliches und wie man hoffte, alle überzeugendes Gutachten beim Militärwissenschaftlichen Forschungsamt in Freiburg im Breisgau eingeholt. Das 1987 vorgelegte Ergebnis war eindeutig, ernüchternd: Die bisherige „wunderbare“ Deutung der Rettung Kaufbeurens am 12. April 1945 hält einer gründlichen, wissenschaftlichen Untersuchung nicht stand!
Man kann wahrhaftig der Kirche nicht den Vorwurf machen, sie mache es sich bei ihren Entscheidungen über Wunder leicht. Dort, wo auch nur der geringste Zweifel auftaucht – der mit „advocatus diaboli“ apostrophierte Gegen-Anwalt hat in den kirchlichen Verfahren viele Möglichkeiten des Einspruchs! – oder der kritische Dienst der Profanwissenschaften Bedenken anmeldet, kann und wird die Kirche nicht von Wundern sprechen.
Der gläubige Christ weiß, daß Gott den Weg seiner Kirche mit Zeichen und Wundern begleitet. Er weiß aber ebenso, daß es auf diesem Weg „Durststrecken“ gegeben hat und geben wird, in denen sich Gott in die Verborgenheit zurückzieht und die Christenheit der Gottesfinsternis ausgesetzt ist. Wieviele Wunder in der „inneren Biographie“ des Einzelchristen, des Gottesvolkes gibt es, die sich jeder Greifbarkeit und Nachprüfbarkeit entziehen und die oft gewaltiger sind als die in der sichtbaren Welt registrierten Wunder!

Geist- und Gebetsheilungen in aller Welt

Die moderne Kommunikationstechnik vermittelt uns fast zur gleichen Stunde Ereignisse, Katastrophen oder Informationen aus Politik, Literatur, Kunst oder Sport, die Tausende von Kilometern entfernt geschehen sind. Dadurch hat sie die Menschheit mit ihren Sorgen und Anliegen enger zusammenrücken lassen. Sie hat – ganz ungewollt – weltweit auch eine gütige, alle Völker und Religionen beschützende Hand Gottes erahnen lassen. Der Schöpfer des Himmels und der Erde läßt die Sonne seiner Liebe und Barmherzigkeit leuchten über Gerechte und Ungerechte, über Getaufte und Ungetaufte, über Christen ebenso wie über Buddhisten, Mohammedaner und Atheisten (Mt 5,45).

Gott hält seine heilenden und heiligenden Hände über den ganzen Kosmos, über alle Völker und Religionen. Es ist gewiß nicht das Lourdeswasser, sondern es ist Gott allein, der heilt. Müßten wir uns nicht auch für ganz ungewohnte Wirksamkeiten Gottes öffnen, wenn etwa Inder, die im heiligen Fluß Ganges baden, gleichzeitig in die Wirklichkeit Gottes eintauchen! Der all-durchdringende und all-erfüllende Gott ist allen Menschen ein Vater. Er kann sich offenbaren und Wunder wirken, wann und wo und wie und wem und wie oft *er* will. „Alles wirkt ein und derselbe Geist, der einem jeden zuteilt, wie er will" (1 Kor 12,11).

Christen sollten sich daher innerlich weit machen, daß Gottes Wirken nicht auf den getauft-christlichen Bereich eingegrenzt ist, und daß sie Gottes Wirken nicht für sich allein in Beschlag nehmen können.

> „Ich war heimlich in den Tempeln ihrer Götter,
> ich war dunkel in den Sprüchen aller ihrer Weisen.
> Ich war auf den Türmen ihrer Sternsucher.
> Ich war bei den einsamen Frauen, auf die der Geist fiel.
> Ich war die Sehnsucht aller Zeiten."[188)]

Seit etwa 1960 geht eine erregende Faszination vor allem auf Europäer und Nordamerikaner von Geistheilern auf den Philippinen und in Japan, in Afrika und auch in Brasilien aus. Man bietet Heilung von Krankheiten an, die nach den Methoden der „klassischen“ Medizin für unheilbar erklärt werden. Verständlich ist, wenn Menschen in höchster und unheilbarer Not ihr letztes Hab und Gut für eine Reise zu Geistheilern aufbrauchen. Nicht minder verständlich ist, wenn vor übertriebenen Hoffnungen und vor möglichen Scharlatanen gewarnt wird. Handelt es sich nur um momentane, kurzfristige Heilungserfolge, die alles andere als eine dauernde Heilung sind?

DEUTUNG DER KRANKHEIT

Versucht man, sich einen ersten Gesamtüberblick über Geist- und Gebetsheilungen in aller Welt zu verschaffen, so drängt sich wie ein roter Faden eine fast durchgängige Grundeinstellung auf: Krankheit wie Sünde werden gesehen als Störungen und Gefährdungen des Leib-Seele-Wesens Mensch, der wiederum nicht isoliert, sondern in einem gewaltigen kosmischen Lebens-, Austausch- und Heilungsprozeß zu sehen und zu heilen ist. Heilung von Krankheit habe daher, wie gesagt wird, zur Voraussetzung die Heilung der Seele, die Verbesserung und Heilung des zwischenmenschlichen Klimas.

Gott schuf keine Kranken. Leid, Krankheit und Sünde sind durch Verstöße gegen Liebe, Güte und Barmherzigkeit in die Welt gekommen. Dadurch ist die kosmische Einheit und Harmonie gestört und belastet. Weil körperliche Krankheit mit seelischer Unordnung verbunden sei, ja meist durch seelische (und religiöse) Unordnung ausgelöst werde, könne sie meist nur dann geheilt werden, wenn vorher der Einklang der Seele und des Friedens im Einzelmenschen wie in seiner Familie durch gegenseitiges Verzeihen hergestellt werde.

Der Japaner Dr. Masaharu Taniguchi[189)] sieht ungeahnte, aber vergessene geistige Heilkräfte in jedem Menschen. Diese gilt es zu erkennen, zu reinigen und zu entfalten. Geistige Heilung ist nicht möglich ohne Ein-Stimmung, ohne den harmonischen Gleichklang mit der ganzheitlichen Natur des Menschen, mit dem Bewußtsein wie mit den unbewußten und unterbewußten Tiefenschichten. Die ganzheitliche Natur des Menschen wiederum steht nicht isoliert dem Kosmos „gegenüber“.

Menschsein heißt, in einer großen und ständigen „Kommunion" mit den anorganischen wie auch mit den unterschiedlichen, organischen Schichten des Kosmos zu stehen.
Das Behandlungskonzept der meisten Geist- und Gebetsheiler beruht auf der ehrfürchtigen Verflochtenheit des Menschen mit den heilenden, reinigenden und regenerierenden Kräften und Energien des Kosmos. „Die Quelle der Geistheilung ist Gott, der die vollkommenen, das Leben beherrschenden Kräfte geschaffen hat. Krankheit ist die Folge der Übertretung dieser Gesetze."[190] Dieses Heilungsprinzip liegt auch Fernheilungen zugrunde, von denen immer wieder berichtet wird.

DER HEILER – INSTRUMENT GOTTES

Auffallend ist die Tatsache, daß seriöse Heiler – ähnlich den alttestamentlichen Propheten – sich nur als Beauftragte und Werkzeuge Gottes bezeichnen. Auf das Gebet in der eigenen Hauskapelle, meist neben dem Behandlungsraum, wird größter Wert gelegt. Es ist nicht eigene, sondern verliehene Heilkraft, von der sie sprechen und auf die sie sich berufen. Der Heiler versteht sich als „Werkzeug einer übergeordneten Instanz, die von ihm nichts anderes als die Ausführung von Aufträgen verlangt".[191]
Selbst ein wegen seiner „blutigen Operationen" umstrittener philippinischer Geistheiler wie Juan Labo sagte in einem Interview: „Die Arbeit eines Heilers hängt von seinem geistigen Führer ab. Mein geistiger Führer ist Jesus Christus. Unter seiner Führung ist nichts für mich unmöglich, ich kann während der Operation Wunder wirken."[192] Viele Geist- und Gebetsheiler erleben und haben die Heilwirkung übereinstimmend beschrieben als Hindurchfließen göttlicher Kräfte und als Hinüberfließen zum Patienten.
Solche Beschreibungen erinnern an die Heilung der seit zwölf Jahren blutflüssigen Frau durch Jesus. Der Augenblick ihrer Heilung wird mit dem Satz festgehalten: „Sofort hörte die Blutung auf, und sie verspürte deutlich, daß sie von ihrem Leiden geheilt war" (Mk 5,29). Von Jesus, dem Heiler, aber heißt es: „Im selben Augenblick fühlte Jesus, daß eine Kraft von ihm ausströmte" (Mk 5,30). Man befindet sich an einer Grenze geradezu magischer Heilserwartung, wenn man – nach Berichten der Apostelgeschichte – Kranke auf die Straßen hinaustrug, „damit,

wenn Petrus vorüberkam, wenigstens sein Schatten auf einen von ihnen fiel" (Apg 5,15).
Geist- und Gebetsheiler erfahren sich als „Transformatoren", als Mittler und Vermittler bei der Umwandlung und Lenkung jenseitig-göttlicher Heilkräfte in den Patienten. Auffallend ist, daß viele Heiler jahre- und jahrzehntelang als Übermittler solcher Heilenergien wirken. Das „mediale Zentrum", gleichsam die Empfangsantenne, mit der diese Heilenergien aufgenommen werden, „liegt im oberen Nasenrücken, auf einer Verbindungslinie zwischen Nasenwurzel und Stirnknochen".[193)]
Als überaus wichtig wird der geistige Einklang zwischen Heiler und Patient erachtet. Diese innere Parallelität ist meist deshalb fast nahtlos und psychologisch aufgestaut vorhanden, weil die Patienten mit einer hochexplosiven Erwartungshaltung, mit einem geradezu bergeversetzenden Vertrauen, ja häufig mit einer tiefen Ehrfurcht vor dem Heiler zur Behandlung kommen.

GOTT – QUELLE ALLEN HEILENS

Die Geist- wie die Gebetsheiler haben immer wieder das Wort „Gott" im Munde. „Wir glauben, daß die Quelle allen Heilens von Gott stammt und daher möglich ist."[194)] Wird jedoch eine Präzisierung des Wortes und der Wirklichkeit „Gott" gesucht, muß man sich auf einen langwierigen Weg machen. Sehr häufig hat man den Eindruck, daß bewußt reichlich allgemein, unscharf und konturlos von „Gott" gesprochen wird, so daß damit jeder, der Christ, der Buddhist, der Mohammedaner und Pantheist nach seiner Facon damit leben und selig werden kann. Keiner soll sich abgestoßen, keiner sich überfordert oder in eine andere Gottesauffassung sich vereinnahmt fühlen.

Es wird im gleichen Atemzug auch die Vokabel „Das Göttliche" verwendet. Neben dieser abstrakten Konturlosigkeit scheint hinter dem Wort „Gott" bzw. „Das Göttliche" eine durchaus offene Vielzahl von Göttern oder gottähnlichen Wesen möglich zu sein. Eine Pluralität von Göttern ist ohne Zweifel anzunehmen, wenn etwa von „Jenseitigen Heilungsführern"[195)] oder von „Jenseitigen Intelligenzwesen"[196)] gesprochen wird. Verblüfft ist man, wenn der gleiche Autor seine Aussage dahin präzisiert: „Die Jenseitigen Heilungsführer sind Gottes Engel oder Diener."[197)]

Diese jenseitig-göttlichen Mächte und Gewalten werden personal und zwar im Plural bezeichnet: „Die Jenseitigen Führer können das jeweils beste Verfahren anwenden.“[198)]
Zur kritischen Lektüre sei aus dem viel gelesenen Werk von Harry Edwards „Praxis der Geistheilung“ eine kleine Textpassage vorgelegt. Es sind „die von den Jenseitigen Intelligenzwesen für die Heilung ausgewählten Energien zunächst nichtstofflicher Art. Bei der Geistheilung müssen sie aber zu einem bestimmten Zeitpunkt in ein ihnen entsprechendes irdisch-stoffliches Gegenstück übergehen. Eine solche Umwandlung kann nur geschehen, wo Jenseitiges mit irdischen Zuständen verschmilzt. Hier bietet sich der Heiler mit seiner Fähigkeit meditativer Ein-Stimmung als Mittler für die Umwandlung an. Er ist der ‚Transformator‘, in dem die Jenseitigen Energien in ihre irdische Entsprechung übergehen, um dann von den Geistführern an den Sitz der Krankheit im Patienten hingelenkt zu werden. Viele Heiler haben übereinstimmend beschrieben, wie sie das Hindurchfließen der Jenseitigen Energien bei der Kontaktbehandlung erleben und empfinden.“[199)]
Andere Geist- und Gebetsheiler nennen ausdrücklich Jesus Christus, dem sie ihre Heilkräfte verdanken, der durch sie wirke, unter dessen Führung nichts unmöglich sei und auch Wunder sich ereignen könnten. Ein christlicher Autor, dem Dominikanerorden angehörend, versuchte im Geheimnis der Menschwerdung und des Heils- und Erlösungswerkes Jesu Christi die entscheidende Begründung der Geist- und Gebetsheilungen zu sehen, indem er schrieb: „Heilen heißt, die Inkarnation ernstnehmen ... Liebe an den leidenden Menschen weiterzugeben.“[200)]
Zwei fundamentale Fragen drängen sich angesichts der Konturlosigkeit der Bezugswirklichkeit „Gott“ auf:
Ist „Gott“ personal, einpersonal oder mehrpersonal, wenn etwa von „Jenseitigen Intelligenzwesen“ gesprochen wird?
Ist mit der Bezeichnung „Das Göttliche“ jedes weitere Hinterfragen nach einem letzten und höchsten Du überflüssig? Wird eine „offene“ Gottesvorstellung begünstigt, in der sich die unterschiedlichsten Gottesvorstellungen ansiedeln können? Ist „Das Göttliche“ ein Dschungel personifizierter Naturkräfte und Heilenergien?
Es fällt auf, daß „Geist“-Heilungen (wie sie vor allem von den Philippinen berichtet werden) keinen Bezug zum Heilig-Geist-Wirken besitzen und daher auch nicht eingebunden sind in die charismatisch-pneumatische Strömung, die heute weltweit sich abzeichnet. Es fällt ferner auf,

daß die Fürbitte Marias in den Geist- und Gebetsheilungen kaum anklingt (wenngleich bei nicht wenigen Geistheilern auf den Philippinen eine Vielzahl von Marienstatuen in ihren Hauskapellen steht), obwohl die marianischen Wallfahrtsstätten der ganzen Welt alljährlich, auch angeregt durch den marianischen Papst Johannes Paul II., einen millionenfachen und wachsenden Zulauf haben.

HEILUNG UND HEIL ALS ALL-VERSÖHNUNG?

Hinter den „Jenseitigen Heilungsführern" verbirgt sich eine letzte, göttliche Energie. Ein Du – ein Es? Sehr häufig bildet ein fernöstlich-buddhistisches Weltbild die Hintergrundfolie der Lebensdeutung und der Lebenspraxis. Selbst die Individuation des Menschen wird „noch nicht durch den Bezugsrahmen der menschlichen Gesellschaft erfaßt, sondern die Welt der Natur, der Sternensysteme und der geistigen Kräfte gehören ebenso dazu".[201)] Jedes Gespräch ist daher „mehr als Kommunikation in Worten und Gesten. Es ist Kommunion auf Grund der erfahrenen Zusammengehörigkeit in Verantwortung und Hoffnung, bei der die Unebenheit jedes menschlichen Weges und das mögliche Scheitern nicht verdrängt wird."[202)]

Heilung an Leib und Seele zielt ab auf endgültiges Heil, auf die Harmonie im Ganzen. Durch jede Heilung wird eine Störung und Gefährdung des Kosmos beseitigt. Der Mensch ist durch seine Freiheit der Störfaktor im gesamten Universum, das auf Harmonie angelegt ist. Alles Anti-Harmonische, alles Anti-Kosmische, alles Böse und alle Lieblosigkeit muß daher ausgeheilt, gesühnt und eliminiert werden, damit die harmonia mundi in voller Reinheit und Klangschönheit wieder erklingen kann.

Von der gewaltigen Musik des ganzen Universums hat Johann Wolfgang von Goethe (1749–1832) im „Prolog im Himmel" (Faust I) geschrieben:

> „Die Sonne tönt, nach alter Weise,
> In Brudersphären Wettgesang,
> Und ihre vorgeschriebne Reise
> Vollendet sie mit Donnergang ...
> Und schnell und unbegreiflich schnelle

Dreht sich umher der Erde Pracht;
Mit tiefer, schauervoller Nacht;
Es schäumt das Meer in breiten Flüssen
Am tiefen Grund der Felsen auf,
Und Fels und Meer wird fortgerissen
In ewig schnellem Sphärenlauf ...
Und alle deine hohen Werke
Sind herrlich wie am ersten Tag."

Der abendländische Mensch, vor allem der Christ sieht hier einerseits das Moment der menschlichen Freiheit als mögliches Nein gegen die Harmonie und Weltordnung Gottes im Ansatz vorliegen, anderseits vermißt er das Ernstnehmen des Geheimnisses der Bosheit (mysterium iniquitatis), das Versöhnung und Heil ausschlägt. Ist die Reinigung vom Unrecht, vom Bösen – etwa durch sühnende Reinkarnationen – ein zwangsläufiger Vorgang, der aufgenommen werden muß? Gibt es keinen Zustand des ewigen Nein, des kosmischen Dissens, des ewigen Scheiterns und der selbstentschiedenen, ewigen Gottferne, weil der alles durchdringende Rhythmus der Reinigung und Heilung zur All-Versöhnung führt?

GOTT – MEHR ALS EINE CHIFFRE

Die von Geist- und Gebetsheilern angerufene Heilungsinstanz „Gott" löst bei manchen christlichen Beobachtern ein merkwürdiges Unbehagen, vielleicht sogar eine heilsame und zum Nachdenken führende Unruhe aus. Es stellt sich für sie nämlich die Frage nach der Präsenz und nach der heilenden und heiligenden Wirksamkeit, nach der Allgegenwart und Allmacht Gottes im Kosmos. „In ihm leben wir, bewegen wir uns und sind wir" (Apg 17,28; vgl. Ps 138,7–10; Dtn 4,39; Weish 7,24; 8,1). Gottes Allgegenwart ist eine dynamische Allgegenwart (per potentiam). Ist unser christlich-abendländisches Verständnis der Allgegenwart Gottes zu eng oder zu statisch, so daß wir Hemmnisse zu überwinden haben, Gottes Heilwirken auch außerhalb des christlichen Glaubens zu respektieren?
Nicht zu überhören ist, daß selbst Geistheiler auf den Philippinen vor Geistheilern ihres eigenen Landes warnen. Sie unterscheiden selbst

zwischen wahren und falschen Heilern. Als Kriterien werden bald Ungläubigkeit und Geldsucht, bald innerweltliche Heilpraktiken und nicht anhaltende Heilerfolge genannt. In Rußland erregte die Heilerin Dshuna (= Jewgenija Juwaschena Dawitaschwil) Aufsehen, die nach ihrem eigenen Geständnis durch ihre Hände „auf die Patienten mit Signalen einwirkt, die aus meinen Fingern strömen".[203] Sie spricht von einer Art Aura bzw. Biofeld mit ausstrahlenden Heilfrequenzen, die „dem wahren Heiler von Natur in die Wiege gelegt"[204] sind. Beruhen „Geistheilungen" auf innerweltlichen und innermenschlichen Energien, die jedem Menschen innewohnen und von denen wir nur zu wenig wissen?
„Geist"-Heilungen müssen nicht immer auf das unmittelbare Einwirken Gottes über das Medium eines berufenen Heilers zurückgeführt werden. Es kann durchaus Menschen als ideale Medien geben, die empfänglich und sensibel sind für menschliche wie kosmische Energien und diese auf heil- und heilungsuchende Patienten mit idealer Aufnahmedisposition überleiten. Trotzdem bleibt die Frage: Warum gibt es ausgerechnet auf den Philippinen eine so hohe Konzentration von Geistheilern?
Genügt es, eine einzigartige kosmische bzw. terrestrische Strahlungsformation und atmosphärische Situation als Erklärung anzugeben, die eine überaus günstige Vorbedingung für den Empfang und auch für die Weitergabe von Heilungskräften darstellt? Daß der Hinweis auf die geographisch-atmosphärische Situation nicht stichhaltig ist, ergibt sich aus der Tatsache, daß philippinische Heiler auch außerhalb ihrer Heimat ihre Heilungskräfte besitzen. Auch dadurch glaubte man das Rätsel gelöst zu haben, daß man in den dort lebenden Menschen geradezu ideale Medien zu sehen meinte. Andere wiederum sprachen die Vermutung aus, in der auf den Philippinen anzutreffenden Mischreligion seien trotz der Christianisierung tiefe Unterströmungen früherer Naturreligionen mit medizinischer Weisheit, mit natural-biologischen und kosmischen Heilkenntnissen aus weit zurückliegender Vergangenheit vorhanden und in der Heipraxis des philippinischen Volkes lebendig geblieben.
Dabei werden Erinnerungen auch aus Gesprächen und Heilkenntnissen unserer eigenen Vorfahren wach. Die Menschen früherer Zeiten (vor allem der Landbevölkerung) haben die Heilkräfte der Natur und die vielen Heilpflanzen sehr genau gekannt. Sie haben außerdem die abwehrenden, heilenden und je nach Jahreszeiten regenerierenden Kräfte des menschlichen Körpers in langen Familienüberlieferungen kennenge-

lernt und sind sorgfältig und behutsam damit umgegangen. Vieles, leider viel zu vieles ist seit etwa hundert Jahren an naturalem Heilwissen verlorengegangen. Im Zeitalter der Pillen und Tabletten wurde die schier unerschöpfliche „Apotheke der Natur“ zu unrecht lächerlich gemacht und durch Chemie ersetzt. Verlorenes und vergessenes Heilwissen wird heute wieder neu durch die Naturheilkunde erschlossen.

Die in der Literatur über Heiler, über Geist- und Gebetsheilungen häufig anzutreffende „Blässe“ und Farblosigkeit des Gottesbildes mutet gelegentlich an wie die postchristliche Universalreligion, die für das anbrechende Zeitalter des Wassermanns, einer radikal-totalen Epoche der Neo-Aufklärung, angekündigt wird. Der überzeugte Christ tut sich nicht leicht, sich in einer solchen, religiös vielfach nebulosen Welt zurechtzufinden und zu einer gerechten Wertung der Geistheilungen in aller Welt zu gelangen. Selbst Kenner der Geistheiler-Szene gestehen: „Es ist schwer, wenn nicht unmöglich, die Grenzen aufzuzeigen, an denen sinnvolle Methoden und Schwindelei aufeinanderprallen. Vielfach sind sie nicht voneinander zu trennen, und im Idealfall ergänzen sie sich sogar zugunsten des Patienten.“[205)]

Christen sollten sich inspirieren lassen von dem Geheimnis jenes Gottes, den „in dieser Endzeit“ (Hebr 1,2) Jesus Christus, der menschgewordene Sohn Gottes, der Menschheit verkündet hat.

> „Niemand hat Gott je gesehen.
> Der Einzige, der Gott ist
> und am Herzen des Vaters ruht,
> er hat Kunde gebracht“ (Joh 1,18).

Das Wirken des einen und wahren Gottes ist allmächtige und dynamische Allgegenwart. Der gütige, heil- und heilungschenkende Gott schließt niemand aus, auch nicht jene Völker und Menschen, die seine Offenbarung noch nicht empfangen haben. Wo immer Buddha oder Shiwa, Marduk oder Sin, Jupiter, Wotan oder Allah um Heilung angerufen werden, verhallt dieser Hilferuf nicht im Leeren. Er findet über Buddha, Jupiter und Allah hinaus Gehör und Erhörung bei dem einen und wahren Gott, dem Vater aller Menschen, dem Schöpfer des Himmels und der Erde.

Der buddhistische Mönch oder der auf sein „daimónion“ (Gewissen) vertrauende Grieche Sokrates haben von dem einen und wahren Gott

Hilfe und Tröstung erhalten, den sie nicht kannten, der aber ihre Anliegen ernstgenommen hat. In seiner Areopagrede in Athen (Apg 17,22–31) hat der Apostel Paulus angesichts eines Altars mit der Inschrift: „Dem unbekannten Gott“ von dieser letzten Instanz allen Betens und Bittens und aller Heilungen und Erhörungen gesprochen: „Was ihr verehrt, ohne es zu kennen, das verkünde ich euch. Gott, der die Welt erschaffen hat und alles in ihr ... er gibt allen das Leben und den Atem ... Er ist keinem von uns fern ... In ihm leben wir, bewegen wir uns und sind wir ... Gott, der über die Zeiten der Unwissenheit hinweggesehen hat, läßt jetzt den Menschen verkünden, daß überall alle umkehren sollen“ (Apg 17,23–25.27–28.30). Im Kolosserbrief wurden diese Gedanken noch vertieft:

> „Gott (der Vater) wollte mit seiner ganzen Fülle
> in ihm (Jesus Christus) wohnen,
> um durch ihn alles zu versöhnen.
> Alles im Himmel und auf Erden,
> wollte er zu Christus führen,
> der Frieden gestiftet hat am Kreuz
> durch sein Blut“ (Kol 1,19–20).

Wunder – eschatologische Zeichen

Das Thema „Wunder“ ist eine unendliche Geschichte. Nicht nur, weil es mit dem ewigen Gott zu tun hat. Durch Wunder zeigt Gott den Menschen jene letzte und eigentliche Perspektive, die er als Schöpfer dem Leben gegeben hat. Durch Ereignisse, die am Morgen der Menschheitsgeschichte geschehen sind (Gen 2,15–17; 3,1–24) und mit dem Wort „Ur-Sünde“ umschrieben werden, ist allem geschöpflichen Leben eine Grenze gesetzt worden, deren Vorfeld durch Leid, Schmerz, Krankheit und Tod gekennzeichnet ist (Weish 2,23–24; Röm 5,12–21).
Durch Wunder zeigt Gott den Menschen eine neugeschenkte Perspektive des Lebens auf, des Weiterlebens, des an Leib und Seele glücklichen und geglückten Lebens. Zielt dieses neugeschenkte Leben nur auf das Diesseits? Werden durch Wunder Hoffnungsbilder und Sehnsüchte nach einem Leben ohne Ende geweckt, vielleicht sogar erste Konturen des ewigen Lebens sichtbar?

GOTTES JA ZUR SCHÖPFUNG

Die „Ursünde“[206)] war für den Schöpfergott keineswegs ein Anlaß, sich endgültig von seiner Schöpfung zu verabschieden. Sie wirkte vielmehr – wenn wir Menschen es überhaupt zu deuten vermögen – wie eine Provokation, so daß Gott mit noch größerem Einsatz und Engagement auf seine Schöpfung zuging. „Wo die Sünde mächtig wurde, da ist die Gnade übergroß geworden. Denn wie die Sünde herrschte und zum Tod führte, so soll auch die Gnade herrschen und durch Gerechtigkeit zu ewigem Leben führen, durch Jesus Christus, unseren Herrn“ (Röm 5,20–21).
Die heilende und erlösende Zuwendung Gottes zum Menschen konzentriert sich nicht auf die Rettung der Seele. Sie zielt auf den ganzen Menschen, auf die Leib-Seele-Ganzheit des Menschen. Sie schließt den Leib

nicht aus, sondern bezieht bewußt den Leib in das Erlösungsgeschehen ein, wie dies am Wirken des menschgewordenen Sohn Gottes, Jesus Christus, erkennbar ist, der ebenso Seel-Sorger wie Leib-Sorger war. Mit der Leib-Seele-Ganzheit des Menschen ist auch der ganze Kosmos in sein Heils- und Erlösungswerk einbezogen.
Ein unüberbietbarer Höhepunkt des Interesses Gottes an der Heilung und Rettung auch der materiellen Schöpfung (Röm 8,19–20) ist die Menschwerdung des Gottessohnes. Es war zu allen Zeiten ein Ärgernis der platonischen, gnostischen und doketischen Materie- und Leibverächter und der nur dem „Geist" huldigenden Aufklärer, daß der ewige Sohn Gottes „Fleisch" (Joh 1,14) wurde, die „Knechtsgestalt" (Phil 2,7) einer materiellen Leiblichkeit angenommen und diese im verklärten Zustand seiner Auferstehungsherrlichkeit noch zusätzlich erhöht hat. Mit Recht hat daher neben der christlichen Theologie auch die christliche Kunst vor allem in den gewaltigen Apsismosaiken der frühchristlichen Basiliken Christus als den Pantokrator gepriesen.
Die christliche Kunst hat außerdem nicht selten dem Jesuskind wie dem Vatergott die Weltkugel in die linke Hand gelegt, während die rechte Hand zum Segen erhoben ist: Gott hält und erhält die Welt. Jesus Christus, der Erlöser und „einzige Mittler zwischen Gott und den Menschen" (1 Tim 2,5), ist das bleibende Ja und Amen Gottes (2 Kor 1,19–20) zur Heilung und zum Heil, zum Segen der Schöpfung in Zeit und Ewigkeit:

„... das Sichtbare und das Unsichtbare,
... alles ist auf ihn hin geschaffen,
... alles hat in ihm Bestand" (Kol 1,16–17).

Die Wunder Jesu wie der christlichen Glaubensgeschichte sind die greifbaren Zeichen: Hier ist der Finger Gottes wirksam! Hier ist etwas geschehen, was auch mit Zukunft, mit Ewigkeit zu tun hat!

DER ERNSTFALL DER ZUKUNFT

Wunder haben mit irdischer Leiblichkeit und Materialität zu tun. Sie schenken Heilung und Heil in Zeit und Raum. Sie sind jedoch zu kurz gesehen und gedeutet, wollte man sie nur auf die geschichtliche Gegenwart eingrenzen. Wunder deuten eine Anwartschaft auf das Jenseits an.

Sie zielen mit nicht zu übersehender Pfeilspitze hin auf Ewigkeit. In die Gegenwart bricht Zukunft ein. In der Geschichte leuchtet Ewiges auf. Über der Gegenwart eines Wunders werden die Zeichen des Kommenden und Endgültigen sichtbar.
Wunder ereignen sich im Vorletzten, im Raum der Geschichte. Sie reißen aber Horizonte des Letzten, der Eschatologie, der Voll-Endung auf. Die Auferstehung Jesu Christi, das Fundamental-Wunder des Neuen Testaments und das Verheißungswunder der Zukunft alles Geschaffenen, läßt in den Zeichen der Wundmale die personale Identität des geschichtlichen und gekreuzigten Jesus von Nazareth mit dem verklärten und auferstandenen Christus erkennen. Die Zeichen der Wundmale des auferstandenen Herrn sind gleichzeitig die Zeichen der Heilung und Verklärung aller Leiden und Schmerzen des Gekreuzigten, aber auch Zeichen der Hoffnung für den Ernstfall des Todes, jedes Sterbens und Vergehens.

„Hier ist der letzte Maßstab der theologischen Wunder und Zeichen gegeben; von hier ist die Orientierung zu nehmen auch für die rechte Sicht der Taten und Zeichen des historischen Jesus. Diese sind alle auf ihn selbst, auf seine Person und sein Wort zu beziehen; im Blick auf ihn werden sie richtig interpretiert. Nicht als einzelne Phänomene, sondern in ihrer Gesamtheit, nicht isoliert, sondern in ihrer Hinordnung auf die Auferstehung und den durch sie beglaubigten ‚Messias und Kyrios' (Apg 2,36) sind die Wunder Zeichen und Kriterien der Offenbarung, sind Erweis der Glaubwürdigkeit ihrer Tatsache ... Das Wunder der Auferstehung Christi enthält und entwirft von sich aus die für das Wunder im theologischen Sinn erheblichen Strukturen: Es ist Machtat des souverän zum Heil des Menschen handelnden Gottes, es ist äußeres, beglaubigtes Zeichen seines Tuns, es hat aber auch und vor allem einen eschatologischen Aspekt: das Wunder des verklärt auferstandenen Christus ist die sichtbare Vorwegnahme des endzeitlichen Schicksals des zur Gottesgemeinschaft berufenen Menschen."[207)]

WUNDER UND AUFERSTEHUNG DES FLEISCHES

In einer Zeit, in der eine geschärfte Sensibilität für den Kosmos, für Waldschäden und Tiersterben aufgebrochen ist und gleichzeitig eine heimlich-unheimliche Renaissance der Reinkarnationslehre sich abzeichnet, haben Wunder eine zusätzliche und überaus notwendige Verkündigungsfunktion. Der christliche Glaube spricht von der „Auferstehung des Fleisches“[208] (der Toten). Er verkündet das Hoffnungswort vom „neuen Himmel“ und der „neuen Erde“ (Jes 65,17; 2 Petr 3,13; Offb 21,1).

Wunder gleichen Fenstern in die Eschatologie, in die Wirklichkeit der Auferstehung des Fleisches und der Umwandlung des Kosmos in den neuen Himmel und in die neue Erde.[209] Wunder werden gerade dadurch zur kritischen Instanz, zur bohrenden Anfrage, wie wir in dieser Zeit mit der Welt umgehen. Wie sollen wir die Welt im Auftrag Gottes (Gen 1,29–30; Röm 8,20–22) sehen und behandeln, um sie überschrittsfähig von der Zeit in die verklärte Ewigkeit zu machen?

Wunder sind einzigartige Hoffnungszeichen für jeden geistig oder körperlich Behinderten. „Der Tod wird nicht mehr sein, keine Trauer, keine Klage, keine Mühsal. Denn was früher war, ist vergangen. Er, der auf dem Thron saß, sprach: Seht, ich mache alles neu“ (Offb 21,4–5). Gegenüber Reinkarnationslehren und asiatischen Formen der Religiosität verkündet der christliche Glaube das Weiterleben des Menschen in seiner verklärten Leib-Seele-Ganzheit, in seiner personalen Würde, Identität und Kontinuität. Der verklärte Mozart wäre nicht der geschichtliche Mozart, wenn ihm die Zeichen der Musikalität fehlten!

Gerade heute braucht die in Resignation versinkende oder in Aggressionen ausufernde Welt „die Sprengkraft gelebter Hoffnung. Und was wir ihr schulden ist dies: das Defizit an anschaulich gelebter Hoffnung auszugleichen“.[210] Es ist Zeichen der Unruhe, offen, hartnäckig und kritisch nach dem Weiterleben nach dem Tod zu fragen. Wohl dem, der heute noch Fragen stellt! Es ist entlarvend für die geistig-religiöse Situation, wenn Gleichgültigkeit und müdes Desinteresse vorherrschen und das Nicht-mehr-Fragen typisches Signum geworden ist.

Nicht jeder Christ wird während seines irdischen Lebens Zeuge von Wundern. Man sollte beherzigen, was John Henry Newman (1801–1890), der feinsinnige Kenner der modernen Seele, realistisch und ernüchternd gesagt hat: „Wunder sind keine Mittel gegen den Unglauben“. Für die meisten Menschen gilt, was im österlichen Gebet ausgesprochen ist:

„Nicht kann ich, wie Thomas schaun, der Wunden Rot.“

Als gläubigen Christen möge Gott uns die Gnade schenken, um hinzufügen zu können:

> „Doch ich nenn, wie er, dich meinen Herrn und Gott."

Möge zu uns allen der auferstandene Christus sprechen: „Selig sind, die nicht sehen und doch glauben" (Joh 20,29).

Anmerkungen

1) H. Domin, HIER. Frankfurt 1964.

2) V. B. Dröscher, „... und der Wal schleuderte Jona an Land". Die Tierwunder der Bibel naturwissenschaftlich erklärt. Hamburg-Zürich 1987, 14–19.

3) V. B. Dröscher, a.a.O. 70–75.

4) M. Winkelmann, Biblische Wunder. Kritik, Chance, Deutung. München 1977, 166.

5) V. B. Dröscher, a.a.O. (Text auf dem rückwärtigen Buchumschlag).

6) G. Chesi, Psychische Chirurgie. Operationen ohne Messer (Themen zur Zeit 1). Vaduz o. J.

7) G. Chesi, Geistheiler auf den Philippinen. Wörgl o. J. 189 (Perlinger Verlag, Brixentaler Str. 61, A-6300 Wörgl).

8) L. Bertsch, Die Eucharistiefeier als Feier der Heilung. Überlegungen zu einem Heilungsgottesdienst in Kinshasa, Zaire. In: Katholische Mission 1986 (Heft 2) 49–52. Nach KNA– Berichten aus Rom (Deutsche Tagespost Nr. 76 vom 27. Juni 1989, Seite 5) hat der „afrikanische Wunderheiler", Erzbischof Emmanuel Milingo, nach einem Gespräch mit Papst Johannes Paul II. wieder die Erlaubnis für Heilungsgottesdienste erhalten. Damit scheint der „Fall Milingo" innerkirchlich geklärt zu sein. In einem im Jahr 1989 im italienischen Reverdito-Verlag erschienenen, 255 Seiten starken Buch „Gegen den Satan" hat Erzbischof Milingo über seine sechzehnjährigen Erfahrungen bei Teufelsaustreibungen berichtet.

9) Vgl. F. MacNutt, Die Kraft zu heilen. Das fundamentale Buch über Heilen durch Gebet. Graz-Wien-Köln 1979[3]; Ders., Beauftragt zu heilen. Eine praktische Weiterführung. Graz-Wien-Köln 1979; F. MacNutt – B. L. Shlemon, Heilendes Gebet. Anstöße für Gebetsgruppen. Graz-Wien-Köln 1984. Vgl. B. Schulte, Die Darstellung der Wundertaten Christi in der Malerei und Graphik des 19. Jahrhunderts. 2 Bde. Bern 1988.

10) J. C. Peddie, Die vergessene Gabe. Heilen als biblischer Auftrag heute. Metzingen/Württemberg 1980[2].

11) L. Jäger im Geleitwort zu W. Schamoni, Wunder sind Tatsachen. Eine Dokumentation aus Heiligsprechungsakten. Würzburg-Linz 1976[3], XI.

12) L. Jäger, a.a.O. XII.

13) Vgl. R. Vandré, Wundergeschichten im Religionsunterricht (Analysen und Projekte zum Religionsunterricht, Heft 6). Göttingen 1975.

[14] Aus der Fülle seiner Veröffentlichungen seien nur genannt: E. Drewermann, Psychoanalyse und Moraltheologie. 3 Bde. Mainz 1985; Ders., Tiefenpsychologie und Exegese. 2 Bde. Olten 1986/87.

[15] Ein Bericht mit dieser Überschrift fand sich in der Tageszeitung „Münchner Merkur" Nr. 33 vom 9. Februar 1989, Seite 1 (Titelseite!). Darin wird hingewiesen auf die Forschungen von Dr. med. Randolph C. Byrd, die er in der jüngsten Ausgabe der in Big Bear City (Amerika) erscheinenden „Southern Medical Journal" veröffentlicht hat. Untersucht wurden 393 Patienten mit fast identischen klinischen Befunden. Vgl. dazu H. Jaschke, Psychotherapie aus dem Neuen Testament (Herder-Taschenbücher 1347); Ders., Aus der Tiefe rufe ich zu dir. Psychotherapie aus den Psalmen (Herder-Taschenbücher 1603); H. Schäfer, Dein Glaube hat dich gesund gemacht (Herder-Taschenbücher 1087).

[16] A. de Saint-Exupéry, Der Kleine Prinz. Düsseldorf 1976.

[17] E. Tardif – J. H. P. Flores. Jesus lebt. Münsterschwarzach 1988, 41.

[18] K. Jaspers, Die geistige Situation der Zeit (Sammlung Göschen Bd. 1000). Berlin-Leipzig 1933^{5}, 16–17.

[19] A. Läpple, Der Weg des Denkens. Geschichte – Probleme – Gestalten der Philosophie. Donauwörth 1980^{3}, 62–73; H. Rahner, Griechische Mythen in christlicher Deutung. Darmstadt 1957.

[20] E. Drewermann, Tiefenpsychologie und Exegese. Bd. II: Die Wahrheit der Werke und der Worte. Wunder, Vision, Weissagung, Apokalypse, Geschichte, Gleichnis. Olten-Freiburg i. Br. 1986^{2}, 208. Der erste Band trägt den Untertitel: Die Wahrheit der Formen. Traum, Mythos, Märchen, Sage, Legende. Olten-Freiburg i. Br. 1987^{4}. Zu diesem Themenkomplex sind heranzuziehen: H. Flashar, Die medizinischen Grundlagen der Lehre von der Wirkung der Dichtung in der griechischen Poetik. In: Hermes 84 (1956) 12–48; H. Sundén, Die Religion und die Rollen. Eine psychologische Untersuchung der Frömmigkeit. Berlin 1966; E. R. Dodds, Die Griechen und das Irrationale. Darmstadt 1970.

[21] R. Tagore, Sadhana. Der Weg der Vollendung. München 1921, 9.

[22] G. von Rad, Die biblische Schöpfungsgeschichte. In: Schöpfungsglaube und Evolutionstheorie (Kröners Taschenausgabe 230). Stuttgart 1955, 33. Vgl. dazu C. F. von Weizsäcker, Die Tragweite der Wissenschaft. Erster Band: Schöpfung und Weltentstehung. Stuttgart 1964, 20–37 (Kosmogonische Mythen), 38–49 (Schöpfung im Alten Testament), 50–73 (Griechische Philosophie und Kosmogonie); J. Schreiner, Aspekte heutiger Exegese. Würzburg 1968, 9–34.

[23] H. Cox, Stadt ohne Gott? Stuttgart-Berlin 1966, 33; vgl. E. Topitsch, Mythos, Philosophie, Politik. Zur Naturgeschichte der Illusion. Freiburg 1969.

[24] K. Jaspers, a.a.O. 17.

[25] H. U. von Balthasar, Die Gottesfrage des heutigen Menschen. Wien-München 1956, 149.

[26] J. Janning (Hg.), Gott im Märchen. Kassel 1982.

[27] B. Bettelheim, Kinder brauchen Märchen. Stuttgart 1977; W. Lüthi, Es war einmal. Vom Wesen des Volksmärchens. Göttingen 1964²; W. Laiblein (Hg.), Märchenforschung und Tiefenpsychologie. Darmstadt 1969.

[28] Novalis, Schriften (Ausgabe Kluckhahn – Samuel III, 281).

[29] L. Röhrich, Mensch und Tier im Märchen. In: F. Karlinger (Hg.), Wege der Märchenforschung, Darmstadt 1973, 220–253; W. Nigg, Glanz der Legende. Zürich-Stuttgart 1964.

[30] Novalis, Fragmente und Studien. In: H.-J. Möhl, Dichter über Dichtungen (Bd. 15). München 1976, 170.

[31] D. Thyen, Transzendenz und Wirklichkeit in der Sicht der Märchen. In: J. Janning (Hg.), Gott im Märchen. Kassel 1982, 25–38 (Zitat 31).

[32] O. Betz, Der abwesend-anwesende Gott in den Volksmärchen. In: J. Janning (Hg.), a.a.O. 9–24 (Zitat 11).

[33] N. Lohfink, Vom Verstehen der Heiligen Schrift. Leipzig 1965, 13–14. Vgl. W. Richter, Exegese als Literaturwissenschaft. Entwurf einer alttestamentlichen Literaturtheorie und Methodologie. Göttingen 1971.

[34] H. Gunkel, Das Märchen im Alten Testament. Tübingen 1921; H. Fink, Märchen und Religionsunterricht. In: Christlich-Pädagogische Blätter 84 (1974) 315–323; W. Stählin, Auch darin hat die Bibel recht. Sage, Legende, Märchen und Mythos in der Bibel und überhaupt. Stuttgart 1965².

[35] K. Lehmann, Auferweckt am Dritten Tag nach der Schrift. Früheste Christologie, Bekenntnisbildung und Schriftauslegung im Lichte von 1 Kor 15,3–5 (Quaestiones disputatae 38). Freiburg 1968.

[36] M. Heidegger, Was ist Metaphysik? Frankfurt am Main 1960, 42.

[37] E. Drewermann, Strukturen des Bösen. Die jahwistische Urgeschichte in exegetischer (1. Bd.), in psychoanalytischer (2. Bd.), in philosophischer Sicht (3. Bd.). Paderborn 1977/78. Vgl. A. Ohler, Der biblische Schöpfungsglaube in seiner mythisch geprägten Umwelt. In: Religionsunterricht an höheren Schulen 13 (1970) 129–140.

[38] C. F. Bahrdt, Ausführungen des Plans und Zwecks Jesu (Briefe über die Bibel im Volkston). 1784 ff., 16. Brief.

[39] A. Läpple, Von der Exegese zur Katechese. Werkbuch zur Bibel. Bd. 1. München 1975, 15–25.

[40] A. Läpple, a.a.O. 25–36.

[41] J. Schreiner, Aspekte heutiger Exegese. Würzburg 1968, 78.

[42] E. Drewermann, Tiefenpsychologie und Exegese. Die Wahrheit der Formen. Traum, Mythos, Märchen, Sage und Legende. Bd. 1. Olten-Freiburg i. Br. 1984, 13–14.

[43] N. Lohfink, Das Siegeslied am Schilfmeer. Christliche Auseinandersetzungen mit dem Alten Testament. Frankfurt am Main 1965, 107–108.

[44] Vgl. dazu H. Gese, Geschichtliches Denken im Alten Orient und im Alten Testa-

ment. In: Zeitschrift für Theologie und Kirche 55 (1958) 127–145; H. Schmid, Jahwe und die Kulttraditionen von Jerusalem. In: Zeitschrift für alttestamentliche Wissenschaft 67 (1955) 168–197.

45) E. Drewermann, a.a.O. 13.

46) E. Drewermann, a.a.O. 483 ff. Vgl. dazu B. Grom, Die Archetypenlehre – eine Sackgasse. Zur Sakralisierung des Unbewußten. In: Stimmen der Zeit 113 (1988) 604–612; A. A. Bucher, Tiefenpsychologie und Exegese? Anmerkungen zum Psychologiekonzept Eugen Drewermann. In: Herder-Korrespondenz 42 (1988) 114–118; E. Drewermann, „An ihren Früchten sollt ihr sie erkennen". – Antwort auf Rudolf Peschs und Gerhard Lohfinks „Tiefenpsychologie und keine Exegese". Olten 1988; A. Görres – W. Kasper (Hg.), Tiefenpsychologische Deutung des Glaubens? Anfragen an Eugen Drewermann. Freiburg 1988; T. Söding, Metaphorik, Mythos und Neues Testament. Zur aktuellen Diskussion in der Exegese. In: Herder-Korrespondenz 43 (1989) 227–232.

47) G. E. Wright, Biblische Archäologie. Göttingen 1958, 56–57.

48) G. E. Wright, a.a.O. 58.

49) T. Moser, Gottesvergiftung. Frankfurt am Main 1977^3.

50) O. Loretz, Roman und Kurzgeschichte in Israel. In: J. Schreiner (Hg.), Wort und Botschaft. Eine theologische und kritische Einführung in die Probleme des Alten Testaments. Würzburg 1967, 290–307.

51) O. Betz, Jesus – Der Messias Israels. Tübingen 1987; N. Brox, Das messianische Selbstverständnis des historischen Jesus. In: K. Schubert (Hg.), Vom Messias zum Christus. Wien-Freiburg-Basel 1964, 165–201.

52) F. Mußner, Die Wunder Jesu. Eine Hinführung. München 1967, 84.

53) W.-J. Bittner, Jesu Zeichen im Johannesevangelium. Die Messiaserkenntnis im Johannesevangelium vor ihrem jüdischen Hintergrund. Tübingen 1987.

54) A. Läpple, Von der Exegese zur Katechese. Werkbuch zur Bibel. Bd. 4. München 1977, 201–212; R. Pesch, Jesu ureigene Taten. Freiburg 1970. A. Vögtle, Jesu Wunder einst und jetzt. In: Bibel und Leben 2 (1961) 234–254.

55) H. E. W. Turner, Jesus, Master and Lord. London-New York 1954, 181. Vgl. G. Söhngen, Wunderzeichen und Glaube. In: Die Einheit in der Theologie. München 1952, 265–280.

56) R. H. Fuller, Die Wunder Jesu in Exegese und Verkündigung. Düsseldorf 1967, 36: „Die Tatsache, daß Jesus als Exorzist gewirkt hat, könnte kaum besser bezeugt sein." Vgl. O. Knoch, Dem, der glaubt, ist alles möglich. Die Botschaft der Wundererzählungen der Evangelien. Ein Werkbuch. Stuttgart 1986.

57) R. Bultmann, Die Geschichte der synoptischen Tradition. Göttingen 1961^5, 174. Vgl. J. Blank, Schriftauslegung in Theorie und Praxis. München 1969, 123.

58) H. Giesen, Dämonenaustreibung – Erweis der Nähe der Herrschaft Gottes. Zu Mk 1,21–28. In: Theologie der Gegenwart 32 (1989) 24–37 (Zitat 36).

59) Der Bericht über die Totenerweckung durch Apollonios von Tyana ist nachzulesen in diesem Buch S. 74. Vgl. dazu S. Kunath, Antike Parallelen zu den

Wundergeschichten im Neuen Testament (Göttinger Quellenhefte 4). Göttingen 1970.

60) F. M. Fiederlein, Die Wunder Jesu und die Wundererzählungen der Urkirche. München 1988, 146–148. A. Weiser, Was die Bibel Wunder nennt. Ein Sachbuch zu den Berichten der Evangelien. Stuttgart 1975.

61) H. Staudinger, Die historische Glaubwürdigkeit der Evangelien. Gladbeck-Stuttgart 1969, 55–87 (Die Wunderberichte im Lichte der historischen Forschung).

62) J. Blank, Schriftauslegung in Theorie und Praxis. München 1969, 128.

63) Th. Haecker, Vergil. Vater des Abendlandes. München 1947[5], 130.

64) S. Kunath, Antike Parallelen zu den Wundergeschichten im Neuen Testament (Göttinger Quellenhefte 4). Göttingen 1970, 20. Vgl. dazu die Totenerweckung in Nain Lk 7,11–17; O. Weinreich, Antike Heilungswunder. Untersuchungen zum Wunderglauben der Griechen und Römer. Gießen 1911.

65) P. Fiebig, Jüdische Wundergeschichten des neutestamentlichen Zeitalters. Tübingen 1911, 19–20.

66) P. Fiebig, a.a.O. 67–68.

67) S. Kunath, a.a.O. Nr. 24. Vgl. Tacitus, Hist. (4,81).

68) A. Läpple, Außerbiblische Jesusgeschichten. Ein Plädoyer für die Apokryphen. München 1983.

69) P. Dinzelbacher, Vision und Visionsliteratur im Mittelalter. Stuttgart 1981; S. Beissel, Die Verehrung der Religion und ihrer Reliquien in Deutschland im Mittelalter (Nachdruck). Darmstadt 1976; H. Thurston, Die körperlichen Begleiterscheinungen der Mystik. Luzern 1956.

70) Vgl. dazu die Gesamtübersicht in W. Schamoni, Inventarium Actorum Beatificationis et Canonizationis typis mandatorum inter an. 1662–1808, proventientium ex archivis S. Rituum Congregationis. Es ist ein nicht hoch genug zu wertendes und viel zu wenig bekannt gewordenes Verdienst, daß Wilhelm Schamoni die unzähligen Fotokopien aus Kanonisationsakten dem Hagiographischen Studienzentrum bei der Akademischen Bibliothek (4790 Paderborn, Leostr. 21) überlassen hat. Es wäre wünschenswert, daß alle kirchlichen und klösterlichen Bibliotheken und Archive einen gemeinsamen Katalog der Aktenbestände der Selig- und Heiligsprechungsprozesse veröffentlichen.

71) J. Gelmi, Die Päpste in Lebensbildern. Graz-Wien-Köln 1983, 176–179.

72) F. Schulz, Das neue Selig- und Heiligsprechungsverfahren. Paderborn 1988.

73) In seinem Geleitwort zu W. Schamoni, Wunder sind Tatsachen (Sonderausgabe). Würzburg-Linz 1976[3], XI–XII.

74) A. Läpple, Ketzer und Mystiker. München 1988, 113–123.

75) Die deutsche Übersetzung des lateinischen Originals ist entnommen: Der Mann aus Assisi. Franziskus und seine Welt. Text: W. Nigg. Bilder: T. Schneider. Freiburg-Basel-Wien 1982[14], 117; vgl. W. Nigg, Große Heilige. Zürich 1947[2], 31–87 (Das Christussymbol im Mittelalter: Franz von Assisi).

[76] W. Schamoni, Wunder sind Tatsachen. Eine Dokumentation aus Heiligsprechungsakten (Sonderausgabe). Würzburg-Linz 1976^3, 46–51, hat aus dem Heiligsprechungsprozeß die Positio super miraculis. Romae 1881, 81–88, acht Zeugenaussagen übersetzt und veröffentlicht.

[77] W. Schamoni, a.a.O. 47–49.

[78] W. Schamoni, a.a.O. 49–50.

[79] W. Schamoni, a.a.O. 49.

[80] W. Schamoni, a.a.O. 46–47.

[81] W. Schamoni, a.a.O. 51.

[82] Theresia von Jesu. Sämtliche Schriften (Hg. A. Alkofer). 1960^3, 280 f.; V. Sackville-West, Adler und Taube. Eine Studie in Gegensätzen. Die heilige Teresa von Avila – die heilige Therese von Lisieux. Hamburg 1947, 138 f.; A. Läpple, Ketzer und Mystiker, München 1988, 185–192.

[83] W. Schamoni, a.a.O. 126–134.

[84] W. Schamoni, a.a.O. 127–131.

[85] W. Schamoni, a.a.O. 131–134.

[86] W. Schamoni, a.a.O. 109–113.

[87] W. Schamoni, a.a.O. 109–110.

[88] W. Schamoni, a.a.O. 110–111.

[89] W. Schamoni, a.a.O. 111.

[90] W. Schamoni, a.a.O. 111–112.

[91] W. Schamoni, a.a.O. 112.

[92] W. Schamoni, a.a.O. 112–113.

[93] W. Schamoni, a.a.O. 145–146.

[94] W. Schamoni, a.a.O. 145–146.

[95] W. Schamoni, a.a.O. 146.

[96] W. Schamoni, a.a.O. 146.

[97] G. Siegmund, Wunder. Bedeutung und Wirklichkeit. Stein am Rhein 1981.

[98] G. Siegmund, a.a.O. 35–37.

[99] W. Schamoni, a.a.O. 183–187.

[100] W. Schamoni, a.a.O. 184–185.

[101] W. Schamoni, a.a.O. 185–186.

[102] W. Schamoni, a.a.O. 186.

[103] W. Schamoni, a.a.O. 187.

[104] W. Schamoni, Auferweckung vom Tode. Aus Heiligsprechungsakten übersetzt. Selbstverlag des Verfassers 1968, 64–69.

[105] W. Schamoni, a.a.O. 64–65.

[106] W. Schamoni, a.a.O. 65.

[107] W. Schamoni, a.a.O. 67–68.

[108] W. Schamoni, a.a.O. 66–67.

[109] W. Schamoni, a.a.O. 68–69.

[110] W. Schamoni, Wunder sind Tatsachen. Würzburg-Linz 1976^3, 75.

111) W. Schamoni, a.a.O. 75–77.
112) W. Schamoni, a.a.O. 77–78.
113) W. Schamoni, a.a.O. 78–79.
114) W. Schamoni, a.a.O. 79.
115) Einen gediegenen Einblick in die Missionierung Indiens wie auch in die heutigen Probleme der christlichen Kirchen in Indien bietet F. A. Plattner, Indien. Mainz 1963. Vgl. dazu Th. Ohm, Das Christentum im neuen Indien. St. Ottilien 1948.
116) W. Schamoni, Wunder sind Tatsachen. Würzburg-Linz 1976[3], 99–103.
117) W. Schamoni, a.a.O. 99–100.
118) W. Schamoni, a.a.O. 100–101.
119) W. Schamoni, a.a.O. 101–102.
120) W. Schamoni, a.a.O. 102.
121) W. Schamoni, a.a.O. 102–103.
122) W. Schamoni, a.a.O. 197–202.
123) W. Schamoni, a.a.O. 197–199.
124) W. Schamoni, a.a.O. 199.
125) W. Schamoni, a.a.O. 199–200.
126) W. Schamoni, a.a.O. 200.
127) W. Schamoni, a.a.O. 179–183.
128) W. Schamoni, a.a.O. 179–180.
129) W. Schamoni, a.a.O. 180–181.
130) W. Schamoni, a.a.O. 181.
131) W. Schamoni, a.a.O. 181–182.
132) W. Schamoni, a.a.O. 182.
133) W. Schamoni, a.a.O. 182–183.
134) W. Schamoni, a.a.O. 183.
135) W. Schamoni, a.a.O. 179.
136) W. Schamoni, a.a.O. 154–159.
137) W. Schamoni, a.a.O. 154–156.
138) W. Schamoni, a.a.O. 156–157.
139) W. Schamoni, a.a.O. 157–158.
140) W. Schamoni, a.a.O. 158.
141) W. Schamoni, a.a.O. 192–197.
142) W. Schamoni, a.a.O. 193. 194. 196.
143) W. Schamoni, a.a.O. 193–194.
144) W. Schamoni, a.a.O. 194–196.
145) W. Schamoni, a.a.O. 196.
146) W. Schamoni, a.a.O. 83–89.
147) W. Schamoni, a.a.O. 85.
148) W. Schamoni, a.a.O. 85–86.
149) W. Schamoni, a.a.O. 83–85.87–88.

150) W. Schamoni, a.a.O. 88.
151) J. Castelbranco, Maria erscheint und spricht in Fatima. Konstanz 1976^5. 49.
152) J. Castelbranco, a.a.O. 46.
153) L. Gonzaga da Fonseca, Maria spricht zur Welt. 1917 in Fatima. Fribourg 1973^{17}, 98–99.
154) J. Castelbranco, a.a.O. 43–44.
155) J. Castelbranco, a.a.O. 44–45; ergänzt durch L. Gonzaga da Fonseca, a.a.O. 100–101.
156) Die gesamte Krankheits- und Heilungsgeschichte mit vielen Details ist wiedergegeben in A. Olivieri (Präsident des Ärztebüros in Lourdes), Gibt es noch Wunder in Lourdes? Aschaffenburg 1973, 84–92.
157) A. Olivieri, a.a.O. 86–87.
158) A. Olivieri, a.a.O. 88–89.
159) A. Olivieri, a.a.O. 90–91.
160) I. Lüthold-Minder, Ich wurde in Lourdes geheilt. Medizinisch und kirchlich anerkanntes Wunder. Stein am Rhein 1977^2, 48–72; vgl. A. Olivieri, a.a.O. 177–184.
161) I. Lüthold-Minder, a.a.O. 114–117.
162) I. Lüthold-Minder, a.a.O. 118.
163) I. Lüthold-Minder, a.a.O. 118–120.
164) I. Lüthold-Minder, a.a.O. 120–121; die beiden Fotokopien sind dem gleichen Werk S. 122 und S. 123 entnommen.
165) Die genaue Krankheits- und Heilungsgeschichte ist nachzulesen in A. Läpple, Lourdes. Augsburg 1988^3, 88–96.
166) A. Läpple, a.a.O. 94.
167) A. Läpple, a.a.O. 96.
168) A. Läpple, a.a.O. 96.
169) E. Tardif, Jesus lebt. Münsterschwarzach 1988, 48.
170) E. Tardif, a.a.O. 49.
171) Dieser Bericht ist entnommen der Zeitschrift „Fatima ruft“ (Nr. 95, November 1988, Seite 2–3).
172) P. Jordan, Der gescheiterte Aufstand. Frankfurt am Main 1956, 133.
173) P. Jordan, a.a.O. 67.
174) Zitiert nach G. Traub, Die Wunder im Neuen Testament. In: A. Suhl, Die Wunderberichte im Neuen Testament. Darmstadt 1980, 151. Vgl. dazu A. Carrel, Das Wunder von Lourdes. Stuttgart 1951; F. Leuret – H. Bon, Wunder, Wissenschaft und Kirche. Wien 1957; W. Bitter, Magie und Wunder in der Heilkunde. Stuttgart 1959; R. Biot, Es gibt noch Wunder. Gespräche mit Ärzten. Graz 1959. R. Le Bec – F. Leuret, Die großen Heilungen von Lourdes in ärztlichem Urteil. Wiesbaden 1953.
175) R. Laurentin – H. Joyeux, Medizinische Untersuchungen in Medjugorje. (Verlag Styria). Graz-Wien-Köln 1986, 78 nennt die Mitglieder des wissenschaftlichen Teams, das insgesamt sieben kompetente Fachleute umfaßte.

176) R. Laurentin – H. Joyeux, a.a.O. 7.

177) R. Laurentin – H. Joyeux, a.a.O. 106–107.

178) R. Laurentin – H. Joyeux, a.a.O. 107–108.

179) V. Sackville-West, Adler und Taube. Eine Studie in Gegensätzen. Hamburg 1947, 138.

180) Dieses Wort von Abbé Dumaine, gesprochen beim Apostolischen Prozeß für die Seligsprechung von Theresia von Lisieux, ist zitiert nach I. F. Görres, Das verborgene Antlitz. Eine Studie über Therese von Lisieux. Wien 1948, 495.

181) I. F. Görres, a.a.O. 495; vgl. A. Läpple, Theresia von Lisieux. Aschaffenburg 1984.

182) Dokumentation zur Seligsprechung von Pater Rupert Mayer. St. Ottilien 1987; vgl. A. Läpple, P. Rupert Mayer. Ein Erinnerungsbuch zur Seligsprechung. München 1987.

183) Den ausführlichen Krankheits- und Heilungsbericht bietet G. Siegmund, Wunder. Bedeutung und Wirklichkeit. Stein am Rhein 1981, 49–58; A. Olivieri, Gibt es noch Wunder in Lourdes? Achtzehn Fälle von Heilungen (1950–1969). Aschaffenburg 1973, 185–194.

184) Das Protokoll wurde mir liebenswürdig zur Verfügung gestellt durch Ehrwürden Mutter Generaloberin von Kaufbeuren, M. Ancilla Hinterberger.

185) Dieses Gebet ist abgedruckt in: Crescentia und die Fliegerangriffe in Kaufbeuren im zweiten Weltkrieg. Kaufbeuren o. J. 11.

186) Dieser Erlebnisbericht ist abgedruckt in: Crescentia und die Fliegerangriffe a.a.O. 6–9.

187) Abgedruckt in: Crescentia und die Fliegerangriffe a.a.O. 9–10.

188) Der Film ist auch als Video-Cassette zu erwerben entweder vom Crescentiakloster (8950 Kaufbeuren, Obstmarkt 5) oder durch den Filmproduzenten, Herrn Eberhard Thiem (8950 Kaufbeuren, Grüntenstr. 22).

189) Zitiert nach Crescentia-Brief 6. Jg. (1959/60) 87. Vgl. dazu A. M. Miller, Crescentia von Kaufbeuren. Das Leben einer schwäbischen Mystikerin. St. Ottilien 1976^2, 17–19.

190) Dieses Gemälde hängt im Treppenaufgang zur Crescentia-Gedenkstätte im Crescentiakloster in Kaufbeuren.

191) Dieses Gedicht von P. Guggemos ist zitiert aus: Crescentia und die Fliegerangriffe a.a.O. 11.

192) G. von Le Fort, Hymnen an die Kirche. München 1936, 20.

193) M. Taniguchi, Geistige Heilkräfte in uns. Wesen, Grundsätze und Erfolge des geistigen Heilens. Freiburg i. Br. 1976^4.

194) H. Edwards, Praxis der Geistheilung. Erkenntnisse und Erfahrungen aus vierzig Jahren. Freiburg i. Br. 1976, 33.

195) G. Chesi, Geistheiler auf den Philippinen. Wörgl o. J. 11.

196) G. Chesi, a.a.O. 189.

197) H. Edwards, a.a.O. 72.

198) H. Edwards, a.a.O. 26.

199) H. Edwards, a.a.O. 54.

200) H. Edwards, a.a.O. 58.

201) H. Edwards, a.a.O. 26.

202) H. Edwards, a.a.O. 68.

203) H. Edwards, a.a.O. 58.

204) F. MacNutt, Die Kraft zu heilen. Das fundamentale Buch über das Heilen durch Gebet. Graz-Wien-Köln 1979[3], 219.

205) M. von Brück, Denn wir sind Menschen voller Hoffnung. Gespräche mit dem XIV. Dalai Lama (Hrsg. von Jürgen Haase). München 1988, 9.

206) M. von Brück, a.a.O. 9.

207) Dshuna, Die Macht meiner Hände. Zürich 1987, 19.

208) Dshuna, a.a.O. 141.

209) G. Chesi, a.a.O. 254.

210) Vgl. A. Läpple, Lesebuch zum Katholischen Erwachsenen-Katechismus. Aschaffenburg 1986 (Abschnitt „Ursünde und Erbschuld“ 145–155).

211) H. Fries, Zeichen/Wunder. In: Handbuch theologischer Grundbegriffe. Bd. II. München 1963, 894. Vgl. G. Söhngen, Wunderzeichen und Glaube. In: Die Einheit in der Theologie. München 1952, 265–285; R. Guardini, Wunder und Zeichen. Würzburg 1959; L. Monden, Theologie des Wunders. Freiburg-Basel-Wien 1961.

212) Vgl. A. Läpple, a.a.O. 575–587 (Abschnitt „Die Auferstehung der Toten“), vor allem S. 583 f. die Entscheidung der Kongregation für die Glaubenslehre vom 14. Dezember 1984 zu den Formulierungen „Auferstehung des Fleisches“ und „Auferstehung der Toten“.

213) A. Läpple, Auferstehung. Tod und Ewiges Leben. Der Glaube vom Leben nach dem Tode. Aschaffenburg 1985.

214) Aus dem Beschlußtext „Unsere Hoffnung. Ein Bekenntnis zum Glauben in dieser Zeit“, verabschiedet am 22. November 1975. In: Gemeinsame Synode der Bistümer in der Bundesrepublik Deutschland. Offizielle Ausgabe I. Freiburg-Basel-Wien 1976, 101.